浙商创业之路和传承之道

Journey and Legacy of Zhejiang Entrepreneurs

浙商研究中心 编

红旗出版社

图书在版编目（CIP）数据

浙商创业之路和传承之道 / 浙商研究中心编. —— 北京：红旗出版社，2024.9.（2024.11重印）—— ISBN 978-7-5051-5433-9

Ⅰ. F279.275.5

中国国家版本馆CIP数据核字第2024NE8514号

书　　名	浙商创业之路和传承之道 ZHESHANG CHUANGYE ZHILU HE CHUANCHENG ZHIDAO		
编　　者	浙商研究中心		
出 版 人	蔡李章	出版统筹	赵　洁
责任编辑	吴琴峰　杨　迪	责任印务	金　硕
责任校对	吕丹妮	封面设计	高　明
出版发行	红旗出版社		
地　　址	北京市沙滩北街2号	邮政编码	100727
	杭州市体育场路178号	邮政编码	310039
编 辑 部	0571-85310467	发 行 部	0571-85311330
E – mail	hqcbs@8531.cn		
法律顾问	北京盈科（杭州）律师事务所　钱　航　董　晓		
图文排版	浙江新华图文制作有限公司		
印　　刷	浙江新华印刷技术有限公司		
开　　本	710毫米×1000毫米　1/16	印　张	20
字　　数	348千字		
版　　次	2024年9月第1版	印　次	2024年11月第2次印刷
ISBN 978-7-5051-5433-9		定　价	68.00元

本书编委会

主 任
孙景淼

成 员
尚　清　冯波声　吴红梅
章启诚　方敬华　潘毅刚
陆　熙　董嘉明　陈俊燕
徐云松　王　晟　祝立雄
班　宁

序

　　党的二十届三中全会审议通过的《中共中央关于进一步全面深化改革、推进中国式现代化的决定》指出，毫不动摇巩固和发展公有制经济，毫不动摇鼓励、支持、引导非公有制经济发展，保证各种所有制经济依法平等使用生产要素、公平参与市场竞争、同等受到法律保护，促进各种所有制经济优势互补、共同发展。同时还指出，坚持致力于为非公有制经济发展营造良好环境和提供更多机会的方针政策。

　　民营经济是我国经济社会发展的重要组成部分，是浙江经济的最大特色、重大资源和巨大优势。当前，伴随着改革开放成长起来的第一代浙商企业家，经过了40多年的艰苦奋斗，大多年岁已高，迎来了一波新老交替、企业交接的高潮。这一过程将寄托着机遇和希望，也充满着风险和挑战。

　　2023年6月，经浙江省政府研究同意，浙商研究中心组建，致力于服务浙江经济、服务浙商发展。很荣幸的是，我受邀在成立大会上作了学术报告，并参与了浙商研究中心专家指导委员会，与中心一起共同研究浙商的发展。

　　浙商研究中心将首个研究课题聚焦在"浙商代际传承"这一事关民营企业长期持续健康发展的大事上，把准了浙江民营经济发展的时代脉搏，是对新时代新征程上浙商继续"走在前列、勇立潮头"发展需求的一次重要知识提供。

　　知来路方能行长远。研究浙商传承问题，必须要先了解清楚浙商"从哪里来"的创业之路。一路走来，浙商之所以"脚下生风"、走在前列，靠的就是一股百折不挠的干劲、水滴石穿的韧劲、逢山开路的巧劲。浙商文化是浙江经济发展过程中宝贵的人文积淀，是推动企业发展的精神动力，是老一代企业家留给所有浙江人的共同精神财富。确保浙商文化代代相传，是让浙商创业创新的血脉源远流长的必要之举。本书浓墨重彩地记录了各具特色的浙商创业之路，生动展现了浙商在改革开放的时代大潮中，不等不靠、勇闯市场、不屈不挠、努力拼搏，艰苦创业、永不满足的创业企业家品质。虽然现在创业的环境、条件、模式发生了很大的变化，但是这种筚路蓝缕、披荆斩棘的创造精神，是永远需要的。

　　研究浙商传承，还必须探究适合中国国情的传承之道。现实已经雄辩地证明，无论是西方国家的职业经理人模式，还是韩国的长子式传承模式、日本的选贤式传承模式，都不完全适合我们。中国的民营企业有哪些特殊性？适合我们的模式到底是什么？这是一个宏大的命题。本书精挑细选了传化集团、正泰集团、万事利、方太等一批成功传承的典型企业，寓理于事、以事明理，让我们得以在一个个鲜活案例中体悟浙商传承之道。虽未概括出一般性答案，但为我们打开了研究中国民营企业代际传承模式的窗口。

　　本书以新闻纪实的方式讲述了著名浙商的创业和传承，就像一个个企业家在诉说自己的故事，相信各位如在合适之时去读它，当能大获启悟与裨益。

　　是为序。

中国工程院院士、浙江大学教授
国家新一代人工智能战略咨询委员会主任
中国人工智能产业发展联盟理事长

潘云鹤

目录

传化进化之路 / 001

"过去30年有传化集团,未来30年还有没有?"——在这个问题上,徐迅与父亲徐冠巨有着同样敏锐的危机意识和底线思维。在接班人徐迅看来,企业要行稳致远,必须守正出新,面对挑战与机遇,找到支撑企业未来发展的新增长点。

以"求精"求"正泰" / 017

南存辉多次谈到,他要传承给后人的不是多少财富,也不是什么荣誉、地位,而是一种创业创新、艰苦奋斗的精神,以及作为这种精神结晶的"正泰品牌"。

"丝路"听"雨" / 033

屠红燕对母亲、万事利创始人沈爱琴一往情深。她说,妈妈留给我的,不仅仅是一个企业和物质财富,更是一种面对困难锲而不舍的精神,一份传承弘扬中华丝绸文化的责任,一种"让世界爱上中国丝绸"的志气与胸怀。

"中南"：相向而行　双向奔赴 / 049

站在 40 年发展的新起点上，接力棒从创始人吴建荣传递到了新一代管理层手中。中南集团主业布局未来产业，加大研发投入；在转型上瞄准新材料、新技术；在市场战略上走向国际化，开启了"自强不息、开创未来"的新历程。

能者恒逸 / 063

"在传承中坚守初心，在传承中敢于担当，在传承中善于超越"，接班人邱奕博将"坚守主业、做强实业"作为恒逸集团发展的不变"法条"，而这"法条"是从父亲邱建林那里自然而然地接过来的。

"老板"的老虎钳精神 / 081

老板电器创始人任建华的放权，让任富佳得到了充分磨炼，形成了严以律己、真抓实干的工作作风。在任富佳看来，自己做的每一件事不是为了给父亲看，而是为了对企业负责、对自己负责。

坚守民生 / 095

竺福江对传承的愿景是青出于蓝而胜于蓝。他说，传承不是简单的继承、移交和接班，而是要在创新中传承，在传承中创新；也不是一个人的传承，而是一个团队的传承。传承主要体现在企业文化、精神的弘扬传承；创新主要体现在产品、理念、体制和机制的不断创新。竺昱祺勇挑重担，不负众望，与父亲一起努力，共圆百年民生梦。

基业长青的"舜宇解法" / 109

在王文鉴看来，叶辽宁等新一代舜宇的核心经营团队，具有丰富的管理经验、高度的行业分析判断能力、敏锐的市场洞察能力。接班以来，他们以身作则、率先垂范，模范践行共同创造的舜宇理念，带领全体干部员工，深入实施"名配角"战略和转型升级的发展规划，使舜宇的经营业绩逆势而上，连创历史新高。

方太的"幸福事业" / 127

茅理翔的第三次创业定位，是帮助千万个家族企业实现百年传承。他认为，传承不是继承，传承是再创业。在交接班中，一代要做到大胆交、坚决交、彻底交；而二代则要主动接、大胆接、积极接。方太通过"带三年、帮三年、看三年"完成交接班。茅忠群具备取得成功最重要的品质和能力，经受过各种挑战，已从"接班人"成长为一名真正的企业家。

永新三代光学梦 / 143

从曹光彪的创业初心，到其子曹其东的赓续奋斗，再到孙子曹志欣的全球视野，每一代人都以实际行动践行着爱国心、桑梓情。"永远创新、永续发展"是永新光学探索的一条成功的发展之路。他们与经营团队一起怀揣着将永新光学打造成国际知名光学企业的信念，开拓创新、敢为人先，希望通过不懈的努力，让永新光学的技术比肩世界最高水平，续写新"宁波帮"的商业传奇。

"人民"的眼光 / 157

对于人民控股集团的新生代团队，创始人郑元豹给予了高度评价，合作伙伴也对郑经洁及其核心团队赞誉有加。他们认为，郑经洁的团队展现了新一代浙商企业家的专业素养与国际视野，具有深厚的技术底蕴和高效的战略执行力。

"不惑"桐昆　积蕾成香 / 173

对于搭建以陈蕾为主的决策经营团队，创始人陈士良满怀信心。在他看来，新团队成员管理经验丰富、知识结构全面、年龄结构合理，具备很强的战斗力。他相信新团队一定会实现"勤奋工作、大胆工作、善于工作、快乐工作"的要求，开创桐昆集团事业新篇章。

楼船万里出东吴 / 189

吴仲清创立大东吴集团的过程很艰辛，掌门人的交接却很顺利。"水到渠成，顺理成章。仿佛一切都是在有意无意之间完成了，犹如行云流水般的顺畅。"吴淑英说，自己正式接班之后，便一直反复思考一个问题：如何实现企业的高质量可持续发展？她的答案是：转型升级。

道正业长——三花之道 / 205

20世纪90年代末，张道才就开始考察和培养三花集团新的经营团队。他认为，企业的经营负责人要有胸怀和远见，同时也要有实际条件和实践场景，培养成熟的经营管理人才要10—15年，所以要早谋划、早行动。张亚波和新生代团队有理想、有本领、有担当，正在茁壮成长。

亚厦，选择完美 / 219

2019年5月，由丁欣欣、张杏娟创立的亚厦集团进行了董事会及监事会换届选举，丁泽成担任新一届董事会董事长。丁泽成认为，传承"传"的是精神，"承"的是价值观。他选择从基层做起，经历公司多个核心部门的历练，成功完成了对公司的接管。这一年他30岁，是当时浙江A股最年轻的上市公司董事长。

寿仙谷生 天地人和 / 233

李明焱的儿子李振皓和李振宇，一个钟情理科，一个喜欢文科，为寿仙谷传承"双子星"的分工奠定了基础。李振宇自认是个传统的人，他觉得寿仙谷是服务人的健康的，是在积德，同时也有经济回报。这样的行业本身就很难得。李振皓和李振宇两兄弟，各自发挥所学之长，共同致力于寿仙谷的可持续发展大业。

双童不做"家里的企业" / 247

楼仲平确立了传承的"组织关系三原则"——子女不接班、有血缘关系的直系亲属不进入管理层、可以是家族企业但不能成为"家里的企业"。当选择了经理人接班这条路后，楼仲平拿出壮士断腕的决心与勇气，为年轻团队打开了升迁通道。此后两年，双童吸管的销量在年轻团队的运营下实现了大幅增长。

永不止步　恒心必达 / 263

潘昌接任恒达新材董事长，已经有15年。一般来说，接班人初掌企业，往往要经历"带三年、帮三年、看三年"，可潘昌和父亲潘军卫只做了三四个月的同事。快速放手、快速担当，这或许是条最"大胆"的二代成长之路。

爱在爱仕达 / 277

陈合林和夫人一起携手创造了"东方锅王"的传奇，爱仕达高速发展。与此同时，两个年轻人——他们的儿子陈文君和女儿陈灵巧也在成长，兄妹俩在父辈们殷切的目光下，勇敢地走上了新的人生舞台。青蓝接力，相向而行，年轻一代正在大展宏图。

天喜之路 / 293

出身"草根"的吕天喜对传承有独到的见解，他说："要早交班，让接班人有锻炼时间，一路在交、一路在成熟、一路在提高。当我们同期发展，交班便省力得多。"吕挺有相同的感悟，他说："跟父亲一起创业，是一件很快乐的事，他很放心我，一直支持我，我做什么事情他都感觉对。"

后记 / 307

传化进化之路 ▶▶

在传化集团有限公司（简称传化集团）的企业展馆入口处，放着一口七石缸、一辆自行车。这是"镇馆之宝"，也是"传家之宝"，彰显着传化集团从无到有的历史。

38年前，徐冠巨和父亲徐传化靠着2000元借款、一口大缸、一辆自行车，开始了创业之路。24年前，从父亲手中传承企业接力棒的徐冠巨说："我们唯一的使命就是把企业做好。"

如今，当初的小作坊已经成长为一家多元化、多品牌、全球化的产业集团，接力棒也传到了第三代手中，将继续守正出新，开创无限未来。

▶ 创业父子

"世界是你们的，也是我们的，但是归根结底是你们的。"很多年前，徐传化常引用毛泽东同志的这句名言教导孩子们。

在他心中，一直相信长江后浪推前浪。所以，在和儿子徐冠巨一同创业的过程中，徐传化既是儿子的"创业导师"，也是其搭档和伙伴，他们共同迈开了创业第一步。

苗木市场"弄潮儿"

勤劳是萧山人民的优良传统。当年，钱塘江涨潮时，人们便赤着双脚，扛着渔网捕捞"潮头鱼"，"弄潮儿"的说法由此而来。为了让日子过得更好，这些"弄潮儿"做起了小买卖，并由此练就了敏锐的市场洞察力。

徐传化年轻时是当地出了名的能人，性格好胜，处处争先，不仅敢于喝"头口水"，还有一个善于经营的头脑。那时候，他平日里除了在生产队里做事，心思也没少花在家里那块小小的自留地上。别的农户只在地里种一般的粮食作物，但他却种上大头菜、荠菜、丝瓜这些可进行二次加工、会产生更多效益的经济作物。有空时，徐传化还去杭州拉板车贴补家用。

生活总会奖赏那些努力的人，每年生产队进行"分红"时，徐家能分到几十元到100多元的现金，这在当时是很大的一笔收入。

因为表现优秀，徐传化被推荐进入磷肥厂工作，负责为厂里拓展业务。这项工作十分考验人际交往能力，徐传化凭着过去积累的人脉，加上吃苦敬业的品质，很快就成为厂里的骨干。

由于能力强、人脉广，当地许多人都请他帮忙办厂。机械厂、化工厂、冶金厂……帮人办过的厂连徐传化自己也记不清究竟有多少，因此他有了个"办厂能人"的称号，也为日后的创业打下了基础。

很多时候，别人想不到、做不到的事情，徐传化却能够很快办成。同时，他还养成了积极乐观的性格，总有充沛的精力去解决问题、改善现状。

在全国个体私营经济发展得如火如荼的时候，萧山掀起了"苗木热"。徐传化发现，城市绿化发展势头良好，街头巷尾挂满了"绿化祖国"的横幅，他敏锐地察觉到了商机。

上阵父子兵，当时还在万向节厂工作的徐冠巨，业余时间便跟父亲一起种苗木。他们先试种黄杨苗，接着又将目光转向了很多人"不敢种"的龙柏。

徐冠巨回忆道："夜晚只要狗一叫，我就马上跳起来，睡不安宁。夏天风雨交加的时候，狂风吹开草棚，雨水落到床上，床单全被打湿。冬天寒风凛冽、下雪的时候，寒风夹着雪花飘进草棚。整整3年时间，我就是这样过来的。"

栽种苗木的几年里，徐冠巨和父亲之间形成了默契，他们不仅仅是父子，更是事业上的搭档。

办厂，带领全家脱困

1985年，徐冠巨患上了溶血性贫血，不得不离开工作单位，回家养病。屋漏偏逢连夜雨，徐传化工作的磷肥厂也因经营不善倒闭，失业后每月只能领取52元退休金，加上此前盖房子欠下2万多元债务，家庭陷入了困境。

徐传化一边带着儿子求医治病，一边想办法继续挣钱。他一直有一个梦想，就是办厂创业，通过自己的劳动发家致富。

> **创始人说**
>
> 为了给我治病，父亲用自行车驮着我到处求医。在看病的路上，我们父子俩谈得最多的就是办厂。在我们家处于最低谷的时候，父亲没有放弃希望，他一直试图通过努力改变现状。
>
> （徐冠巨）

从徐传化有了办厂的念头，到后来真正筹划办厂的这段时间里，徐冠巨的思想和心态也发生了转变。他从生病的负面情绪中脱离，不知不觉把注意力转移到办厂的事情上，全身心投入其中。

筹划创业时，徐传化考虑过办服装厂或五金加工厂，但由于成本过高而放弃了。一番打听和琢磨后，徐传化开始考虑做液体皂。

1986年10月的一个晚上，徐家5口人坐在一起召开家庭会议，正式讨论创办液体皂厂的话题。在一无资金、二无技术的境况下，徐传化借了2000元钱开始办厂。

为了在技术上得到保障，徐传化"三顾茅庐"请来了"星期天工程师"（周一到周六为国营企业工作，周日或节假日为民营、乡镇企业提供无偿或有偿服务的国企技术人员），按照"星期天工程师"开出的原材料清单，一项项把原料凑齐。

1986年11月，他们的办厂申请得到批复，工厂取名为萧山宁围宁新合作净洗剂厂。

说是工厂，其实只是一家简陋的家庭小作坊，生产设备只有一口大缸、一口铁锅和几只水桶，厂房就是徐家的房子，员工就是自家的几个人。徐传化负责在外销售，徐冠巨主要负责财务。

徐传化骑着自行车在外跑销售

工厂生产出第一批两大缸液体皂后，徐传化将皂液装进10公斤容量的桶里，用自行车驮着到处售卖。一个上午他就卖掉6桶液体皂，这让整个家庭看到了曙光。

"2000元一勺盐"的故事

液体皂的生意越来越好，但由于生产的核心配方还掌握在"星期天工程师"手里，"星期天工程师"做多少，他们就只能卖多少。开始时还能维持，后来徐传化眼睁睁看着产品有市场，货却供不上，心里只能干着急，但这归根到底还是因为自己没掌握核心技术。

"星期天工程师"再来做液体皂时，徐传化就暗暗留意并记住调配材料的顺序。

几次下来后，徐传化自认为对操作过程已经心中有数，便试着自己动手做，很顺利地完成了前面几道工序，可是到最后，怎么也没法使缸里稀薄的溶液变得浓稠起来。

接下来的两三个月里，徐传化不知道试了多少次，还是不能成功。

有一次，他看到"星期天工程师"拿出一包粉末倒进缸里，随后液体皂很快就变得浓稠了。

那包粉末一定是关键！

为了尽快搞清楚粉末到底是什么，徐传化带着它到杭州的工厂到处打听，但很多人都不得其解，有的甚至看了下就走了。

为表诚意，徐传化立下"悬赏状"：如果谁能告诉他粉末为何物，他愿意出500元。

"悬赏"的消息很快起了作用，好些人过来看这包粉末。其中有个年轻人研究了半晌，然后告诉徐传化他知道这是什么，但要求拿到5000元的"赏金"，这令徐传化十分为难。

经过一番讨价还价，对方同意把价格降到2000元，但这个要价依然不低。徐传化拿不定主意，就给儿子去了电话。电话那头的徐冠巨没有过多纠结，很干脆地让父亲应允对方。徐冠巨认为，关键技术攥在别人手里绝对不是长久之计，只有自己掌握主动权才有出路。虽然在当时2000元的确是一个不小的数目，但如果能因此买到配方，也是值得的。

全家人怀着紧张兴奋的心情盼着徐传化回家，徐冠巨那时正坐在书桌前看医书，徐传化回家后径直走到他面前，埋怨他为何不多看看化工类的书。徐冠巨询问后才知道原来那包白色的粉末根本不是什么神秘之物，而是再普通不过的盐，主要化学成分为氯化钠（NaCl）。

"2000元一勺盐"的故事在传化集团发展史上举足轻重，它给徐冠巨上了深刻的一课。虽然钱让他们感到心疼，但是工厂能自主生产洗涤剂了，并迅速打开了市场。这也让徐冠巨深刻认识到"科技是第一生产力"，如果没有掌握核心技术，企业是没有未来的。技术立企的初衷就此萌芽，并成为传化集团发展的原动力。

"901特效去油灵"问世

随着洗涤产品的竞争愈演愈烈，徐家工厂亟须一款在市场立足的拳头产品。

1988年的一天，徐传化到绍兴一家印染厂走访客户。工厂的女工在闲聊中向他抱怨说纺织助剂不仅洗不干净，而且还腐蚀皮肤。她们把手举起来给徐传化看，全是强碱腐蚀后留下的印迹。布匹去油的问题一直困扰着国内的纺织印染企业，成为当时的一个行业难题。

1990年，传化集团自主研发"901特效去油灵"（简称"901"），填补了国内行业空白

徐传化剪了一块带有油污的坯布拿回家里，交给儿子徐冠巨，要他研制出可以快速去污的新助剂。

徐冠巨开始作实验，自行研发。有一天，当他重复着已经做了上千次的动作——将一块测试用的污布浸入盛着溶液的烧杯中时，油渍迅速乳化、脱落，污布变得洁白如新。

"901"就此诞生，这是传化集团第一款自主研发的产品，也是第一款"爆品"。其中，"90"代表它是在1990年被研制出来的，"1"代表它是由传化集团自主研发的第一款产品。

它的诞生，填补了国内行业空白，也提升了传化集团的行业地位和影响力，为企业发展打下了坚实的技术和经济基础。

"901"的第一张订单就高达3.2万元，销售产品共计5吨。随后，徐冠巨开始带着"901"一家家上门试验、推销。"901"迅速打开了市场，加速了传化集团的发展脚步。

从最初依靠"星期天工程师"指导，到自主研发新产品占领技术制高点，传化集团就是通过这样一个"爆款"产品打入一个行业，并发展成一个产业，不断走向行业领先。

第一次交棒

1992年，邓小平南方谈话的消息传来，徐传化敏锐地感觉到民营企业将大有作为。他对徐冠巨说:"我们的企业将会迎来第二个发展的春天。"

民营经济发展进入快速增长期,身在其中的传化集团也加快了发展的脚步。就在1992年,工厂建立了自己的品牌,公司以徐传化名字命名,并且着手扩建。

徐冠巨说:"小平同志南方谈话后,父亲对我讲,要做好继续发展的准备。他的眼光已经不仅仅局限在原来那近6亩的土地上了。"1995年,企业完成了新厂区的建设。

在之后的10年时间里,传化集团不断开发产品种类,攻克生产技术难题,从一个简陋的家庭作坊小厂,成长为全国化工行业的领军企业。

创始人说

> 我一直说萧山这块土地是一方创业热土,是真正一有阳光就灿烂、一有雨露就发芽的地方。我认为创业要有种子、土壤、气候3个要素。种子就是创业者,土壤就是为创业者提供创业环境的热土,气候就是党和国家的政策。我们有敢于探索实践的创业者,也有为创业者提供创业环境的热土,在党的改革开放政策指引下,没有理由不创业成功。
>
> (徐冠巨)

传化集团一开始就是父子创业,徐传化负责在外跑销售,徐冠巨负责技术研发、生产和人事管理,企业由两代人共同管理,父子合作无间。徐冠巨的想法总能得到徐传化的尊重,遇到大事父子俩会一起商量。

1995年,"浙江传化化学集团"成立,传化集团步入集团化发展阶段。徐传化开始把徐冠巨推到台前,自己慢慢退居幕后。30多岁的徐冠巨出任"浙江传化化学集团"总裁。

之后,徐冠巨又在物流、农业两大领域布局,这两大项目的开展是传化集团创业史上重要的里程碑。1996年年底,传化集团正式组建车队,初涉公路物流运输业,如今已经形成了一张遍布全国的传化公路港网络。

在大面积扩建工厂的同时,传化集团开始实现用人社会化,建立现代企业管理体系,逐步完成了从家族式企业向社会化企业的蜕变。

2000年前后,见证了传化集团的物流与农业产业取得初步成效后,徐传化对儿子彻底放心、放手,两代人自然地完成了交接班。

▶ 传化进化

很多人都好奇，传化集团这家从小作坊起家的民营企业，是如何一步步成长壮大，成为一家多元化、多品牌、全球化的现代产业集团的？

连接它的过去、现在与未来事业发展的核心纽带是什么？

答案，就写在企业发展史中。

创业起步（1986—1992 年）

1986 年，徐传化创办生产液体皂的家庭小作坊——萧山宁围宁新合作净洗剂厂，走上了创业之路。

1989 年，宁围乡政府授予徐传化宁围乡劳动模范的荣誉称号，一张奖状和一朵大红花，坚定了他将企业继续办下去的信心。

1990 年，徐冠巨成功研制出"901"，连获国家、省、市级 11 项大奖，开始了传化集团的科技创新之路，填补了国内行业空白，为企业快速发展奠定了基础，并注入创新的企业基因。这一年，企业实现营收 500 万元，不仅占领了萧山、绍兴的市场，还不断对外扩张，打进了广东市场，并向全国市场挺进。

1991 年，公司的营业收入翻了一番，从 500 万元上升为 1000 万元。同年，"901"通过省级专业鉴定，在全国高新技术展销会上获得一等奖，企业也获得了浙江省百佳私营企业的荣誉，而徐冠巨则被浙江省政府授予科技实业家的称号。

1992 年，企业更名为"杭州传化化学制品有限公司"，成为省内较早的一批有限责任公司之一，开始了在纺织化学品领域的全面开拓。

事业突破（1993—2000 年）

1995 年，"浙江传化化学集团"成立，传化集团开始步入集团化发展阶段。这一年，也是传化集团用人管理机制演进的一个分水岭。

在 1995 年以前，传化集团的业务形态比较单一，主要集中在以纺织印染助剂为核心的精细化工；1995 年后，传化集团的化工板块以"竹林式"发展模式进行相关多元化扩张，即在一元化产业里呈现出多元化形态。

从洗涤用品到增白剂，从塑料助剂到皮革助剂再到涂料，传化集团以务实稳健的管理风格稳定发展和扩张着产品线，在行业中逐步奠定了自己的地位。其中，代表性产品有纺织印染助剂系列、荧光增白剂系列、建筑涂料系列和日用洗涤系列等。

在开启多元化发展中，传化人清醒地认识到"多元化发展不是陷阱"，其成功的关键在于广纳社会化人才，夯实管理基石。

1997年，传化集团成立杭州传化储运有限公司，开始了在物流领域的探索。此后，杭州传化储运有限公司不再像以前一样自己购置车辆、设备，而是开始利用社会车辆，将传化集团的运输业务外包给有实力的货代企业，进一步降本增效。

1998年，中共传化集团委员会成立，这是浙江省第一家设立党委的民营企业。

凭借化工产业的布局，1999年，传化集团跃上了第一个台阶，产值达到3亿元。同时，传化集团开始考虑"十五"计划，提出了精细化工和日用化工两大产业提升发展的思路及规划，同时也开始了对投资物流和农业的思考，筹划进入这两个全新的产业。

创新发展（2001—2010年）

进入新世纪，传化集团开始布局多元化产业，正式步入高科技农业产业，同步开启了物流的平台发展模式。

2002年，浙江省农业高科技示范园区开园。此后近20年时间里，徐冠巨带领传化坚定不移地推动农业产业化发展。传化集团通过跨界探索、大胆创新，不断满足"三农"的发展需求。

2003年，传化集团首创公路港物流模式，杭州公路港正式运营。

2004年，传化股份在深交所正式上市，传化集团成为行业内首家上市公司。次年，传化集团控股的浙江新安化工集团股份有限公司（简称新安化工）上市，传化集团进入有机硅和农用化学品领域。

2008年，上海传化投资控股集团有限公司成立，依托传化集团的实业背景，开展产融结合的产业链布局。

2010年，中央领导对传化集团"构建和谐劳动关系实践"作出重要批示，中央党建调研组展开专题调研。同年，浙江省农业高科技示范园区正式晋升为国家农业科技园。

中国·萧山科技城

全面提升（2011年至今）

2012年，国务院领导亲临成都传化公路港信息交易中心大厅视察调研，肯定了传化公路港模式，认为公路港物流经验具有创新性、应用性、开放性和服务性，应当总结和推广。2013年，国家发改委、工信部、交通运输部等五部委联合发文在全国推广公路港物流经验。

与此同时，传化科技城升级为"中国·萧山科技城"，促进产业、城市、人文深度融合，打造中国产城融合新标杆。

2015年，传化化学板块和传化物流板块整体重组上市，形成协同发展的态势，传化公路港模式加速全国化网络布局。传化集团获得中国人民银行第三方支付牌照，打造了辐射全国的物流"支付+"金融生态。

2016年，即传化集团创立30周年，"传化股份"更名为"传化智联"。传化集团将"开放、共享、连接"的平台思维注入产业发展，并宣布成立传化慈善基金会，积极履行社会责任。

次年，传化集团明确"奋斗五年、全面推进转型升级"总体部署。科技城平台模式落地，传化集团全面启动与新加坡仁恒置地集团有限公司、香港置地控股有限公司、英国惠灵顿公学等的战略合作。

2018年，传化集团的转型升级向纵深推进，践行高质量发展系列行动，确立了"成为时代的杰出企业"的愿景。

全面发力智能制造。浙江传化化学集团有限公司（简称传化化学）打造全新智能制造工厂大江东生产基地，新安化工成为工信部智能制造、制造业与互联网融合发展示范企业。

物流全面转型升级。传化集团融合线上线下，构建服务产业端的智能物流平台。

2019年，传化集团对过去5年发展进行战略审视和回眸，推出新一轮发展战略，走可持续稳健发展之路。同年，传化集团财务有限公司获批开业，传化集团的金融服务产业再进一步。

2020年1月28日，传化集团宣布捐赠3000万元现金和物资用于新冠病毒感染防控，彰显社会责任。

徐冠巨获得全国劳动模范和全国脱贫攻坚奖创新奖荣誉。

2021年，传化集团被党中央、国务院授予全国脱贫攻坚先进集体荣誉称号。

2022年，在传化物流板块与传化化学板块重组6周年的关键时点，传化集团举办战略发展大会，全面开启"新五年战略发展与变革创新"重大行动。

▶ 守正出新

"过去30年有传化集团，未来30年还有没有？"在这个问题上，徐迅与父亲徐冠巨有着同样敏锐的危机意识和底线思维。

在徐迅看来，企业要行稳致远，必须守正出新，面对挑战与机遇，找到支撑企业未来发展的新增长点。

"多做事情多条路"

徐迅出生那年，传化集团的事业才刚刚起步。徐传化和徐冠巨父子俩支起一口大缸和一口铁锅，晚上生产液体皂，白天骑着自行车走街卖货。

接班人说

> 从小我们家没有让我接触太多企业事务，但是父辈创业的艰辛，还是能从他们的言传身教中体会到，真的是想尽千方百计、吃尽千辛万苦。
>
> （徐迅）

徐迅从美国密歇根大学工业工程专业硕士毕业，在美国工作一年后，于2014年回国加入传化集团，希望与爷爷、父亲一同扎根实业、并肩作战。

"本以为回来能帮上忙，后来才发现自己有些理想化了。"彼时他面对的传化集团，已经由当年的小作坊成长为多元化现代集团。徐迅强烈意识到，自己必须沉下心来加倍努力、加速成长，他以传化化学的供应链中心为起点，开启了轮岗历练。

在此期间，他参与了供应链中心的咨询项目，对管理体系进行优化提升；主导了传化集团新总部大厦的装修设计，带领团队规划功能布局，细致考察设计单位、装修施工单位以及各类软硬件供应商厂家，为员工构建人性化的办公空间；还负责了集中采购平台的搭建，推动采购流程变得更高效、更透明、更规范，从源头上降低企业成本。

除了在一个个实战项目中锻炼自己，徐迅还曾担任传化集团团委书记，参与到企业的群团工作中，"传化集团一直非常重视党群工作，团组织是一个发现人才、培养人才的绝佳平台，我们企业多位高管都有团线任职经历"。

任职期间，他组织了一系列有声有色的活动，引领青年思想，满足青年需求，线上线下立体开展工作，将传化集团的共青团建设推向新高度。这段经历，也成为他日后参与企业管理的"预练兵"经验。

"我父亲经常对我说'多做事情多条路'。"在成长道路上，徐迅一直铭记这句朴素但有力量的话，"非常感谢我父亲，他从来不会要求我去做什么，都是鼓励我主动思考、自己作选择。"

作出自己的战略决策

2019年，徐迅主动请缨奔赴业务一线，到传化集团的日用品分公司担任总经理。

进入21世纪后，随着传化集团的业务重心转向纺化板块，传统日化板块面临品牌老化、产品单一、渠道萎缩等发展瓶颈，在激烈的市场竞争中日趋落后。但徐迅认为："传统日化板块是传化起家的资本，我有责任和使命带它走出困境、焕发生机。"

上任后，他发现情况比想象的更为严峻。"我最初的理解是只要把产品做好，就能把传统日化板块做好，后来发现在品牌定位、市场打法和企业管理等方面，都需要开展一场系统性的革新。"徐迅逐渐意识到，与其在会议室里讨论战略，不如去市场获取一手信息。他很少待在办公室，而是花大量时间走出去与客户交流，深度下沉到一线市场找方向。

对外，徐迅挖掘年轻消费者在家居清洁方面的便携化、个性化需求，开辟"灵感工厂"工作室，推出 LazyGo、bulubulu 等新品牌，打造出有氧清洁颗粒、鞋袜除味剂等"爆款"产品；同时组建专业团队运营电商平台，围绕"产品即宣传"这一理念，在各大节日推出 IP 联名款礼盒，推动线上销售带动持续增长。

对内，他主抓精益生产管理，通过整合供应链、引进科研人才、数字化改革等举措，实现降本增效。

用了 3 年时间，徐迅再造了一个崭新的日化板块。如今，他已担任传化化学执行总裁。在这片承载传化集团创业初心的土地上，他延续父辈的奋斗精神，为它注入了新生活力。

以科技人才筑就核心竞争力

传化集团过去 38 年的发展史，也是一部科技创新史。从创业初期董事长徐冠巨潜心研发"901"大获成功，到 20 世纪 90 年代中期新安化工架起"氯硅磷"元素循环体系、获得国家科技进步奖二等奖，再到 2000 年传化物流板块首创公路港平台模式，通过数字技术打造端到端供应链服务；近年来，中国·萧山科技城聚焦生物技术领域，搭建科技创新平台服务科学家创新创业……企业的每一步跨越，都离不开科技创新的驱动。

"传化集团的下一个 30 年，如何保持一贯的创新力与生命力？"徐迅认为关键在于"守正出新"，立足企业过去积累的业务优势，筑起新的"护城河"。

基于传化集团在功能化学品、硅基新材料等领域的技术积淀，徐迅带领团队聚焦新能源、电子化学品、合成生物学等前沿方向，分析潜在机会点，并通过产业试点、投资并购等手段布局新赛道。同时，传化集团与浙大科创中心共建创新

新安化工马目园区

研究院，吸引高端研发人才、链接高校科研成果，以产业化为目标孵化新项目。

科技为主轴，人才是主体，青年人才更是企业发展的未来。团委工作的经历，让徐迅深刻意识到企业青年的重要性。他连续4年召开传化集团青年大会，发布青年发展报告，表彰优秀青年，在青年员工中营造奋斗氛围。

在徐迅的推动下，近年来传化集团打通青年成长通道，建立"栋梁计划""火鸟计划"等人才培养机制，让一大批青年员工得以历练成长、共享企业发展成果，成为推动传化集团爬坡过坎、转型升级的生力军。

打造共同富裕传化样板

"我给同学们带了一些书，都是我自己读过、觉得值得一读的好书，希望大家能真正从阅读中找到乐趣，汲取智慧。"在杭州市萧山区第五高级中学"传化·行知班"2021学年表彰大会上，徐迅受聘为校外辅导员，与学生们分享自身的成长心得。

"传化·行知班"开办于2020年，传化慈善基金会每年资助50万元，连续资助3年，帮助萧山区品学兼优、家庭相对困难的学生完成高中学业。徐迅每年都会参加班会活动，用自身的经历激励学生们胸怀家国情怀、知行合一。

传化集团自创立以来，家国情怀便是其代代传承的文化基因，公益事业更是企业的"第二事业"。如今，徐迅还多了一个重要的身份——传化慈善基金会理事长。

　　传化集团捐资 30 亿元股权和现金，成立传化慈善基金会，积极参与扶贫济困、助医助学、救灾赈灾、"万企帮万村"等公益慈善事业，已在贫困村落援建了 1000 多所"传化·安心卫生室"，服务 180 多万名村民。传化集团面向货车司机群体，建设全国首个促进货车司机互帮互助的"安心驿站"；面向社区，实施邻里帮扶的"善源社区"公益项目。

　　2021 年 5 月，浙江开启高质量发展建设共同富裕示范区之路，为全国推动共同富裕提供省域范例。对于传化集团这样的民营企业如何参与助力共同富裕，徐迅有自己的见解与规划："传化集团出生在农村、成长在农村、发展壮大也在农村，对农业农村农民怀有深厚感情和实践基础；应当在农村地区打造城乡融合、乡村振兴的传化案例，共同富裕的传化样板。"

　　2024 年，传化集团正在萧山打造"千万工程"的升级版——谢径安·传化农创村，项目充分发挥政府、企业、村集体、村民的各自优势，以"政企村农"合力共建模式探索都市圈近郊乡村振兴路径。

接班人说

> 经常有人问我是不是很有压力，其实我感觉到更多的是幸运。父辈给我创造了这么好的基础和平台，我更要以"百尺竿头更进一步"的目标来要求自己，努力推动传化集团成为时代的杰出企业。
>
> （徐迅）

"奔竞不息，勇立潮头"的奋斗精神，让传化集团实现从无到有、从小到大的发展。未来几年，百年变局新趋势加速演进，企业经营发展面临复杂挑战。有国际环境变化的影响，有经济发展阶段转变的考验，更多的则是企业自身发展方式转变与核心能力提升的要求。传化集团需要面对的，是在全球竞争中与世界一流企业在质量、品牌、科技、文化的高峰上直接比拼所带来的压力和挑战。

面向未来，传化集团将始终坚决推进三大转变：转变增长动能，从市场经营驱动转变为科技创新驱动，实现科技引领下科技与市场双轮驱动；转变发展方式，从涨体量转变为涨质量，提升品质，提高品牌影响力；转变运营方式，从传统管控方式转变为现代企业运营方式，并实现数字化。

为此，传化集团在新技术上开展全面攻关，聚焦推动原创性、突破性、颠覆性创新；在新产业上加快升级发展，推动现有产业升级改造，服务新兴产业和未来产业发展；在新平台上持续创新实践，打造化学化工链主平台，以及物流、生物技术等产业创新平台的标杆；在新关系上不断深化构建，创新企业与社会责任之间的关系、与行业上下游之间的关系、与员工之间的关系，以及与平台上各类主体相互协调、共同发展的关系；在新主体上激发创新活力，推动管理层、专家、员工3支队伍建设，促进企业与员工共创、共赢、共享。

紧紧围绕科技创新这一核心主轴，传化集团将以更高质量的发展和转型变革的丰硕成果迎接建企40周年，为持续健康发展、成为时代杰出企业而努力奋斗。

以"求精"求"正泰"

一切皆有传承。
当南存辉接过父亲的修鞋担子时,他看到了路。
当正泰集团股份有限公司(简称正泰集团)的"后浪"们逐渐在创新舞台上涌现时,他们看到了什么?

▶ "存辉"之路

积跬步,至千里

1963年7月,当南存辉出生在温州市柳市镇时,这里还不是后来备受瞩目的"中国电器之都",也不是"温州模式"主要发祥地之一,而仅仅是一个不起眼的小镇。

创始人说

> 我是草根出身,曾过着食不果腹的日子,是改革开放给了我改变命运的机会。我能有今天,要感谢这个时代,感谢这个国家,感谢这个社会!
>
> (南存辉)

南存辉的感慨并非无缘无故。

打他记事起,家里的房屋就是当时柳市镇上最差的之一。屋顶仅用茅草盖着,风一吹,常常是"天上下大雨,屋里下小雨"。再加上温州常有台风,台风一来,家人更是连躲都无处躲;吃饭也常常是饥一顿饱一顿。

13岁那年,南存辉的父亲在一次集体劳动中意外受伤,造成右腿粉碎性骨折,不能下地干活,而母亲身体一向虚弱,养家糊口的重担责无旁贷地落在了他这个长子肩上。

离初中毕业还差10多天时,南存辉辍学回家,接过了父亲的修鞋担子。

修鞋是父亲的绝活,南存辉长时间跟在父亲身边也学到了不少手艺,开摊并不成问题。刚修鞋时,要面对许多熟人,特别是曾经的同学,一见到他们,他心里别提有多别扭。但时间久了,他也就领会到了父亲那句"修鞋并不是什么见不得人的事,不要自己看不起自己"的深刻含义,而且还逐渐爱上了修鞋这一行当。

创始人说

> 3年的修鞋经历,虽然没赚到多少钱,但它使我懂得了诚实做人的道理,相信有质量便会有市场,守信就有希望。同时,它使我明白了,一个人要想有所作为,必须重视从一件件平凡的小事做起,而且任何小事要把它做好都是不容易的!
>
> (南存辉)

在南存辉看来，他的创业经历应该从辍学修鞋算起。也是在修鞋摊上，他发现了第一个商机：为什么有些人的鞋子坏得那么快？原来那是些跑销售的，他们拿着柳市镇生产的低压电器样品到全国推销！

1984年，乐清县求精开关厂（正泰集团前身，简称求精开关厂）在人声喧闹的柳市镇街头"呱呱坠地"。然而在当时，柳市镇电器业乱象丛生，假冒伪劣产品大行其道，新生的求精开关厂要想做到出淤泥而不染，谈何容易？没有好的技术员，就无法生产出合格的产品，没有合格的产品，"求精"就是一句空话！

初创时期的乐清县求精开关厂厂房

南存辉与合伙人一次次奔赴上海，他们"三顾茅庐"，用诚心打动了3位退休的工程师。工程师们放弃了上海舒适的生活，来到柳市镇，帮助求精开关厂搞研发、抓质量。他们坚持吃住在厂里，白天的工作台，晚上一收拾就成了"卧室"，搭上铺盖，可以让他们酣然入梦。他们常和衣而卧，每当头脑里闪现出一点火花，便翻身起床，挑灯夜战。

在老工程师们的大力帮助下，求精开关厂成为乐清县（现乐清市）第一个取得原机械电子工业部颁发生产许可证的企业，生产的乐求牌电器在市场上十分畅销。1990年，国家七部委联合开展了大规模的打假行动，但求精开关厂却以质取胜、脱颖而出，成为政府重点扶持对象，得到突飞猛进的发展。

听中央的，看欧美的，干自己的

1991年，由于经营理念不同，求精开关厂一分为二。南存辉审时度势，根据当时国家政策，决定成立合资公司，并取名温州正泰电器有限公司（简称正泰）。

为什么要取名"正泰"？

南存辉说："我们当时想到了许多好听的名字，如美佳美、恒丰等，为的是讨个吉利。后来我们想，不管是多么好听的名字，首先是做人要正，做事要正。但是'正'什么呢？一时想不出用什么词。一个偶然的机会，我们发现一张从香港购买设备时开的发票，商店名称好像是叫'丰泰'。我觉得这个'泰'字蛮好的，做人要正直，处事要泰然，把这两个字连起来就叫'正泰'。那时候没什么宏伟理想，只是想做人要做正，做事要做正，企业才会稳如泰山。后来，经过专家们的提炼，解释就多了，赋予了'正泰'许多新的含义。正泰的注册英文商标为CHINT，按我最初的理解，就是'中国正泰'，勉励我们要自觉承担社会责任。"

创始人说

> 我常说三句话："听中央的，看欧美的，干自己的。"
> （南存辉）

"听中央的"，就是要认真学习，深刻领会党中央的各项方针政策，牢牢把握发展方向，紧紧抓住发展机会。

"看欧美的"，就是要认真地向欧美等发达国家和地区学习，学习他们的先进技术和发展经验，同时也要吸取他们的教训。"因为他们是先行者，他们遇到的问题我们可能也会遇到。以他们为参照，会让我们少走许多弯路。"

"干自己的"，就是企业发展要以实际情况为基础，根据本行业、本企业的特点，走好自己的路，做好自己的事，不能完全照搬照抄别人的经验，因为再好吃的东西也要通过自己的胃才能消化。

基于这样的认识，1993 年，正泰集团主动向上级党委递交了成立党支部的申请，并邀请原温州市交通委办公室主任吴炎担任第一任党支部书记。正泰集团党支部又于 1998 年升格为温州首家非公有制企业党委。

通过多年努力，正泰集团党委目前下辖 96 个党支部，拥有在册党员 3000 多名，先后被评为全国先进基层党组织、全国非公有制企业"双强百佳"党组织等。

1994 年，南存辉抓住机遇，成立低压电器行业第一家企业集团，走上集团化经营之路。1997 年，他又开始着手建立规范的股份制公司。

2003 年 7 月，正泰集团响应浙江省委、省政府"八八战略"中"主动接轨上海，积极参与长三角合作与发展"以及"打造先进制造业基地"等一系列决策，提出了"围绕主业，立足温州，接轨沪杭，发挥优势，整合资源，走向世界"的战略方针。

正泰集团锚定"打造国际性先进电气装备制造基地"目标，先后投资兴建了温州正泰高科技工业园、仪器仪表工业园等。

从 2004 年开始，正泰集团投资 35 亿元，在上海市松江区建立了占地 1360 亩的输配电工业园，被列为上海市 20 家重大产业升级项目之一。此后，正泰集团又相继在上海市松江区建立低压电器高端品牌诺雅克生产研发基地、电源电器生产研发基地，在上海市张江镇建立高端装备生产研发基地，在上海市闵行区收购国内自动化领航企业上海新华控制技术（集团）有限公司的股权等。

在杭州，正泰集团先后收购浙江浙大中自集成控制股份有限公司，入资浙江浙大信息技术有限公司，建立正泰仪表智能量测产业园等，充分利用杭州的人才、产业环境以及资源优势，在新能源、自动化、信息化和物联网量测技术等方面发力，培育新的经济增长点。

在嘉兴，正泰集团兼并了当地一家电线电缆公司，投资建立海宁正泰新能源科技有限公司、正泰智慧能源华东科创产业园等。

短短几年时间，由低压电器制造延伸到中、高压输配电配套设备制造等，正泰集团初步形成了以温州为低压电器、仪器仪表、建筑电器、汽车科技的研发生产基地，上海为输配电设备制造、高端装备制造基地，杭州为工业自动化和光伏发电设备制造基地，嘉兴为电线电缆和太阳能透明工厂生产基地的"长三角布局"。

向"光"而行

接轨大上海，融入"长三角"，使南存辉站上了"山高人为峰"的更高视野。把握国内外有利时机，实现正泰集团由传统产业向新兴高科技产业转型升级，成为他和公司决策者们的共识。

创始人说

事也凑巧，2005 年左右，我随由时任国务院领导率领的中国经贸考察团前往中东。中途休息时，考察团成员之一、国家能源局的一位领导找到我，分析了国内国际经济形势，然后对我说，国家鼓励发展风能，你们作为一家比较有实力的民营制造企业，能不能也一起来发展风能设备制造，推动装备国产化。我认为很好，回来后当即组织专家论证。

（南存辉）

后来的结果是，这个意见被否决了！

斯坦福大学有位温州籍教授对南存辉说，搞风能不如搞太阳能！太阳能取之不尽、用之不竭，而且绝对环保，有着巨大的市场应用前景与发展空间。他耐心地解释太阳能是怎么回事，分析了当时全球太阳能产业发展情况，对正泰集团如何进入太阳能这个行业提出了建议。

南存辉听明白了，觉得做太阳能确实比做风能好，回来说服专家和股东，决定做太阳能。

2006年10月，注册资金2亿美元的浙江正泰太阳能科技有限公司（浙江正泰新能源开发有限公司前身）在杭州市滨江区成立，正泰集团的"新能源之梦"由此发端。迄今为止，公司已在海内外投资兴建地面电站700多座、户用光伏电站逾140万户，成为全球太阳能行业的头部企业之一。

2013年6月29日，由正泰集团投资建设的杭州火车东站屋顶电站正式并网发电，成为全球最大的单体建筑光伏发电项目。这个发电装置用了4.4万多块电池板，铺了12万平方米的发电装置，这些装置将吸收太阳光的能源转化为电力，年发电量达1000万千瓦时，可为大约5000户家庭提供一年的生活用电，满足

正泰集团投建的衢州江山200兆瓦"农光互补"地面电站

杭州火车东站 30% 左右的用电需求。在有效缓解杭州夏季供电紧张状况、为车站附近的居民供应环保的太阳能电的同时，每年可节约标准煤 3000 余吨，减少二氧化碳排放量 8000 多吨。

秉承"三产整合，三位一体"理念，2015 年，正泰集团建成衢州江山 200 兆瓦"农光互补"地面电站，占地 6300 亩，年均发电 2 千瓦时，可满足江山市 10 余万户共 40 余万名居民的用电需求。同时，农户可在光伏板下分区域种植蔬菜、猕猴桃、中草药、油茶等，是光伏产业"农光互补"的标杆式项目。

2015 年成立的正泰安能数字能源（浙江）有限公司，从事户用光伏电站投资与建设。在国家"双碳"目标与"乡村振兴"两大战略的驱动下，正泰集团积极开拓下沉市场，专注于为广大农村用户提供包含合作开发、销售、勘测设计、安装及售后运营维护的屋顶光伏系统全面解决方案。几年间，正泰集团累计开发用户数量突破 140 万户。

与此同时，正泰集团积极推进电气产业转型，发展高端装备，布局新兴产业，使业务版图逐渐扩大，成为全球知名的工业电气与新能源领军企业。

转型"样本"

新能源的发展，带动了正泰集团整体产业链的发展。由低压电器制造到中、高压输配电配套设备制造，从工业电气到绿色能源，从单一产品生产到系统解决方案，从地方性企业到国际化企业，正泰成了业界公认的"中国民营制造企业转型升级样本"。

正泰集团历经 40 年的发展，从一个家庭作坊式的低压电器小厂发展成为涵盖发电、输电、储电、变电、配电、售电、用电等的电力全产业链企业，全球员工达 5 万余名，业务遍及 140 多个国家和地区，2023 年的营业收入达 1550 亿元，连续 20 余年上榜"中国企业 500 强"。集团旗下的浙江正泰电器股份有限公司（简称正泰电器）系国内主板首家以低压电器为主营业务的上市公司，连续多年位列《福布斯》杂志评选的"亚洲上市公司 50 强"，并获得中国工业大奖、中国优秀民营科技企业、全国先进基层党组织、全国"五一"劳动奖状、中华慈善奖等一系列荣誉。南存辉被党中央、国务院授予"改革先锋"称号，被誉为"温州民营经济的优秀代表"。

▶ 能量传导三步走

北京大学教授、著名经济学家周其仁说："南存辉打动人的地方，是他一步一步地走来，在每一个重要的分岔路口，都作出了被事后证明经得起检验的抉择，从而把正泰集团带进了不一样的境界。"

可以说，在正泰集团发展的每个阶段，都有南存辉个人的强烈印记。换句话说，南存辉与正泰集团，早就融为一体。

依靠电器起家，稳健经营（1984—2005年）

1984年，通过当地的"十万电器供销大军"走南闯北的口口传播，柳市镇这片千百年来只种庄稼的土地，一下子变成全国闻名的低压电器生产基地。

1984年7月，经有关部门批准，乐清县求精开关厂应运而生，注册地为柳市镇上园村，注册资金为10800元，主营开关柜、电流互感器、交流接触器、继电器、组合电器开关，兼营按钮开关、行程开关。

1991年，乐清县求精开关厂经历了变革前的震荡，一分为二。南存辉以求精开关厂一厂为基础，成立了合资公司——中美合资温州正泰电器有限公司，1993年2月正式挂牌，并提出"重塑温州电器新形象"的目标。

利用合资企业的优势，正泰集团引进国外先进技术和设备，投资近百万元，开通了生产、销售、财务、人事等方面19个终端微机管理网络，为公司信息化乃至后来的数字化转型打下了良好基础。正泰集团通过合资的方式"借船出海"，于1992年秋季广交会上获得首笔海外订单，随之成立国际贸易部，开启国际化征程。

从1991年至1993年，正泰集团以资本为纽带，以市场为导向，以产品为龙头，以品牌为中心，先后将30多家企业"收编"进来，使其成为正泰集团的成员企业。

1994年2月，温州市政府下发《关于同意组建温州正泰集团的批复》，以首批30多家成员企业为联合体的国内低压电器领域第一家企业集团——温州正泰集团宣告成立。次年，经国家工商行政管理局核准，更名为行业第一家无区域集团，正泰集团由此步入集团化经营阶段。

随后，正泰集团将生产接触器、仪器仪表、成套设备、建筑电器等产品的公司组建为规范的股份制公司,实现了股权改造的"软着陆"。同时,正泰集团以壮士断腕的决心,将非主业的服装、纯净水等产业剥离出去,回到了电器制造专业化的轨道上。

> **创始人说**
>
> 做专才能做精,做精才能做好,做好才能做强,做强才能做大,做大才能做久。
>
> (南存辉)

布局光伏产业,实现转型升级(2006—2015年)

2006年10月18日,浙江正泰太阳能科技有限公司在杭州滨江注册成立,正泰集团的"新能源之梦"由此发端。布局光伏新能源,标志着正泰集团继低压电器、高压输配电、仪器仪表和工业自动化产业后进入可再生能源领域,迈出了由传统制造企业向高新技术企业的创新转型之路。

2009年6月20日,正泰集团投资承建的宁夏石嘴山太阳能发电站一期10兆瓦电站项目正式开工。2010年1月16日,项目顺利并网发电。当时,全国只有4个10兆瓦级光伏电站,石嘴山电站就是其中之一。

此后几年间,正泰集团充分发挥全产业链优势,在新疆、青海、甘肃、内蒙古等省(自治区)广袤的沙漠、戈壁滩上建起了数百座光伏地面电站。"戈壁滩上'种太阳'"成为媒体和公众对正泰集团的赞誉。在大量布局建设地面电站的过程中,正泰集团开创了"沙光互补""渔光互补""农林光互补"等模式,探索出一条富有特色的"光伏治沙""光伏致富"之路。

> **创始人说**
>
> 新技术、新产业领域的机遇很多,风险也很大,这时候要量入为出,即使面临挑战也能扛得住。要有长期打算,不断投入、不断探索,既要大胆创新,又要稳步向前。
>
> (南存辉)

锚定"双碳"目标,助推绿色发展(2016年至今)

2016年前后,"看欧美"的南存辉注意到一篇题为《GE给自己定了一个小目标,2020年要成为"十大软件公司"之一》的报道,里面的观点与他的想法

南存辉介绍正泰集团的"一云两网"战略

不谋而合。

2016 年 11 月，浙江省委主要领导考察正泰集团，了解企业信息化、智能化建设情况，南存辉在汇报中首次提到了"一朵云，两张网"（"一云两网"）的构想。

随后，南存辉请来国际著名咨询机构进行品牌战略咨询，并对正泰集团发展的全方位影响因素，如技术能力、产业优势、未来趋势和外部环境等，作了深度调研，系统论证了"一云两网"战略的概念定义、内涵外延、逻辑框架及其可行性。这也进一步澄清了正泰集团的内部认识，统一了上下思想。

2019 年 9 月 10 日，在温州举行的首届国际工业与能源物联网创新发展大会上，正泰集团正式对外发布"一云两网"战略。"一云"，即"正泰云"；"两网"，即"正泰能源物联网"和"正泰工业物联网"。"正泰云"作为智慧科技和数据应用的载体，连接企业内部制造与经营管理数据，实现企业对内与对外的数字应用与服务，即：依托工业物联网（IIOT），构建正泰集团智能制造体系；依托能源物联网（EIOT），构建正泰集团智慧能源体系。

这一战略举措，旨在将数字化技术和物联网应用交融，实现一体化数字化转型，从而带来更为高效的企业管理和更加出色的产品及服务。

几年来，正泰集团紧紧围绕国家"双碳"目标，坚持以绿色化、数智化、全球化为发展方向，围绕"绿源、智网、降荷、新储"四个方面，着力构建并形成了"绿色能源、智能电气、智慧低碳"三大板块和"正泰国际、科创孵化"两大平台的"3+2"产业格局。

创始人说

"双碳"目标为我国带来了能源、电力领域的巨大变革，更安全、更清洁、更便宜、更便捷的能源将会成为能源格局优化的主要力量，以光伏发电为代表的新能源产业将成为实现我国能源结构优化与"双碳"目标的主力军之一。

（南存辉）

▶ 传承面向新生代

正泰集团已经由家庭式作坊成为行业龙头，营收已超千亿元，跨度之大、变迁之巨，也对人才培养提出了新的课题。

创始人说

一个企业要发展，关键在人，没有人，或者人心涣散，企业必然停滞不前。所以，我们必须重视人的工作，重视引进和培育各类优秀人才，尊重他们，善待他们，给他们提供大显身手的舞台，并将之视为企业最宝贵的财富。

我们的传承不是面向几个人，而是面向新生代。正泰集团的现在是众人拾柴的结果，未来也必然还是。

（南存辉）

培养式传承

基于"众人之力"理念，正泰集团一方面着眼于公司本部的人才培养，另一方面则放眼产业链上下游合作伙伴的拓展。

1975年出生的张智寰，原在温州某金融机构工作，24岁加盟正泰集团，先后在集团财务处副处长、投资发展中心总经理助理、正泰电器国际贸易部总经理、上海诺雅克电气有限公司总经理等岗位历练，成长为正泰集团董事、正泰电器总裁。

"80后"法学博士陆川，2005年加盟正泰集团，历任正泰电器战略管理部法律事务处经理，正泰集团法律事务处副处长、投资管理部副总经理，浙江正泰太阳能科技有限公司副总裁兼董事会秘书等等职位，现为正泰集团董事、浙江正泰新能源开发有限公司董事长，是目前正泰集团体系内最年轻的产业生态群负责人之一。

同样属于"80后"的卢凯，原在摩托罗拉公司工作，加盟正泰集团后，先后在多个岗位锻炼，参与建成光伏行业首家"互联网+透明工厂"，并被委任为正泰集团新能源系统"明星"企业——正泰安能数字能源（浙江）股份有限公司总裁。

类似例子不胜枚举。除企业本部各系统外，正泰集团也非常重视产业链新生代的培养。

正泰集团的"五鹰训练营"培训班

为让新生代快速成才，正泰集团每年都会进行严格的人才盘点，并将有潜力的员工作为后备力量进行重点培养。正泰集团一方面有计划地将人才送到各类高校进行深造，另一方面通过内部的"五鹰训练营"等对人才队伍进行锻造。同时，正泰集团采取师徒制、轮岗制等，让各类人才得到全方位锻炼。

本着"以大带小，合作共赢"和构建产、供、销"共同体"的理念，正泰集团于2008年成立供方优抚办公室，有针对性地对供应商及其接班人进行培训，帮助他们提升本领。

从2013年开始，正泰集团启动营销系统新生代培训班，每年分期分批对全国经销商及他们的接班人进行培训，用正泰集团的使命、愿景、价值观武装新生代头脑，用老一代创业者的精神激励他们励精图治、奋发有为。

张建军是经销商新生代的典型代表。他原本是位律师，后来子承父业，成为正泰集团经销商。经过多年努力，他成为正泰电器销售（浙江）有限公司总经理。他说："很钦佩正泰集团当家人南存辉身上那种'一心一意做实业，聚精会神创品牌'的实业精神。一路走来，诱惑颇多，眼见得一些人频换赛道，他却从未偏离工业电器与电力能源设备行业，靠的就是对这种'实业精神'的坚守。"

体验式传承

南存辉多次谈到，他要传承给后人的不是多少财富，也不是什么荣誉、地位，而是一种创业创新、艰苦奋斗的精神，以及作为这种精神结晶的"正泰品牌"。

两个孩子在海外求学期间，南存辉鼓励他们利用课余时间打工挣零花钱。当他们在假期回到国内时，南存辉都会让他们"隐姓埋名"，以普通员工身份深入生产一线、营销一线，实地感受员工生活，了解工作流程，积累创业经验。

长子南君煜永远忘不了的是，小时候家里开电器作坊，一楼是门店，二楼是住所。他时常跟在大人身边看他们操作，还经常趴在桌上玩螺丝。南君煜曾化名"金煜"，到正泰电器的终端电器制造部从事微断脱扣器装配，"刚开始觉得很新鲜，但做了两三天以后，手指有些受不了"。

就是在这样的磨炼中，他明白了产品是怎么做出来的，了解了一线员工的工作环境、职业特性，并在制造一线感受了车间规模、生产工艺的创新迭代，这些成为他日后开拓北美市场、推进研发创新、拿下大客户、打造现代供应链体系的经验基础。

与南君煜一样，次子南君侠从小目睹父辈艰苦创业的情景，耳濡目染使他决心自立自强。在海外求学时，他很早就参与课外打工，假期回国时则和哥哥一样，成为正泰集团车间里的一名普通工人。他如饥似渴地学习生产制造、市场营销等知识，为他日后构建"互联网＋制造"体系，推动公司革新，打下了良好基础。

接班人说

父辈务实打拼，特别能吃苦、特别能创业创新的精神一直激励着我们前行。站在父辈肩膀上看问题的同时，我们也要肩负起新时代的发展使命，锐意进取、不懈奋斗，以全球化视野，用创新和实干续写企业发展的新篇章。

（南君煜）

创业式传承

正泰集团决策层的子女在大学毕业后，大多会经历较长时间的基层历练或创业实践，积累相关经验后再被委以重任。

南君煜先以市场专员身份，参与上海诺雅克电气有限公司的相关项目策划与运营，熟悉情况后担任该公司驻北美分公司负责人，从零开始组建团队，拓展市场，取得了不俗的业绩。

有一次，南君煜告诉父亲，由于标准、定位等问题，公司产品在国外的推广存在不少难点。南存辉说："这些问题由你来解决！"担任上海诺雅克电气有限公司总经理后，南君煜有针对性地解决了相关问题，使公司走上了快速发展的轨道。

同时，南君煜还担任正泰集团技术研究院执行院长、正泰电器副总裁等。任职期间，他主持加强技术创新与标准体系建设，全面推行以客户为中心、市场为导向的创新研发体系，积极推动新一代信息技术与现代工业技术深度融合发展；牵头承接工信部智能制造项目"基于物联网与能效管理的用户端电器设备数字化车间的研制与应用"。该项目高分通过验收，并入选国家级"智能制造试点示范工厂"。南君煜先后被评为温州市"新时代青年企业家"、温州市"十大杰出青年"。他还当选了中国电工技术学会常务副理事长、中国电器工业协会标准化工作委员会副主任委员、上海温州青年联合会第五届委员会第二任轮值主席等。

南君侠从大一开始做电商代理，也做过人工智能、大数据分析以及电商平台等项目。26 岁时，顺应国内"大众创业"热潮，南君侠回到杭州创业。

直到 2013 年，正泰集团亟须构建关于大数据、互联网的管理思维和商业模式，南君侠才带着团队进入正泰集团，着手筹建了浙江正泰网络科技有限公司，将公司定位为做新产业、新业态和新商业模式的试验田、探路者，用"互联网+"、大数据、物联网改造传统产业。

2015 年，南君侠又创建了一家智慧物流公司，在大数据应用的基础上，采用"互联网+物流"的现代物流模式，利用自动化仓储配送中心、自动化管理设备，促进传统物流向数字化、集约化、规范化的方向转型升级。

由此，在民用电器、智慧物流、大数据技术的融合助推下，浙江正泰网络科技有限公司得以集民用相关产业的生产、研发、营销和智慧物流等功能于一体，整合优势资源，打造泛家居生态，为客户提供端到端的整套服务解决方案。

南君侠获得了第十七届浙江省优秀企业家、第十二届新锐浙商、2021 年度长三角十大杰出青商等荣誉称号，当选了第十二届温州市政协常委、浙商总会青年企业家委员会执行主席等。

> **接班人说**
>
> 我们传承的不仅是商业基因，更是创业精神。经过 40 年的艰苦创业和创新发展，正泰集团从瓯江一隅的一家电器小作坊成长为全球知名的工业电器与新能源领军企业，父辈勇立潮头、敢为人先的创举，专注主业实业，坚持"烧好自己那壶水"的定力，积极承担社会责任、引领推动经济转型升级的责任感与使命感一直感染和影响着我。
>
> （南君侠）

面对全球气候变化带来的挑战，正泰集团积极响应国家"双碳"目标实施，肩负"让电力能源更绿色、安全、高效、便捷"的企业使命，致力打造"全球领先的智慧能源解决方案提供商"。

正泰集团站在全局高度，提出了"产业化、科技化、国际化、数字化、平台化"的"五化"战略，以"一云两网"为抓手，围绕能源"供给—存储—输变—配售—消费"体系，以新能源、能源配售、大数据、能源增值服务为核心业务，以光伏设备、储能、输配电、高低压电器、智能终端、软件开发、控制自动化等为支柱业务，不断拓展和加深与中高端企业的合作，积极构建全球资源智慧共享与协同平台，为公共机构、工商业及终端用户提供一揽子能源解决方案；同时，着力构建"一院一园一基金"，助力科创孵化加速，推动企业转型发展。

正泰集团的新生代正茁壮成长，在管理、生产、营销、研发等各个领域挑起了大梁。他们有知识、有闯劲、爱学习、善创新，更有对老一辈正泰人创业精神的深深认同。

有理由相信，在老一代创业者的引领下，随着新生代的成长，正泰集团致力成为"全球领先的智慧能源解决方案提供商"的愿景一定能够实现。

"丝路"听"雨"

　　丝是轻柔曼妙的，万事利集团有限公司（简称万事利）的成长"丝路"却刚柔并济。

　　雨是晶莹剔透的，万事利"丝路"上那淅淅沥沥的"雨"声，不仅动听，更令人动容、动情、动心……

　　这条"丝路"上，先后两代掌门人栉风沐雨，带领万事利完成了精彩蝶变。

▶▶ "丝路风雨"，创业更兼程

2021年9月，当万事利旗下杭州万事利丝绸文化股份有限公司登陆深交所创业板、成为"中国丝绸文创第一股"时，不少万事利人想起了当年白手起家、领着22位"洗脚上岸"的农民艰难创业的沈爱琴。

"茧桥"走出的女厂长

杭州市上城区笕桥街道古称"茧桥"，曾是我国历史上著名的丝绸重镇，南宋时便已形成了成熟的丝绸产业。万事利创始人沈爱琴，便是当地负有名望的丝绸世家沈氏的后人。

1974年，冰封已久的大地开始解冻，一些拥有敏锐市场嗅觉的杭州人率先发动——笕桥公社决定筹建笕桥绸厂，能干又正派的沈爱琴，毫无悬念地被推上了历史舞台。

1975年，时年30岁的沈爱琴带领22位"洗脚上岸"的农民，在几间破旧的平房里，认真收拾出原国有工厂淘汰下来的17台铁木织布机，创办了笕桥绸厂，万事利就此开启了长途征战之旅。

创业的艰辛，不是亲历者根本无法感同身受。创业者若没有最后走向成功，那所经历的磨难都只是事故，而没有故事。所幸，沈爱琴所遭遇的事故一个个都成了她书写的传奇的故事，因为她的智慧，因为她的胆识，因为她的格局，也因为她非比寻常的吃苦耐劳品性。

1975年，沈爱琴（左二）创办杭州笕桥绸厂

缺资金是创业路上出现的第一只拦路虎，怎么办？沈爱琴把家里的积蓄悉数

掏出，将亲朋好友借了个遍，勉强凑了 2 万多元，这是工厂的第一笔启动资金。

缺技术是横亘在前行路上的又一座大山，怎么办？沈爱琴一趟趟跑上海和绍兴找绸厂，一次次登门聘请绸厂的退休师傅。"唯天下之至诚为能化"，凭着满腔热忱和真诚，她硬是把十几位国有绸厂的老员工请到了绸厂。

缺原料是绸厂开工无法绕过的一道巨大屏障，怎么办？沈爱琴凭着拓荒者干事创业的一股子冲劲和女性精打细算的聪颖，一家家地跑国有绸厂，一次次地请求厂长，不厌其烦地说服他们把废弃的下脚料卖给自己，然后带领工人在一堆堆下脚料中千挑万选，挑出可以用作原料的生丝。

就这样，笕桥绸厂跟跟跄跄地迈开了脚步。紧随而至的是市场的考验，如果产品没有销路，终将前功尽弃。

创始人说

我既是厂长，又是销售员。有一年临近年关时，为了推销厂里唯一的产品丝绸被面，我撇下幼小的女儿，和几个姐妹肩挑背扛，天南海北地跑市场。我们饿了就咬一口冷馒头，困了就在长途车站或广场睡一宿。我们那时很苦，又没钱，别说坐出租车，就是乘公交车也嫌贵，但一心想把产品"放进"王府井百货大楼的柜台。就是凭着这种精神，工厂当年就获利了。

（沈爱琴）

说起创业之初的种种艰辛，沈爱琴虽刻骨铭心，但已是云淡风轻。

王府井百货大楼是当时"全国商品销售第一楼"，在计划经济年代，一般产品想进大楼可谓难上加难。但是沈爱琴知道，要想打开全国市场，这个堡垒必须先攻克。

果不出所料，对方一看是笕桥绸厂出品，就一口回绝了。沈爱琴立马拿出当时计划经济委员会的批文，一边展示样品一边承诺："这是轻工业部和浙江省政府推荐的优质产品，能不能让我们的产品在柜台上试卖 3 天？如果卖不动，我们从此不进北京城，而且 3 天内顾客可以无条件退货。"拗不过沈爱琴的自信与坚持，对方勉强同意了。结果第一天，丝绸样品就销售一空。

老员工一直记得当年沈爱琴带着绸厂财务科科长和销售科科长进京的情景，好不容易排队买到了一张去北京的卧铺票，回来却挨批了。"沈总说，我又不是财主，快去退了，买硬座票。那时候火车票很紧俏，3个人只买到了一张硬座票，只能轮流坐，晚上实在太困了，沈总就在硬座底下铺上报纸睡了……"

申请外汇闯三关

20世纪90年代，一个偶然的机会，沈爱琴得知一位香港商人正在杭州推销日本生产的喷水织机。这是当时织机领域最先进的设备，但由于资金需求过大，中国还没有一家丝绸纺织企业引进。正愁找不到突破口的沈爱琴，凭着敏锐的经济头脑，断定这是一个不可错失的良机，当即暗下决心：一定要拿下喷水织机！

但是，引进108台喷水织机仅外汇就需要500万美元，再加上购买相关配套设施，总投资额将达5000万元，这在当时无异于天文数字。

"500万美元外汇，当时整个江干区（现杭州市上城区）一年都没有那么多外汇额度，何况很多大型国企也有进口设备的需求。"沈爱琴的申请犹如一声惊雷，震动了省内很多相关部门和领导。但沈爱琴认了死理，从报送国务院审批立项到申请外汇再到落实贷款，翻过一山又见一山，闯过一关又遇一关，一般人早就知难而退了，但沈爱琴选择了迎难而上。

"精感石没羽，岂云惮险艰。"在旁人看来几无可能申请到的500万美元外汇终于批下来了，这是中华人民共和国成立以来国家第一次向乡镇企业发放如此巨额的外汇！

一旦解决了贷款担保问题，项目就可以上马了。可是谁愿意给一家与他们没有切身相关利益的乡镇企业担保呢？

> **接班人说**
>
> 这时候，母亲给万向集团的鲁（冠球）主席打了电话，鲁主席二话没说直接在担保书上签了字。他说，你沈爱琴认准的事，下这么大决心在做的事，一定错不了！
>
> （屠红燕）

沈爱琴的女儿，万事利集团有限公司党委书记、董事长屠红燕，回忆起当年的情景，依然激动不已。

从日本引进的108台喷水织机，投产后获得了空前成功。万事利的生产规模大幅提升，产品档次也明显提高，仅用了一年半时间，贷款就还清了。

尝到甜头的沈爱琴从此一发不可收，目标牢牢锁住"抢占别人未曾染指的第一个制高点"：1993年，投入1亿元从德国、瑞士、意大利引进真丝印花生产线；1995年，从韩国、法国等国家引进18台全电脑针织大圆机……

新设备、新技术、新工艺的源源输入，使企业迅速发展成为集"染色、织造、印花、砂洗、服装"为一体的综合性丝绸服装制造业。随着万事利声名鹊起，国外品牌厂商的丝绸面料订单也蜂拥而来。

1999年，万事利获评中国驰名商标；2001年，赴美国纽约举办丝绸时装展示会，同年成为上海APEC（亚太经济合作组织）会议国家元首唐装睡衣供应商。

风声、雨声、奔跑声，声声夯实"丝路"基础。

▶ "丝路春雨"，邀君和春行

多年前整个丝绸行业曾遭遇巨大冲击，企业一度陷入前所未有的困境。好不容易"起死回生"后，沈爱琴悟到：只有把企业实力做强、根基做厚，才能在丝绸这单一产业遇到周期性低谷时，靠着厚实的家底等待新一轮机会的到来。

接班人说

> 当我自己成了企业掌门人时，我才理解了当初母亲的选择，如果没有当年的布局，如今的万事利尤其是丝绸产业不可能发展得这么稳健。可以说，母亲很具有创新精神和超前意识。
>
> （屠红燕）

放心、放手、放开、放权

企业掌舵人交接班是一个极为"敏感"的社会问题，因为它不仅关乎企业自身的生存与发展，同时关乎成千上万人的就业，当然也就关乎社会的稳定。改革开放40多年来，曾有千万家企业"眼见他起高楼，眼见他宴宾客，眼见他楼塌了"，其中约90%是民营企业。

凭借对丝绸的热爱、对初衷的坚守，沈爱琴让一个原本籍籍无名的乡办小厂逐步发展成为一家现代化的综合型企业集团。全国人大代表、全国劳动模范、全国优秀企业家……沈爱琴集诸多殊荣于一身。然而，交接班是必然的。

对于女儿的接班，沈爱琴早有谋划和安排。她早早将女儿送到日本纺织工厂做一线工人。女儿回国后，沈爱琴又让她从基层业务员、进出口贸易代表做起。

一俟时机成熟，沈爱琴便放下所有的不舍，全力支持女儿。"放心、放手、放开、放权"，沈爱琴用4个词表达了她对于交班的态度。

"母亲退休以后，为了不妨碍我们的工作，她不愿意再来企业，也不让我们给她设办公室。我知道，她对事业是多么执着，有着万分不舍；可是她知道，为了企业的发展，早交班企业早得益。"屠红燕说。

对此，有人如此评价道："第一，她（沈爱琴）交的不光是财富和基业，还交了企业的核心价值观；第二，她不光交了权力和地位，还交了一个全局。"

接班人说

> 妈妈留给我的，不仅仅是一个企业和物质财富，更是一种面对困难锲而不舍的精神，一份传承弘扬中华丝绸文化的责任，一种"让世界爱上中国丝绸"的志气与胸怀。
>
> （屠红燕）

其实，看似顺利的交接班背后也曾有过纠结和煎熬。从集团董事局执行主席到董事长的身份转换，屠红燕用了6年时间。在这6年中，母女俩的强势对抗曾有发生。

有一次，在是否对一个项目追加1000万元投资的问题上，母女俩相持不下。沈爱琴坚持要投，屠红燕坚决不同意，还派了两名部下在早饭时间上门劝说沈爱琴，让她不要去上班，因为去了女儿也不会同意追加投资。沈爱琴一气之下离家出走，在西湖边转悠了一整天。最后，还是女儿妥协了。

以技术打开"新丝路"

执掌万事利后，屠红燕开始调整产业布局，将更多的精力集中在丝绸主业上，突出丝绸文化，加大技术和人才投入。

经过近10年的努力，万事利不断转型升级，旗下的丝绸主业，以文化为依托，以品牌为核心，以科技为支撑，完成了从"产品制造"到"文化创造"的突破，并逐步开启了从"文化创造"到"品牌塑造"的转型"冲刺"，实现了丝绸从"面料"到"材料"再到"载体"的华丽转身，走出了一条"传统丝绸+移动互联+文化创意+高科技=丝绸经典产业"的转型升级"新丝路"。

蚕的一生，要经历卵、幼虫、蛹、蛾4种形态，变化轮回，生生不息。它会随着外界环境的变迁适时调整自身形态以适应变化，这既是生物进化的本能，也是企业经营的朴素哲学。

谈起这些年的曲折，屠红燕的丈夫、现任杭州万事利丝绸文化股份有限公司董事长、被誉为"丝绸文化传播学者"的儒商李建华说："只要坚持，梦想总有一天会实现！"

多年前，李建华到法国考察，在卢浮宫参观时看到了一把用丝绸面料包裹的椅子，当即就被吸引住了。柔软的丝绸与硬实的木头天衣无缝地结合成一体，散发出超越产品的迷人魅力。"简直就是一件无与伦比的艺术品，"李建华怦然心动，"人家的丝绸可以做成椅子，一把椅子卖几万元，为什么我们做不到？"

于是，李建华带着探求之心，辗转打听到了椅子的生产商，然后用了一天时间驱车前往位于法国南部的厂区。但他从厂家得知，椅子确实是他们生产的，丝绸面料却是由里昂的另一家工厂供应的，李建华立马又直奔里昂。对方得知他的来意后，把他拒之门外。

令李建华没有想到的是，几年后，形势反转，这家法国企业居然主动找上门

万事利凭借独有的双面数码印花等核心科技，吸引了全球客户的主动上门合作

来了。

2013 年，万事利收购了拥有 120 多年历史的法国知名丝绸企业，国际化战略迈出了第一步。2014 年，万事利成功引进爱马仕集团的原高管，全面负责企业丝绸品牌国际化发展战略的研究与实施。

世界顶尖奢侈品品牌的高管加盟，从战略上改变了中国丝绸业固有的经营思路，有助于万事利在全球范围内的品牌扩张，拉近了与世界高端品牌的距离，并在国际舞台上占得一席，万事利国际化的进程加速推进。

万事利是目前全球少数掌握"超薄丝织面料"研发技术、新型小分子蚕丝蛋白材料提取技术的企业，同时也是将人工智能、大数据等数字技术成熟应用于产业并获得市场充分认可的领先企业。万事利研发的数码印花技术解决了困扰丝绸行业多年的渗透性问题，其与微软公司合作开发的人工智能系统，开启了丝绸设计与生产数字化的新模式。

截至 2020 年年底，万事利拥有专利数达 112 项，其中发明专利 27 项；主持和参与制定的国家、行业、团体标准合计 29 项。

2023 年，万事利花了近 10 年时间研发的无水印染技术和无水印染一体机终获成功，实现了"从 0 到 1"的技术创新突破，获得了超过 15 项的专利。该技术彻底颠覆了传统的生产模式：在空间上，以前办一个印染厂至少需要 5000 平方米，现在只需要 50 平方米，印染设备可以装配在门店甚至办公室；在效率上，以前印染面料起码要 500 米才能开工且工期至少半个月，现在 1 米面料就可以下单生产，2 小时客户就能拿到成品，为"先销后产"提供了可能。

同年，万事利成立了丝绸行业的首个生成式 AIGC（人工智能）实验室，发布了万事利 AIGC 花型设计大模型。"目前我们已经拥有 50 万种花形的数据库，形成了超过 300 种的算法，可以为全世界 80 多亿人每人设计 10 万条丝巾而不重样，真正做到'所见即所得'。"李建华说。

以丝为媒，走向世界

接班人说

我相信，未来的万事利一定是世界的万事利！

（屠红燕）

在2016年举行的G20杭州峰会上，时任国际货币基金组织（IMF）总裁的拉加德佩戴着一款名为"丝水柔情"的蓝绿丝巾亮相，不仅让杭州丝绸大放光彩，也让万事利又一次站上了世界舞台。

自2001年的上海APEC会议开始，经过2008年的北京夏季奥运会，2010年的广州亚运会、上海世博会，2014年的北京APEC会议，2016年的G20杭州峰会，2017年的金砖国家领导人第九次会晤、"一带一路"国际合作高峰论坛，2018年的首届中国国际进口博览会，2019年的G20大阪峰会，2022年的北京冬奥会、2023年的杭州亚运会以及2024年巴黎奥运会等等一系列重量级活动上的亮相，万事利用极致的文化创意与匠心工艺彰显了中国风范，让中国丝绸站上了世界舞台，进一步扩大了国际品牌影响力。

2023年9月23日，第19届亚运会在"丝绸之府"杭州璀璨开幕，万事利终于迎来了品牌发展史上的高光时刻。在万事利人眼里，本届亚运会不仅是一场体育盛会，也是一场文化盛会。万事利不仅是最早参与亚运会各项筹备事宜的民企之一，也是首批签约的亚运会官方供应商、特许生产商、特许零售商。万事利一直在探索以丝为媒、以绸为桥，在服务好"家门口"的亚运盛会的同时，也呈

2023年9月，杭州亚运会期间，万事利在杭州亚运会主媒体中心设置了人工智能丝巾定制体验

现出杭州丝绸的独特魅力，展示了"诗画江南"的文化韵味。

从杭州成功申办亚运会带出去的第一份"丝绸城市礼"，到亚运会开幕前夕作为世界团长大会、世界媒体大会的"丝绸嘉宾礼"；从亚运会参与记者"媒体包"里的丝绸U型枕、"亚运彩"到运动员包里的创意丝巾；从亚运会赛场上万众瞩目的真丝奖牌绶带到亚运会开幕式欢迎宴会上呈现的丝绸礼宾服饰、丝绸国礼……在本届亚运会上，万事利有超过2万件的创意产品亮相，将丝绸文化与亚运会元素有机融合，催生了一系列亚运会网红产品。

万事利首创的亚运会丝巾花束，被赠予来华参加亚运会的叙利亚总统夫人；其首次推出的亚运会真丝吉祥物，采用100%桑蚕丝面料，体现了浓浓的杭州韵味和中国文化色彩。在亚运村，万事利的真丝吉祥物成了许多运动员的"纪念品首选"。

万事利自主研发的人工智能设计与数智一体化生产能力，实现了"一条丝巾从设计生产到实物最快不到2小时"的智能场景。正是因为拥有这样的快速反应能力，万事利才能为200多位冠军运动员定制"夺冠时刻纪念丝巾"，成为他们的珍贵记忆。

在杭州亚运会举办的16天时间里，万事利共有超过40万件亚运会主题丝绸产品从杭州走向世界。

沈爱琴生前有两个心愿：一个是让万事利走向世界，一个是希望万事利能完成上市。经过两代万事利人的不懈努力，梦想终于照进现实！

"丝路"春雨翩翩舞，流光溢彩，酣畅淋漓。

▶ "丝路红雨"，星光引舟渡

2021年7月1日，浙江省庆祝中国共产党成立100周年大会隆重表彰了全省"两优一先"集体和个人，万事利集团有限公司党委荣获浙江省先进基层党组织称号。

"这是一份沉甸甸的荣誉，更是激励我们不断向前的动力！"屠红燕说，能在党的百年华诞这一重大历史时刻获得殊荣，这既是浙江省委对万事利多年来党建工作成果的高度肯定，也是时代赋予我们的新使命和新担当。

"毛泽东思想培育了我，邓小平理论富裕了我，'三个代表'重要思想提升了我，科学发展观改变了我。"作为万事利创始人和浙商代表，沈爱琴对党和国家不同时期的指导思想有着自己独到的领悟，正因如此，万事利的党建工作也是一路遥遥领先。

1978年6月，在笕桥绸厂成立的第3年，沈爱琴等3名党员就建立了第一个党支部。1995年2月，集团党委成立，是浙江首批非公企业党组织之一。

集团党委现设4个支部，有160名党员，党员覆盖率达10%，中高管党员覆盖率达95%，远高于非公企业党建的平均水平，为非公企业实现党委班子与经营班子"交叉任职"打下了坚实的基础，也从组织架构上解决了非公企业党建与经营管理不协调的棘手问题。

在沈爱琴和屠红燕两任党委书记带领下，万事利始终以"红色引擎"激发内生动能，瞄准"党建强、发展强"的"两强"目标，积极探索新形势下非公企业党建工作的新思路新方法。万事利在长期的实践中边探索边总结，逐步形成了"3344"党建工作体系，即坚持"三培养"人才培育机制和"三优先"人才培育政策；确定了具有产业优势的"四有"党建工作方向，即有政治、有文化、有责任、有追求；确定了具有万事利特色的"四融合"党建工作方法，即党建工作与企业发展、文化传承、社会责任、愿景使命相融合，通过党建工作水平的持续提高，为企业实现更高质量的发展蓄势赋能。

在"3344"党建工作体系指导下，万事利完成了在产业、产品、经营方式和管理模式等领域的转型升级，大大提升了品牌的知名度、美誉度和综合实力，也因此获得了一系列荣誉：全国纺织民营企业党建工作十佳示范企业、浙江省文明单位、浙江省创建和谐劳动关系暨双爱活动先进企业、浙江省推进新时代浙江产业工人队伍建设改革非公企业试点单位……

党建具有强大的生命力和战斗力，为集团科学、稳健、快速发展提供了坚强的思想、组织和人才保障。

红雨随心翻作浪，青山着意化为桥。星光熠熠照丝路，万事凛凛傲穹宇。

▶ "丝路细雨"，文化润人心

几千年前，丝绸沿着古丝绸之路传向欧洲，带去的不仅是华美的服饰，更是东方古老灿烂的文明。

作为蚕农的后人,对古老丝绸技艺和文化的传承与坚守、发扬与光大,是沈爱琴和她的女儿屠红燕、女婿李建华的不二选择。

丝绸文化使者

在丝绸产品与丝绸文化融合的过程中,李建华作为丝绸文化使者发挥了特别的作用。

2014年,他作为国内首位企业家主讲人登上央视《百家讲坛》栏目,掀起了弘扬丝绸文化的热潮。他还主编了丝绸文化系列丛书"柔软的力量"、蚕桑丝绸资料史册《神州丝路行》,打造了《字说丝绸》《丝行天下》等丝绸文化电视栏目,使丝绸文化日益深入人心。

丝绸既是一种产品,也是一种载体,更是一种文化,承载着厚重的东方古文明。万事利跳出丝绸做丝绸,生产了大量融合中国文化元素的丝绸产品,如丝瓷茶套装"东方韵"、丝扇茶套装"杭州三绝"、亚运会香氛丝巾礼盒"杭州味道"等都广受市场青睐。

万事利不断从设计上下功夫,提升产品的时尚度和美观度,努力挖掘中国传统文化元素,完成了向文化创意产业的转型升级,以文化创作提升了丝绸产品本身的附加值。

为了深入挖掘丝绸的历史文化,做好做精产品的文化内涵和丝绸文化的弘扬工作,万事利自主出资兴建了万事利丝绸文化博物馆、万事利丝绸工业博物馆和"杭州织造"展览馆三大展馆,以及万事利时尚艺术中心,总投资超过5000万元,占地面积超过4000平方米。仅万事利丝绸文化博物馆就收藏了近千件近代和当代丝绸珍品,其中就有不惜巨资从国外赎回的同治皇帝的真丝龙袍,还花费3年时间从法国吉美博物馆复制了12幅敦煌绢画。

> **接班人说**
>
> 把它们拿回来,放在自己的博物馆,让14亿多中国人可以看到老祖宗留下来的文化。
>
> (屠红燕)

万事利积极开展跨界合作,借由春节、端午、中秋等中国传统节日进行产品的创意开发和联动营销:与故宫联合推出了"新年中国礼"——"万福如意"系列套装以及"中秋万事礼"宫廷盒装等文创产品；联合央视打造"牛转乾坤"福袋等一系列动漫IP的文创产品；联合人民日报文创推出"丝月雅韵"系列中秋礼盒、"美好生活"高端蚕丝被以及"湖光秋月"真丝床品四件套等；与《十二道锋味》栏目联合推出"万家锋味"限量版联名中秋礼盒，用IP（具有商业价值的文化产品或形象）为丝绸文创产品持续赋能……

同时，万事利联合宋锦、苏绣、缂丝等方面的全国20多位非物质文化遗产丝织技艺传承人，通过启动非遗丝织技艺传承人作品全国联展、开展非遗文化学术研讨会等一系列活动，传承"匠心"之美，确立万事利的产品用文化和"匠心"塑魂的深刻内涵。

万事利不定期举办丝绸亲子游、丝绸文化大课堂、丝绸天鹅绒手工课等一系列非遗体验活动，通过丰富的活动内容和体验项目，构建丝绸文化传播的全新渠道。

天地人和万事利

沈爱琴常说："家和万事兴，厂和万事利。"从建企之初，沈爱琴就采用"以

2023年，万事利科创中心正式启用，成为杭州城东区域时尚艺术新地标

人为本、以爱为魂、以情感人、以情留人、以情服人、以情融人"的"爱心管理法"，营造了浓厚的人性管理氛围，让员工时时处处都感受着家人般的亲情。因为她深知，"和"才有生命力，"和"才能实现企业的可持续发展。在企业初创期，企业就雇用了很多外来民工。每逢过年，沈爱琴都会摆几十桌酒席，请员工提前吃一顿年夜饭。

这种创始人精神和文化管理的深厚积累，为万事利在新时代的发展铺垫了坚实的基础。

有一年，国务院的一位领导到杭州参加工作会议，沈爱琴在会上作为企业家代表发言，主题是如何重振中国丝绸产业。领导人听后径直过来握着她的手说：你应该叫沈爱宝，中国丝绸之宝！

沈爱琴把领导人的赞誉视为对万事利坚守丝绸事业的褒奖，更是对万事利振兴中国丝绸产业的期待。

"万事以人为本，事利以和为重，利以社会为责。"万事利非常注重家庭、企业与社会三者的和谐统一。为了发展丝绸事业和公益事业，万事利创设了"爱宝基金"。

为了传承沈爱琴留下的宝贵精神财富和"天地人和万事利"的企业文化核心内涵，2023年11月18日，依托万事利新总部大楼——万事利科创中心建造的沈爱琴纪念馆终于落成，企业文化发展馆、"红色丝路"党建馆也同步启用。

屠红燕表示，我们正面临民营经济转型升级的重要历史时刻，无论是推进高质量发展、高水平开放，还是构建新发展格局，都需要浙商精神、"四千"精神的回归。在这个重要的时刻，集沈爱琴纪念馆、万事利企业文化中心、万事利品牌形象展示厅于一体的万事利科创中心，以其经纬交织的亮丽外形和充满时尚、艺术气息的高端定位，成为杭城时尚产业聚集的又一个地标。

接班人说

> 未来的丝绸产业一定是高端时尚产业，万事利要以东方文化为基底打造中国时尚品牌。
>
> （屠红燕）

这不仅是传承母亲的事业和梦想，更是屠红燕的决心和豪情，万事利科创中心作为新的起航地，不仅是万事利两代丝绸人多年来坚守初心、发展丝绸的亮丽

2017年11月20日，万事利丝绸亮相中国杭州（布达佩斯）旅游推介会

成果展示，更是二代浙商不断顺应时代，在传承中创新、在创新中发展的生动缩影。

"丝路"细雨淅沥沥，随风潜入，润物无声。

▶ "丝路花雨"，创新的力量

千里迢迢来杭州，半为西湖半为绸。

注重丝绸产业与丝绸文化结合，用丝绸文化提升丝绸产业价值，以丝绸产业的发展助推丝绸文化的普及和深化，是万事利人不懈的追求。半个世纪以来，经过两代掌门人的努力，万事利已经成为一家以丝绸文化创意为主导产业，辅以生物科技、资产运营、投资管理等多产业的现代企业集团，下辖30多家全资、参股公司，拥有全国丝绸行业首家国家企业技术中心、国家级博士后科研工作站等高水平科研机构以及多家省级高新技术企业。

万事利还先后与中国石油、中国邮政、中国黄金、阿里巴巴等结成战略联盟，联合开发具有地域特色、民族风情、文化品位的旅游商品、纪念品和文化体验项目，开启产业融合新模式，研发新产品组合逾 2000 个，有效带动了旅游、服务、设计等多个行业领域的跨界融合。"世界 500 强"和"中国 500 强"企业中约有一半是万事利的企业礼品客户，高达 80% 的"211 工程"学校都与万事利有着长期的合作关系。

"与时俱进的创新永远是万事利的核心竞争力。"屠红燕表示，作为纺织时尚领域的头部品牌，万事利坚持以时尚文化创意、数智科技创新为突破口，研发投入比例呈逐年上升的趋势，至 2022 年年底达到 6.59%，超过行业平均水平。万事利将持续深入探索人工智能等前沿技术在丝绸纺织产业中的实际应用，并积极借力后亚运会时代，与全球共享创新成果，让世界看见中国丝绸魅力。

"社会责任决定企业高度，国际视野决定企业宽度，文化积淀决定企业深度。"万事利深度融入国家扶贫战略之中，积极参与"万企帮万村""千企结千村、消灭薄弱村""联乡结村"等扶贫和乡村振兴专项行动，通过建设高品质蚕桑基地、特色产业文化馆、党建结对等方式，不断探索具有自身特色的扶贫路径。集团先后帮扶开化县、景宁县、龙游县、淳安县等地的数十个乡村实现农户增收、产业发展，以扎实有效的行动谱写了乡村振兴的万事利新篇章。

在两代人的接续努力下，万事利正昂首阔步走上国际舞台。全国人大代表、全国三八红旗手、全国纺织工业系统劳动模范、中国丝绸协会副会长、浙商研究中心副主任、浙江省女企业家协会会长等，一顶顶耀眼的桂冠，是屠红燕在丝路上长途跋涉洒下汗水的结晶；全国茧丝绸行业终身成就奖、中国纺织非遗推广大使、浙江省丝绸文化研究会会长、微软亚洲互联网工程院人工智能创造实验室专家顾问、浙江大学、苏州大学兼职教授，等等，一个个夺目的荣誉，是李建华在"丝路"上奋力开拓烙下的铁印。

"丝绸，柔美而富有力量。希望中华民族发明的丝绸，在万事利人手上能够真正复兴，在丝绸领域能够有一个中国人自己的世界级品牌，让世界爱上中国丝绸！"屠红燕和李建华这对比翼齐飞的夫妻组合，对科技和文化赋能的丝绸产业未来充满信心。万事利正在致力于利用人工智能、大数据等前沿技术，重构丝绸新认知，人们所期待的"所想即所见，所见即所得，所得即虚拟与现实"将在丝绸领域真正呈现！

绵绵"丝路"，灿灿花雨，浩浩东风，正承载着万事利人的万丈豪情和全新梦想，一路高歌，昂扬向前、向上、向远。

"中南"：
相向而行　双向奔赴 ▶

2024年4月22日，在"之江同心·后浪潮涌"新生代杭商"青蓝接力薪火传承营"领航活动中，中南控股集团有限公司（简称中南集团）董事局主席吴建荣与儿子中南集团总裁吴伟首次同台。

"相向而行，双向奔赴"，是中南集团两代人的传承之路。

▶ 创新的基因

从组织 10 多名泥工、木工的施工队长,到中南集团掌门人,吴建荣的人生已经发生了翻天覆地的变化。外界津津乐道于他的商界沉浮传奇,但他自始至终想的都是学一门真正的技术,办一些真正的实事,闯一番真正的事业。

"江南装修王"

辍学离家谋生路时,吴建荣只有 14 岁。他走遍杭州的大小村镇,造过防空洞,学过泥瓦工,每天最多只有两毛钱伙食费,一个月难得吃一次肉包子。

当时间来到 1979 年,吴建荣没有错过这风云激荡的时代变化,在杭州接连承包了几项工程。

都说浙商"白天当老板,晚上睡地板",可吴建荣连地板都没得睡,最辛苦时,他整夜睡在工棚里一张长 1.5 米的毛竹床上,连腿都伸展不开。

1980 年 1 月,他从工地 8 米多高的地方摔下来,尾骨骨折,在医院住了 8 天后,又赶回工地现场督工。大年三十上午,医院复查可以坐起来了,朋友开车送他回家,家里人这才知道出了事故。

凭着一股闯劲,吴建荣的项目越做越大,还拿下了老家萧山的一个政府工程。长河镇的领导有次开会碰到他,说:"你是长河人,到我们长河镇去弄嘛!"

1984 年,吴建荣回到长河镇。那时当地已经有了一个长河工程队,于是他组织 10 多名泥工、木工成立了长河第二工程队,全部资产只有 4800 元。

也就在这一年,他承接了杭州清泰立交桥下 1 万多平方米旧房子的拆迁工程,仅用了 30 天时间就顺利完成了拆迁施工任务。

1986 年,吴建荣又接下了清泰立交桥下商场的装饰施工

1984 年,吴建荣召集 10 多名泥工、木工,成立中南集团前身——长河第二工程队

任务，用了 100 天时间按时完成。因质量过硬，长河第二工程队迅速占据了当地建筑装饰行业的一席之地。

在完成 1988 年北京亚运村的装修项目后，他们的名头更响了，在 1990 年正式独立出来，成立了萧山市江南建筑装饰工程公司，短短两年后又变更为浙江省江南建筑装饰工程公司，吴建荣渐渐有了"江南装修王"的称号。

创业之初，他在长河镇租了大约 30 平方米的办公场地，后来又扩大到近 50 平方米，但还是不够用，他就申请了 104 国道边的 2.8 亩地来建设办公楼。

5 间三层楼房，被吴建荣物尽其用。一楼用作饭店，二楼用作办公室，三楼用作旅馆，以吸引过路的汽车驾驶员在此解决食宿问题。吴建荣还在空地上建起一间仓库，用作汽车修理。

公司正对大门的外墙上，挂着"诚信立业，创新发展"8 个大字。字是用泡沫板做的，贴着金色的有机玻璃。吴建荣说，他就是想告诉别人自己是讲诚信、讲创新的。

1993 年企业改制时，吴建荣到相关部门办理手续，发现叫"江南"的企业太多，临时决定用"中南"这个名字，企业便更名为浙江中南建筑装饰集团有限公司。1994 年，企业又改组为浙江中南建设集团有限公司，建起一幢 8 层办公大楼。

无论环境怎么变化，"诚信立业，创新发展"几个字从来没有从吴建荣心头淡去。

创始人说

说话要算数，承诺要兑现，做事先做人，做人要诚信。

（吴建荣）

建筑行业因工程项目欠钱或挪用专款导致工程延长，搞砸公司的事件屡见不鲜。吴建荣告知会计，一定要专款专用，做一个清一个，坚决不让工程项目经理提心吊胆，保证不拖欠，不挪用，保证工期、质量和信用。

中南集团的员工都说，我们相信老板，从来没有怀疑过老板，因为老板的话就是承诺，承诺就是合同。

跨界奔达摩托

在建筑装饰领域站稳脚跟后，吴建荣开始实施第一次跨行业发展战略。

中国在 1993 年超越日本成为世界最大规模的摩托车生产国，但仍然满足不了庞大的消费需求。1994 年，吴建荣投资创办浙江中南摩托车有限公司，生产的奔达牌摩托车远销东南亚、非洲等地区，产品还被当时的机械工业部列入生产目录。1997 年的时候，该公司生产销售摩托车 47 万辆，创税超亿元。

但后来，吴建荣在扩大摩托车产能方面遇到了问题和瓶颈。因为行政区划调整，原有的优惠政策没办法享受，属地银行的贷款也没办法得到批复。于是，他一边清理库存，一边尽快作出调整，逐渐退出了摩托车行业。

奔达牌摩托车虽然渐渐淡出了市场，但已经为中南集团创造了巨大的品牌效益。那个年代，房地产还没有形成气候，中南集团的品牌无法短时间内被社会大众熟知，品牌培育还需等待时机。奔达牌摩托车的横空出世，掀起了一波风潮，也让吴建荣声名远播。

退出摩托车领域后，吴建荣决定回到老本行，进一步完善建筑产业链结构，寻求更大的发展空间，

2000 年 10 月，吴建荣决定成立浙江中南建设集团钢结构有限公司，并定位为一家集研发、设计、制造、安装于一体的大型全产业链钢结构公司。

这一年，中南国际商城也开业了。中南国际商城以经营家居、建材为主，集酒店、写字楼、金融服务等功能于一体，为当时杭州规模较大的高端国际品牌家居建材集聚中心。

在 21 世纪即将到来的时候，吴建荣已经把中南集团的全产业链发展带到了一个新高度。到了 2001 年，中南集团在浙江省建筑业界已有名气，但吴建荣觉得，目前的业务并不能满足企业的进一步发展需要，一定要拓展和延伸建筑业的产业链。他带领公司完善法人治理结构，建立了中南集团的工业化雏形，实现企业再升级。在给中南集团转变机制注入强大活力的同时，也激发了广大员工更高的积极性。

2007 年，中南幕墙科技股份有限公司一成立，就投资约 2 亿元，从德国和意大利引进了一整套国际一流的大型幕墙型材加工设备。吴建荣给该公司设立的战略定位是：做国内行业龙头企业。

如今，中南集团在工程建设领域已形成房屋建筑、幕墙、钢结构、装饰、机

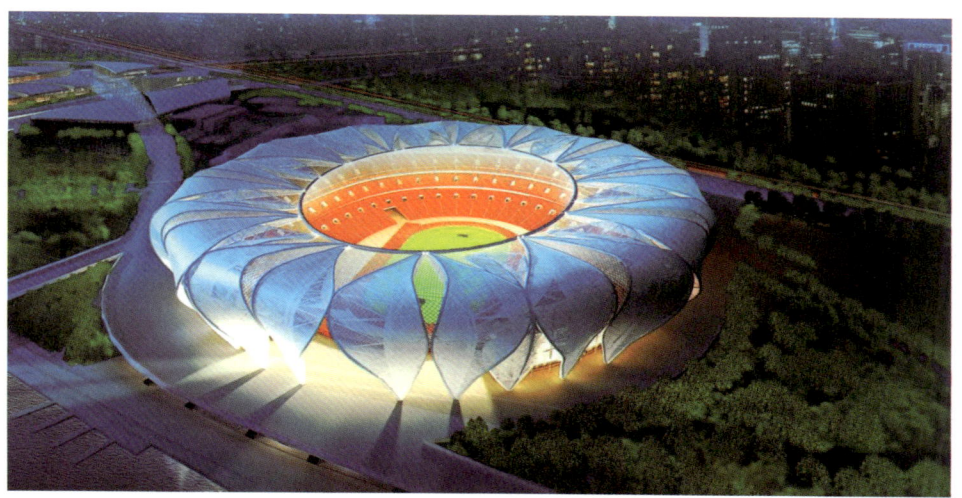

中南集团参建杭州奥体中心主体育场

电智能、市政园林等完整而紧凑的产业链。中南集团在幕墙领域作为国家建筑施工总承包特级资质企业、国家高新技术企业，近年连续承建了杭州奥体中心体育场（G20杭州峰会主会场）、亚运会主场馆、杭州萧山国际机场T3航站楼、广州金融城汇金中心等多个国内外重大工程项目和地标性建筑。

动漫产业是第二支柱

进入动漫产业是中南集团的又一次跨界之举，也是外界比较关注的。

2002年，企业"转型升级"成了流行语。吴建荣开始考虑，一方面，老本行的竞争越来越激烈；另一方面，自己及下一代只从事建筑行业太辛苦了，是不是要瞄准新的产业方向？

吴建荣考察了不少行业，但传统行业几乎都遭遇产能过剩、市场竞争激烈的困境。终于，新兴的动漫产业让他眼前一亮。

最开始接触动漫产业时，吴建荣就有个疑问：为什么美国迪士尼可以，日本动漫可以，欧洲很多国家的也可以，我们的就不可以？我们国家有这个行业，为什么没有这个产业？

在详细了解动漫产业的现状后，他认为这个事情是可以做的，而且做好了前几年亏钱的打算。他心中有底，即便动画片不赚钱、少赚钱也不会影响整个中南集团。一次采访时，他说，如果亏2亿元，还在承受范围之中。采访内容见报后，标题便是《吴建荣打算亏损 2 亿元搞动漫产业》，一下子就把事情搞大了。

2003 年，吴建荣成立浙江中南卡通股份有限公司（简称中南卡通），正式进军动漫产业。他给中南卡通制定的发展目标是三句话：高起点，大投入，国际化！

2005 年 4 月，浙江省委主要领导来中南卡通考察调研。当吴建荣汇报时说到中国动漫目前只有行业、没有产业时，领导语重心长地说，动漫不是用钱来衡量的，要创作正能量的作品，能够为青少年提供健康的精神食粮，并对动漫产业发展的前景寄予厚望。这无疑坚定了吴建荣加快发展的信心。

中南卡通开发制作的第一部产品《天眼》诞生于 2005 年；同年制作中的另一部产品《魔幻仙踪》，是我国首部系列三维动画片。中央电视台看了《魔幻仙踪》的片花后给出了"国际水准、国内一流"的评价。

一直以来，中南卡通始终坚守动漫原创作品的底线，传递正能量，弘扬中华优秀传统文化，既讲经济效益，更讲社会效益。

不断探索新事物，做有未来的事情。这是吴建荣始终坚持的经营信条。他说：过去的我是今天的我的敌人；要善于挑战自我，否定自我，将不可能变成可能。

对吴建荣来说，他笃信的创新就是与众不同，并坚信创新不仅仅是企业发展的核心，也是企业走向成功的杠杆。

吴建荣笃信的创新理念是：创新意味着冒险，但冒险是具有价值的行动。冒险不是玩火，机会来自运气。运气就是要比别人看得远一点，想法要比别人多一点，胆子要比别人大一点，行动要比别人快一点，收缩要比别人早一点，防范要比别人全一点。

他心中时刻绷着一根名为"风险"的弦。有位企业家曾对吴建荣说："你是每年迈小步，年年有进步。"发展是企业的第一要务，中南集团每隔 5 年就有大变化，每隔 10 年就会诞生一个新业务板块。

中南集团已经经历了 40 年的发展，未来会怎么样？未来不可预测，一切都有可能。但要做百年企业是吴建荣的梦想，也是现在年轻一代的梦想。

▶ 一文一武，先立后破

吴建荣用 8 个字表达他对新一代管理层的期许：自强不息、开创未来。

> **创始人说**
>
> 过去我自己走过的那些路，他们肯定是走不通的，只有在现在的基础上走新路。
>
> （吴建荣）

这几年，吴建荣工作的热情未减，但又多了一份交班前的责任。他一刻都不想停下，想抓住一切可能的时间，依然忙碌。

思成荟：第一堂传承课

吴建荣所自豪的是，企业成立 40 年，自己当了 40 年法人代表。

他对儿子说，不要觉得中南集团已经有一定的规模和实力，便可以放松了，当上企业掌门人，永远要不断地学习经营管理之道，不断创新研究。既要关心当下的发展经营，又要研判未来的发展方向。

打造百年企业，不是一个口号，也不是想想就能实现的。"只有我们这代人完成我们自己的使命，给下一代接班人打好基础，给他们创造更好的条件、更优的环境，才能让他们在坚实管理体系的基础上，不断创新，与时代同步发展。"

与艰苦创业的老一辈不同，接班人所处的各方面条件都更优越，但还是要努力。吴建荣对儿女们说，不要跟别人比企业大小，一定要将企业的生命作为第一要素。只有企业经营健康、存活下来，在稳健的基础上才能追求规模。这就要求企业家合法合规经营，坚持底线思维。

对于中南集团未来的接班人规划，很早就在他的安排之中，其中他亲自关注、亲自参与策划并亲自担任校长的"思成荟"，旨在培养整体接班人，充分体现了他对中南集团未来人才的战略企图。

思成荟开学的第一堂课，是吴建荣亲自讲的。他十分乐意、非常愿意把他这么多年的工作经验、中南集团的创业史分享给年轻的学员，把他的经验财富传递给下一代。

至 2024 年，思成荟已开办 2 年多，几十名年轻学员参加了培训。他们在这里获得分享的经验，获得学习的时间，获得交流的机会，获得开阔的眼界，他们在成长。

中南集团会因为这些优秀的年轻人而开启未来更加灿烂的 40 年，而开创未来 40 年辉煌的任务历史地落在了他们的身上。承前启后，继往开来，吴建荣等前辈开创的事业将由他们承接，中南集团未来的故事将由他们续写。

吴建荣的时代没有完成时，只有进行时。他为年轻一代规划了中南集团的发展板块，工程建设的主业由儿子吴伟承接，新兴的文化创意板块则交到女儿吴佳手里，"一文一武"，相得益彰。

谈及传承心得，吴建荣提了 10 个字：勤奋、学习、责任、奉献、感恩。"记住这 10 个字，无论是做人还是做企业，都差不到哪里去。"

中南集团总部大楼

在他看来，迟早都要放手，放得迟不如放得早。"放手早，让年轻人有积极性，我们老一辈人看着就行了。给他们试错的空间，错了还有机会调整。"

学习期、磨合期、过渡期

如今，中南集团接力棒已经传递到吴建荣的儿子吴伟手上。站在未来40年发展的新起点上，新生代正谋篇布局，行稳致远，中南集团的新征程已经开启。

对吴伟来说，回家接班是自然而然的。从小到大，身边的长辈问他长大之后想做什么时，总有意无意地引导他"回来接父亲的班"，大学一毕业，这似乎是理所应当的选择。

回顾孩提时代对父亲的印象，吴伟记忆里最深的还是小时候望着离家远去的父亲的背影。从小到大，在吴伟的印象中，父亲其实就是一个工作狂，"五加二""白加黑"，大部分的精力都投入在工作当中。

高中毕业后，吴伟到美国读商科。很快，他感觉学校教授的内容缺少高层管理视角，于是转学数学专业。

本来，他已经打算研究生时继续学习金融专业，但在2013年5月即大四最后一学期时，他忽然接到父亲的越洋电话。

"父亲每年第一个季度都会体检。他有个习惯，每年做完体检，跟谁讲话都特别温柔。"吴伟笑了，"他给我打电话，态度特别好，问我要不还是早点回来。"

2015年7月，吴伟正式担任中南集团副总裁。

吴伟的传承之路，经历了学习期、磨合期、过渡期。刚进入公司时，他边看边学，逐渐适应企业的节奏和文化；当对公司情况有所了解后，开始有了自己的想法，甚至与父亲发生冲突并进入磨合期；等到磨合期结束，碰到问题时，他心中已经有了把握，能够平稳处理，才正式进入过渡阶段。

"刚回国时，父亲跟我谈了一次，约定通过这3个阶段，经过10年到15年的时间完成交班，我们两代人对交接班的挑战是有预期的。"吴伟说。

在学习期，最让他印象深刻的是父亲的魄力。不管是企业内部还是跟合作伙伴之间的"疑难杂症"，一些在别人看来很复杂、充满顾虑的问题，父亲总能三言两语表明态度，果断解决。

刚进公司时，他还不太适应工作节奏，尤其是工作日之外还被父亲拉着参与社交。父亲看出了年轻人的不耐烦，对他只有一句话："要将工作当成乐趣！"

在吴伟看来，父亲还是将交接班过程加速了。他没有经历基层轮岗，直接进入管理层。但回头想想，另一条路同样有利有弊，轮岗会让人对于业务掌握得更熟悉，但也可能让人陷于细节，忽视了把握宏观方向的重要性。

接班人说

> 企业发展到一定阶段，团队角色定位一定是非常明确的。到了这个阶段，做事情的人不缺，但要作决策、把握方向的只有老板自己，其他任何人都无法代替你抬头看路。
>
> （吴伟）

进入公司后，吴伟先着手进行信息化系统建设。那时候，公司各个部门都没有开展信息化建设，所谓信息部门，更多时候仅仅只有修电脑的职能。

从 OA 系统、财务系统一项项入手，吴伟领军建立了整个集团的信息化系统。实际上，这项工作对于初出茅庐的他来说是个不小的挑战，他一开始亲力亲为，但有一次，面对一项专业决策，他实在不知该如何作出判断了。

"从那时候，我意识到一个问题，不能管太细，专业的事情要交给专业的人去做。"这样的道理从长辈那里听说过 1000 遍，或许都不如他自己体会的这一次深刻。"用好人、分好钱，这 6 个字说起来简单，也非常有道理，但要真正在脑中悟到是很难的。"

他开始学着"用好人"。招聘来的副总用专业思维说服了他，也解决了这个问题。

之前，各个部门基本上都直接向他汇报，但他后来反思这不算是"用好人"。"看似都由我作决定，但实际上不管是效率还是决策质量都有问题。"之后，他在各个部门选拔专业人才，明确考核指标，终于有了时间"看方向"。

如今，中南集团的信息化系统已经搭建完成。假如在企业微信端口轻点"员工体检"，只要登录，信息资料均一目了然，与过去全靠人力统计的效率不可同日而语。中南集团还开发了自己的线上商城，给员工带来了极大便利。

当进入所谓磨合期时，吴伟渐渐与父亲出现了观念分歧，达成共识变得困难，两代人难免经历互相"泼冷水"的时候。

但成长也是显而易见的，很多时候，他已经成了父亲的"守门员"，挡住更多外部风险和陷阱。他悟出了跟父亲相处的最好方式，"不要跟老爸对着干"。其实，双方应该认识到目标和立场的一致性，只要沟通方法得当，一定能达成共识。

在吴建荣看来，关键也在于双方的理解。"我知道哪些东西要讲得严肃一点，哪些事情可以让他们自己尝试，还真没有一个标准，要靠自己感悟。"从 2019 年起，吴建荣基本上不再参与企业日常决策，这对吴伟来说，既是压力也是动力："以前再怎么难的事情，总觉得还有最后一道保险，不管作什么决策身后都有父亲把关，但现在这种情况越来越少，决策的责任压到自己肩膀上后，感觉完全不一样了。"

质疑他，理解他，成为他

对吴建荣的女儿、中南卡通董事长吴佳来说，继承父辈的事业同样顺其自然。

她是家中长女，成长几乎与吴建荣的创业过程同步。现在，她的童年记忆已经模糊，但从照片来看，小时候父亲经常陪伴她，自然耳濡目染父辈的经商理念。

2007 年大学毕业后，她回国进入中南集团担任总裁秘书，印象最深的是随叫随到，不分周末还是上下班，经常一个电话就被叫回去开会。

在日常接触中，她初步体验到父亲日昃之劳的工作强度、务实细致的工作作风。

了解企业架构后，吴佳开始负责事务工作，于 2008 年担任中南卡通副总，从动漫内容制作到后端产业链链接，一手把控。

2009 年，《乐比悠悠》横空出世，现在已经成为中南卡通的明星产品，吴佳在其中投入了很多心血。

她还记得团队最开始策划研发出《乐比悠悠》动漫时，拿着片花走进海外市场，在不同文化、工艺中碰撞，一次次修改，直到他们的产品一拿出去，现场就能签订合同，这在当时的同行中是非常难得的。

守业的同时，吴佳也在创业。中南卡通原本主要深耕动画领域，在发展过程中，她渐渐看到衍生品、真人游戏等新的机会，顺势而上。同样地，吴佳的职场生涯也在顺势而上。管理过程中，她在不断地向父亲、同事、同行学习。

接班人说　　我觉得管理没有更多捷径，还是要通过一件件事情的考验，从不会到会，从害怕到克服，慢慢积累经验。

（吴佳）

中南卡通新办公室装修时，为了给同事们更舒适的办公体验，吴佳拍板更换了装修方案，但因超出预算，她被父亲痛批了一顿。"回过头来看，应该再压一压成本，但我不后悔做这件事情，因为办公环境对员工很重要。"

在新老交替阶段，年轻人的理念与上一辈发生碰撞极为常见。"最开始不理解父亲对人的认知，还有他教育引导我用人的方式方法。"年轻的吴佳赏罚分明，对于员工的缺点和失误很难视而不见，但当主导过几轮改制后，她对于用人之道也有了新的体会。

从现代管理的视角来看，制度化是企业发展到一定阶段后必然经历的过程。动漫节是中南卡通每年的盛大活动，从年初准备到5月，耗时耗力，刚开始举办时不乏出现混乱的情况。吴佳通过一份特别细致的规划，将每个环节的负责人、流程都安排好。后来每一年的动漫节都沿袭了这套流程，一年比一年流畅。

"我跟父亲的性格很像，比较直接，想什么就说什么。"在吴佳看来，父亲的影响是潜移默化的。

有句话叫"质疑他，理解他，成为他"，似乎能恰当地诠释吴佳与父辈的关系。对吴佳来说，早已经度过了要通过"抗争"来"证明自己"的时期，她更在意如何将事情做好，如何配合弟弟，实现集团的愿景。

▶ 下一个 40 年

站在40年发展的新起点上，先立后破的接力棒传递到了新一代管理层手中。中南集团在主业上布局未来产业，加大研发投入；在转型上，瞄准新材料、新技术；在市场战略上，走向国际化，开启了"自强不息，开创未来"的新历程。

过去40年，中南集团的发展壮大得益于改革开放的春风，也得益于中国建筑市场的迅猛发展。40多年经济的高速增长，带动了建筑业的蓬勃发展，中南集团在发展中形成了规模、积累了技术、赢得了品牌、拓展了市场，走出去是顺势而为的市场选择。

面对巨大的国际市场，中南集团在深耕浙江、辐射全国的基础上，也坚定作出决策开拓海外市场。"2024年，我们要在原有海外市场的基础上，更加坚定地布局海外，在海外再造一个中南集团。"吴伟说。

对中南集团来说，"走出去"并不是突然兴起的念头。过去几年，中南集团已经陆续参建了泰国 G-Land 写字楼、非洲安哥拉罗安达办公大楼等的幕墙工程，菲律宾克拉克新城游泳馆、澳大利亚伊普斯维奇市民中心等工程项目，埃塞俄比亚宝丽机场、委内瑞拉宇通客车工厂等钢结构工程，在国际舞台上跑出了"中南"加速度。

站在创业 40 年新的发展基点，中南集团喊出了"在海外再造一个中南集团"的目标规划，重点布局"一带一路"沿线，尤其是东南亚地区。2023 年，吴伟多次带队赴马来西亚、印度尼西亚、泰国、菲律宾等地考察、洽谈，作为海外市场总负责人组织成立国际事业部，专门负责工程业务海外拓展工作；集团子公司浙江中南绿建科技集团有限公司（简称中南绿建）完成了菲律宾生产基地前期筹备，为中南集团"走出去"起到了先锋作用。

同时，中南集团还在印度尼西亚、泰国设立海外公司，要在新的一年完成基本运营。其他业务板块借助集团优势也将加强协同及资源整合，积极调研海外市场环境，深入了解当地市场规律和法律法规，制定针对性的市场策略，为未来更好"走出去"打下坚实的基础。

"凭借中南现在的管理基础、专业能力和技术实力，'走出去'一定有非常大的竞争力。"吴伟说。

中南集团在吴伟的带领下，积极践行"绿水青山就是金山银山"发展理念，明确"绿色中南"发展战略，积极推进绿色产业发展，升级进入双碳产业。

中南绿建富阳生产基地（国家装配式建筑产业基地）

在工程建设领域，中南集团积极开展建筑节能减排探索与研究，重点在既有建筑改造研究、零碳建筑研究、建筑碳足迹追踪上发力，实现光伏建筑一体化，打造绿色建筑。

集团旗下的浙江中南新能源有限公司是以绿色能源项目的投资开发、设计咨询、工程总包、智慧运维等为主营业务的运营服务商，为客户提供高效、安全、稳定的绿色能源，运用智慧化设计，精准匹配企业应用场景与用能需求，量身定制，整体交付，实现光伏发电、储能、充电、云智慧能源管理的多样化一站式解决方案，实现科技赋能绿色能源，推进高质量发展。

在林业碳汇领域，集团旗下的浙江中南绿碳科技有限公司致力于成为"绿水青山就是金山银山"转化服务商，以碳通量塔计量为核心，结合林业碳汇大数据平台，形成"数字监测、数字管理、数字开发"三大服务体系，对林业碳汇进行精准、快速、实时的数字化监测；"采用物联网＋大数据技术"，搭建智慧碳汇开发大数据平台，为碳汇资源监测、评估、项目开发建设提供支撑；以生态产品价值转化、林业数字化为抓手，提供碳汇及减排量开发、GEP（生态系统生产总值）核算转化服务，打造固碳增汇数字化平台、未来林场一体化平台，为客户提供林草碳汇全流程数字化服务，实现林业、草原、农业、光伏、生物质碳汇一体化。

目前，中南集团已与浙江、四川、安徽、江西、辽宁等地签署《林业碳汇项目开发合作协议》；在省级"林业碳汇先行基地"建设 4 座碳通量监测设备，实时监测样地区域内的碳通量、环境数据等，通过专利算法计算碳汇量，结合激光点云和卫星遥感技术，对所在区域提供数字化碳监测与碳管理服务。

面对充满挑战的 2024 年，中南集团提出"再接再厉，自加压力，迎接新挑战，再创新业绩"。面对未来长远的发展，管理层一直思考的是，中南集团究竟要做百强企业还是百年企业。"百强"只代表今天，"百年"代表的是未来。企业只有不断提升品质品牌，提高企业核心竞争力，加快发展新质生产力实现高质量发展，保证健康存活，才能着眼百年。这就更要凭借对市场变化的敏锐洞察力，克服经济周期波动、行业竞争加剧等挑战，实现健康持续经营，不断实现企业价值和市场份额的稳定增长。

能者恒逸 ▶

　　与浙江恒逸集团有限公司（简称恒逸集团）一片平房的老厂区相较，如今拔地而起的集团大楼让人生出沧海桑田之感。

　　但也有不变。

　　老厂白色长条瓷砖外墙上的8个大字"永不止步，缔造辉煌"依然驱动着恒逸集团的发展。"让中国悠久的纺织历史，在我们这一代人身上再次闪现耀眼的光芒"，已经从梦想变成了现实。

▶ 建林的选择

"人生的道路虽然漫长，但紧要处常常只有几步，特别是当人年轻的时候。"作家路遥《人生》的开篇语，一直影响着邱建林。

人总是会面临不同的选择，每一次或大或小的决定，回头看去，都影响着他的人生路。

农门跃出"养珠大王"

1963 年，邱建林出生在萧山县（今杭州市萧山区）衙前镇翔凤村一户农民家里。

家境贫寒，兄弟姐妹又多，父母常为吃了上顿没下顿而发愁。年幼时，邱建林最大的愿望是"吃顿饱饭"。

为分担家中经济压力，1976 年初中毕业后，年仅 13 岁的邱建林跟着大人们到钱塘江畔的围垦土地上，割草喂羊挣工分。

并非邱建林不想念高中，只因当村干部的大哥跟他说："我们全村只有一个读高中的名额，你得把机会让给其他贫下中农子女。"聪明好学的他从此告别教室。

年少时，邱建林身体瘦小，干活要比别人更吃力。踏霜踩露而出，披星戴月而归，他心里憋着一股劲。

创始人说

> 因为家里穷，因为没机会，所以你必须卖命干活。只要给你机会，你就一定要干出个模样来！
>
> （邱建林）

前所未有的环境，造就了前所未有的一代人。童年的贫寒和少年的艰苦，使得邱建林养成了吃苦耐劳、坚韧不拔的品质，立下了发愤图强、摆脱贫困的志向。

1978 年 12 月，党的十一届三中全会的召开，吹来了改革开放的春风，催发了中国经济的无限生机和活力。

1981 年，钱塘江南岸的萧山县开始推行经济体制改革，社办企业迈步探索。

邱建林所在的翔凤村属平原水乡，河流纵横。为发展集体经济，村里决定利用优质水资源，在原有渔场的基础上扩大经营范围，开办一个珍珠养殖场。

这一年，刚满 18 岁的邱建林被选入村办珍珠养殖场工作，正式当上了一名工人。对于人生的第一次工作机会，邱建林非常珍惜。下河摸蚌，育蚌繁苗，邱建林什么苦都吃，什么活都干，一心扑在珍珠养殖上。

由于缺乏技术，养殖场的效益一直上不去。邱建林通过"走出去"学习，没过多久就崭露头角，成为一名技术顶呱呱的养珠能手。

1983 年，一次偶然的机会，邱建林听说有的地方养殖的三角帆蚌，与自养的土生褶纹冠蚌相比，产的珍珠色泽更黄亮，价格也要高很多。几经周折，他从外地引进了三角帆蚌。此后，养殖场产珠量逐年稳步上升，优质珠吸引了省内外珍珠商竞相上门采购，价格最高时达到 8000 元 / 千克。

为提高珍珠附加值，邱建林向村里提议聘技师、购设备，于 1985 年创办了珍珠饰品工艺厂。

时年 22 岁的邱建林受聘担任厂长，这是他人生的第一个厂长头衔。他放开手脚干了起来，将珍珠加工成项链、手镯和戒指等系列饰品，远销深圳、珠海，直至港澳。

工厂规模迅速扩大，跻身全省珍珠行业前三名，成为名副其实的"创汇大户"，邱建林也成为远近闻名的"养珠老大"。为此，当时的杭州市对外经济贸易局专门嘉奖他一辆摩托车。

"那时候我们的厂子对国家创汇贡献可大了，一元人民币换一元美金，你说效益有多好！"谈及此事，邱建林充满了自豪和骄傲。

"扭亏厂长"

邱建林继承了父辈勤劳与善良的美德，又比父辈多了一分挑战与拼搏的精神。育蚌产珠的成功，并没有让他就此满足。

1987 年年底，随着儿子的呱呱坠地，邱建林体会到了初为人父的喜悦，也感受到了肩负的重任，更用心琢磨起自己的事业。特别是听了前辈鲁冠球讲的"奋斗十年添个零"，他大受触动，心中的创业念头由此萌发。

衙前位于萧山和绍兴两地交界处，素有"凫赭锁重门，屏藩叠嶂；东西分两浙，吴越通衢"之称。萧绍地区具有悠久的纺织历史，自南宋开始就兴起了土纺土织业。1988 年 1 月 1 日，萧山撤县设市；同年 10 月，绍兴柯桥轻纺市场开业。这两个历史事件交汇在一起，极大地促进了当地纺织行业的勃兴。

天生的创业基因和敏锐的市场嗅觉,让邱建林准确捕捉到商机,决计改行涉足纺织行业。在他看来,尽管自己喜欢珍珠这个行业,但并不适合一直埋头干下去,因为"珍珠不是生活必需品,市场规模受限,这个行业很难做得更大"。

于是,邱建林拿出 2 万元存款,从绍兴市湖塘镇一家乡镇企业买了 4 台旧织布机,与人合伙办起了萧山工艺布厂。他从此开始了大半生与纺织行业的不解之缘。

正当他把布厂打理得顺风顺水,准备在纺织这个领域干出点名堂来的时候,镇党委书记找上门,要求他去衙前镇丝绸化纤布厂担任副厂长,负责产销工作,理由是这个厂"亏得太厉害"。

"万一救不活,岂不是自找麻烦?"一些好心亲友劝邱建林别犯傻。

事实上,他心里也没底,可又觉得这是一次挑战自我、实现价值的难得机会,他最终选择接受重托。

1989 年 2 月,邱建林走马上任。经过深入调研,他发现工厂基本陷于瘫痪!厂里没有流动资金,半年未发工资,职工把厂里的棉纱偷拿回家织毛衣的现象司空见惯。要让这样人心涣散的"烂摊子"起死回生,难度可想而知。

救厂先救"人"。邱建林从恢复职工信心入手,带头自掏腰包 5 万元,想尽千方百计筹足 30 万元,随即召开全厂职工大会,为 180 多名职工当场补发了工资。

"第一把火"直接点燃了人心,大家的积极性一下子起来了。

解决了工资拖欠问题之后,邱建林接连采取严肃厂纪厂规、调整管理干部和公开选拔人才等举措,极大地提振了全体职工的精气神。

但职工们不知道的是,在此期间,邱建林殚精竭虑,突患胸疾,长达数月。

1990 年,工厂的效益扶摇直上,实现营业收入 1000 多万元,创利 100 多万元,成为当年全镇效益最好的企业,被评为萧山市一级工业企业。因此,邱建林这个曾经的"养珠老大",又博得了"扭亏厂长"的美誉,并于 1991 年 7 月 10 日光荣地加入了中国共产党。

入党次月,镇党委书记又一次找邱建林谈话,郑重地向他宣布了组织上的决定,调他到另一家濒临倒闭的镇办小厂——萧山色织厂担任厂长。

创始人说

> 人活在世上就应执着于事业，为家乡父老的富裕、为地方经济的发展、为我们国家的强大作出应有贡献！
>
> （邱建林）

面对组织再次寄予的厚望，邱建林二话不说，再度选择临危受命。1991年8月18日，28岁的邱建林赴任萧山色织厂厂长。他自己也没想到，这一步竟然成为他人生道路上的巨大转折点。

"当时，萧山色织厂年营业收入不到1000万元，总资产只有260万元，其中有200万元的银行债务，应收款坏账和库存贬值合计超过60万元，可以说已是资不抵债、入不敷出了！"邱建林还记得他接手时整个厂的真实家底，"在200多名职工中，最高学历是高中，所有高中毕业的职工坐在一起连一桌也坐不满，一半以上职工是小学及以下学历，有些甚至是文盲，连自己的名字都不会写。"

艰苦创业几乎是每一个企业家的人生底色，对于邱建林来说也不例外。"那个时候，我日夜想的都是如何使厂子尽快发展起来，难得有几餐饭与家人一起吃、有几夜睡过安稳觉！"

身为一厂之长，他身先士卒，如同拼命三郎，扑下身子跑市场、抓生产，晚上窝在坯布仓库里只睡三四个小时，可谓"吃尽千辛万苦"。

功夫不负有心人。在狠抓现场管理、解决人浮于事问题的同时，邱建林广泛搜集市场信息，紧跟市场潮流，扩大有效生产。当年年底，即不到半年时间，萧山色织厂一举摘掉了"亏损帽"。

创建恒逸集团

1992年，思想又一次得到大解放，全国上下冲破了"姓资姓社"的思想束缚，掀起了新一轮开放热潮，让中国这艘航船沿着以经济建设为中心的航线加速前行。

东方风来满眼春。"整个社会投资激情涌动，股票、房地产和第三产业的投资热潮席卷而来！"面对一股股"热浪"，邱建林却不赶时髦。

没有投入，就没有发展；大发展需要有大投入，大投入才会促进大发展。邱建林本着"老厂办新厂、一厂办多厂"的发展方式，确定了"多方联合、规模发展"的经营方针。

1993 年前后，邱建林多方寻找资金、寻找项目、寻找合作伙伴。公司与中央党校、胜利油田两家单位的下属公司先后达成联营协议，合计筹资 1400 万元，着手筹建印染和化纤两大项目。

在项目筹建期间，为打响企业品牌，邱建林广泛征求意见，最终选定"恒逸"两个字作为公司名称和企业品牌。

"恒"者，意为"持之以恒"；"逸"者，大概是因为邱建林本人生肖属兔，于是取其字形，意为"超过一般"。"恒逸"，寓意为"永远走在别人的前面"。

1993 年 2 月，杭州恒逸印染公司开张营业；1993 年 5 月，杭州恒逸化纤公司第一台加弹机投入生产；1993 年 6 月 18 日，杭州恒逸实业总公司设立，同年营业收入突破亿元大关。

1994 年 10 月 18 日，恒逸集团宣告成立，成为《中华人民共和国公司法》实施后按照现代企业制度组建的浙江首家省批企业集团，企业合作机制由联营改成股份制，邱建林担任恒逸集团董事长兼总经理。

自此，恒逸集团进入了跳跃式发展的高增长期。1995 年，恒逸集团完成工业产值 3.95 亿元、营业收入 3.75 亿元，实现利润近 2000 万元，比 3 年前增长了 5 倍多。

越是在取得成绩的时候，越要有居安思危的忧患意识。在恒逸 1995 年度总结会上，邱建林给踌躇满志的经营班子"泼了盆冷水"。

创始人说

从长远看，超常规发展肯定是违背事物发展客观规律的，我们务必时刻保持冷静的头脑。

（邱建林）

邱建林在会上提出，要苦练内功，适当放慢发展速度，从战略高度上制定发展规划，把人才投资作为最优先的战略性投资。

1996 年，恒逸集团的第一个五年发展规划（简称"一五"规划）方案出台，恒逸集团随即启动实施"1000 万元人才工程"，花重金"引进来"关键人才。同时，邱建林积极推动校企合作，联合在公司内部开办面向中基层管理人员的企业管理专业证书班。

机会总是留给那些有准备的企业。1996 年 10 月，萧山市的《关于今年第四

恒逸集团总部大楼

季度集中时间集中精力整体推进企业转制的工作意见》出台，衙前将恒逸集团列为首批转制企业。

做个长期主义者

1997年上半年，恒逸集团由乡镇企业转制为民营企业，以邱建林为代表的经营团队拥有了企业绝大多数的股份。通过企业转制，恒逸集团以现代企业的形象登上市场经济的舞台，邱建林也由此成为真正意义上的恒逸集团掌门人。

春风得意之时，也是危机四伏时刻。1997年的亚洲金融危机，使正处于成长阶段的中国民营经济受到较大影响，特别是对中国纺织业的出口带来了巨大冲击。

在此大背景下，恒逸集团如何才能保持和巩固既有优势？邱建林审时度势，经过深思熟虑后，于1998年6月下旬召集董事会全体成员，召开了一次关乎恒逸集团未来何去何从的会议。

会上，邱建林提议"弃卒保车"，将杭州恒逸印染公司停业转产。这无异于向平静的水面丢了一块大石头，遭遇了一边倒的反对。

"我们这么大的一个集团，丢掉一块业务，很没面子啊！"

"区区几千万元年产值的公司，就是养着它也无所谓！"

"我们这家公司还是赢利的,为何要放弃?"

这让邱建林成了一个"孤家寡人",但他坚持自己的选择。

创始人说

> 搞企业是一个长期行为,在危机面前,谁能占得先机,并能灵活应变,谁就是赢家。放弃一块业务并不丢面子,企业不思进取,发展不了,纳不了税,才是真正没面子的事!
>
> (邱建林)

战略上的进与退,不同于战术上的攻与守。经过一番激烈争论,邱建林费尽口舌,终于统一了董事会成员思想,作出了将杭州恒逸印染公司停业转产这一壮士断腕般的决定。

随后,邱建林对恒逸集团的"一五"规划进行重新修订,确立"一体化"发展战略。

在他的带领下,全体恒逸人秉持"永不止步,缔造辉煌"的企业精神,高擎合作共赢大旗,敢为人先勇破冰,矢志不渝争上游,从田野大步迈向世界,坚定不移地朝着"做国际一流的石化产业集团之一"的企业愿景奔跑。

▶ 蝶变创新路

"后向一体化"

恒逸集团的前身,最早可追溯到1974年创办的萧山县衙前公社针织厂。1983年,萧山县衙前公社针织厂添置了2台梭织机,更名为萧山色织厂,开始生产服装面料。

1984年5月,人民公社体制被废除,萧山色织厂由社办企业变为乡镇企业。尽管萧山色织厂戴上了集体所有制的"红帽子",但因观念束缚,夹缝求生,发展缓慢。1989年至1991年,乡镇企业发展进入调整期,萧山色织厂陷入亏损泥潭。

1991年8月,邱建林临危受命,接掌萧山色织厂,当年该厂就扭亏为盈。他带领团队抢抓机遇,广筹资金,大胆开拓,相继筹建印染、化纤两大项目,并于 1993 年 6 月成立杭州恒逸实业总公司，于 1994 年 10 月成立恒逸集团。1996年，恒逸集团制定"一五"规划，并于 1997 年上半年成功转制，由乡镇企业蜕变为民营企业。

1998 年 6 月，恒逸集团董事会作出杭州恒逸印染公司停业转产的重大决定，并从战略高度上对"一五"规划进行重新修订。此后，恒逸集团开启了"后向一体化"发展模式，踏上了一条"从下（游）往上（游）、由轻（纺织产业）到重（石化产业）"的蝶变之旅。

1999 年 9 月，恒逸集团与兴惠化纤集团有限公司合作建设国内民营企业第一条聚酯熔体直纺生产线，于 20 个月后顺利投产，刷新了国内同类工程建设速度最快的纪录。

2001 年，萧山撤市设区，恒逸集团的年营业收入突破 10 亿元，首次位居萧山百强企业前三甲。

通过持续投资兴建项目和一系列并购，恒逸集团成为全球首家年聚酯产能超过 1000 万吨的企业。

2002 年 10 月，恒逸集团与浙江荣盛控股集团有限公司携手在宁波经济开发区建设全国第一个纯民营 PTA（精对苯二甲酸）项目，于 2005 年 3 月成功投产，创造了世界 PTA 项目建设史上工期最短的新纪录。这一年，恒逸集团的营业收入首次超过 100 亿元，跻身"百亿军团"行列。恒逸集团为提升定价 PTA "话语权"，相继北上大连、南下洋浦经济开发区建设 PTA 项目，成为国内首家自主研发应用单套实际年产能达到 200 万吨的 PTA 工艺、工程技术企业。

恒逸集团作为主要承担单位完成实施的"年产 20 万吨聚酯四釜流程工艺和装备研发暨国产化聚酯装置系列化"项目，获 2006 年度国家科学技术进步奖二等奖。

2011 年 12 月，恒逸集团与中石化达成合作协议，成立浙江巴陵恒逸己内酰胺有限责任公司，在杭州临江建设全球单体产能最大的年产 20 万吨 CPL（己内酰胺）项目，于 2012 年 8 月顺利实现全流程贯通。

这是国内民企与国企在 CPL 生产领域的首次合作项目，成为混合所有制企业成功合作的典范。随后，项目分两期进行扩能改造，并于 2018 年、2019 年先后顺利完成，将 CPL 年产能扩至 40 万吨。

由此，恒逸集团在国内同行中率先打造"涤纶 + 锦纶"双产业链驱动模式。

走向国际化的新标杆

2014年2月，恒逸与文莱达迈控股有限公司签署合资协议，在文莱分两期建设石油化工项目，其中一期项目年加工原油800万吨，于2019年11月投料试车一次成功，在全球石化行业中创造了千万吨级炼厂"投料试车时间最短、过程最稳和安全环保业绩最优"的新纪录，彻底打通了全产业链一体化经营的"最后一公里"，形成了"一滴油＋两根丝"的全产业链布局。

恒逸集团的文莱项目系首个全面执行中国标准建设的大型海外石化项目，被誉为中文两国旗舰合作项目，写入中文两国联合声明，成为积极响应共建"一带一路"机制、主动对接文莱"2035宏愿"战略的成功实践和携手构建亚太命运共同体的典范，为中国石化走向国际化树立了新标杆，先后荣膺中国建设工程鲁班奖（境外工程）和国家优质工程金奖。

在掌门人邱建林对战略管理的高度重视下，无论外部形势如何波谲云诡，无论市场走势多么变幻莫测，无论前进道路怎样迂回曲折，恒逸集团都始终保持战略定力，以独特的"恒逸思维"创造了一个又一个"恒逸速度"。

特别是进入21世纪后，恒逸集团"进退有常、强大有道"，营业收入先后于

恒逸集团文莱项目俯瞰图

2001年超10亿元、2005年破100亿元、2017年冲1000亿元，从2004年开始入围"中国企业500强"，2021年开始上榜"世界500强"榜单。

2024年是新中国成立75周年，也是恒逸集团建企50周年。历经半个世纪的洗礼，恒逸集团现已发展成为一家专业从事石油化工与化纤原料生产的现代大型民营企业，拥有员工2.6万多名、总资产超过1500亿元，2023年度营业收入突破4000亿元大关。

处在"百年恒逸"上下半程历史交汇的关键节点，恒逸集团将从"心"出发，向"新"而行，在立足实现第一个五十年奋斗目标的基础上，迈向第二个五十年奋斗目标新征途，进一步加快从传统制造型企业向科技创新型企业的转型步伐，奋力谱写中国式现代化建设的恒逸新篇章。

▶ 传承中超越

邱建林曾说："我们传的是我们的使命，传的是我们的精神，传的是我们的文化。我们没有理由不去更加珍惜来之不易的成果，不去为未来的事业奋斗。"

这是邱建林对全体恒逸人的希望，也是老一辈企业家对新生代企业家的希望，希望下一代可以接过发展接力棒，传承好使命、精神和文化。

"在传承中坚守初心，在传承中敢于担当，在传承中善于超越"，邱奕博将"坚守主业、做强实业"作为恒逸集团发展的不变"法条"，而这"法条"也从父亲邱建林那里自然而然地传到了他这里。

改革浪潮中初搏击

2011年7月，时年24岁的邱奕博从英国留学归来。获得国际商务管理专业学士学位的他，并没有直接进入父亲执掌的恒逸集团，而是选择入职中石化化工销售有限公司华北分公司。

2014年1月，邱奕博去了中石化化工销售有限公司华东分公司。"我在中石化就是一名普通员工，无论在华北分公司还是华东分公司，没有人知道我是邱建林的儿子。"邱奕博说。

> **接班人说**
>
> 我在中石化干了大概3年半的时间,这对我来说是一个很好的锻炼机会,相当于我在"社会大学"又读了一个研究生学历。这为我之后进入恒逸集团打好了基础。
>
> (邱奕博)

2014年12月的某一天,邱奕博接到父亲的电话。

"这一天终于到了!"2015年元旦过后,邱奕博来到恒逸集团总部上班。

对待独子,邱建林极力避免拔苗助长。邱奕博并没有空降为高管,而是从一名中层管理者做起。

他被派到恒逸集团控股的上市企业——恒逸石化股份有限公司(简称恒逸石化),担任投资管理部经理,着手接触恒逸集团的大小项目,了解公司战略以及投资项目的管理思路、管理流程。

在此期间,邱建林基于恒逸集团战略发展的需要,决定启动恒逸石化核心领导层的新老交替进程,以促进可持续发展。

2015年4月29日,邱建林辞去恒逸石化董事长、董事职务,邱奕博被选举为恒逸石化董事、副董事长,并经同年5月15日召开的恒逸石化第三次临时股东大会表决通过。

这标志着恒逸集团传承接力拉开了序幕,邱奕博也由此逐步成为恒逸石化高管层的领军者。

> **接班人说**
>
> 父亲从来没有跟我明确说过什么,但他总是在出席各种会议和活动的时候把我带在身边,我就竖起耳朵听、睁大眼睛看!
>
> (邱奕博)

在谈及父亲对自己的培养方式及接班问题时,邱奕博把这种看似漫不经心的培养方式称为耳濡目染式的培养。

值得一提的是,在2012年到2017年间,因为整体市场低迷,国内的聚酯产业企业面临亏损,数十家曾经的聚酯产业龙头企业折戟。邱建林瞄准了国内化纤行业整体大洗牌的绝佳时机,带领邱奕博创新"资本+并购+整合"的应用方式，先后整合了 7 个项目。这些企业在被收购后，又以最快的速度实现复产，产能合计达 400 万吨，恒逸集团迅速跃升为中国聚酯产业龙头企业。

创始人说　高手过招时，谁勇敢尝试，谁注重创新，谁就早得益，谁就掌握主动！

（邱建林）

在这场化纤改革浪潮中，邱奕博对父亲讲的这句话有了更深刻与直观的体验。

接班人说　商场如战场，唯有在枪林弹雨中杀出一条血路才能险胜，智慧与勇气缺一不可。

（邱奕博）

邱奕博感到肩上的担子沉甸甸的。

入职恒逸集团 5 年后，邱奕博于 2020 年 1 月被选举为恒逸石化董事长，并于同年 9 月兼任恒逸石化总裁。

登上大舞台"领证"

巧合的是，父子俩生肖都属兔，经历也有着惊人的相似之处。邱奕博是 2015 年 28 岁时进的恒逸集团；而 1991 年邱建林赴任萧山色织厂厂长时，也刚好是 28 岁。

1997 年亚洲金融危机爆发时，邱建林 34 岁；而邱奕博也是在与父亲差不多的年纪时，遇到了突如其来的新冠疫情。有了平时父亲的言传身教与主导参与多个大项目的历练，邱奕博临危不惧、迎难而上。

2021 年，恒逸石化实现年营业收入 1296.67 亿元，同比增长 50.03%，实现归属于母公司的净利润 33.78 亿元，同比增长 9.97%。

2021 年 10 月 19 日，是一个让邱奕博深刻铭记的日子。这一天，他代表恒逸集团首次登上《财富》世界 500 强峰会舞台"领证"。"85 后"邱奕博平时不喜西装革履的打扮，更喜欢时尚潮流的运动休闲服饰，但是那天，他郑重其事地穿上了西装，还打上了领带。那天的他显得非常激动，候场时对身边工作人员说：

2021年10月19日，邱奕博（中）领取2021年《财富》世界500强证书

"这一天我们等了很久，终于等来了！"

邱建林带领恒逸人艰苦奋斗几十年，终于让恒逸集团登上"世界500强"榜单，而如何让恒逸集团一步步朝着更前面的位置迈进，则是邱奕博未来的重任。

他想，这也许是父亲让他上台领奖的初衷，既是一份荣耀，更是一种鞭策。

创新道上"同路人"

"科技创新"是邱建林长期坚持的战略，而如何推动恒逸集团从"产业恒逸"向"科技恒逸"转型，是萦绕在邱奕博心中的一个问题。

他深信，这是一场没有硝烟的战争，但是他和父亲没有退路，因为这是恒逸集团未来发展的唯一出路。

谈及对科技创新的态度时，邱建林经常会说"屡败屡战"，如今这个词也成了邱奕博常挂在嘴边的成语。邱奕博不含糊、不犹豫，信念坚定地选择与父亲并肩战斗。

邱建林曾多次讲过，科技创新这条路充满着荆棘，也充满着未知，没有任何捷径可走。他认为，只有从战略高度上充分认识到科技创新对于企业长远发展的重要性，并长期不懈地坚持投入和脚踏实地，才有可能迎来曙光，才有可能取得成功。

恒逸集团于2002年设立研发中心，2018年成立恒逸研究院，2022年恒逸全球创新中心揭牌运营。一路走来，无论面临的困难有多巨大、挑战有多严峻，邱建林都积极倡导容忍失败的良好氛围，都始终保持着屡败屡战、百折不挠的勇气和决心。邱奕博表示，作为"世界500强"和行业龙头企业之一，恒逸集团既有能力更有责任去承担创新风险，去引领产业生态构建，去践行"创新、协调、绿色、开放、共享"的新发展理念。

恒逸研究院是恒逸集团"十年百亿"科技创新投资计划实施主体，致力于绿色化学品及先进材料的研发，依托国家级企业技术中心和博士后科研工作站，搭建浙江大学—恒逸全球未来先进技术研究院、东华大学—恒逸联合实验室等高水平研发平台，围绕"一滴油＋两根丝"的产业结构承担全产业研发任务，努力推动绿色低碳循环经济发展和解决国外"卡脖子"难题。研究院部分产品为国内独有，多项技术达到国内外领先水平，已拥有国家高新技术企业、浙江省企业研究院、CNAS认证实验室、纺织行业绿色环保型聚酯及纤维制备技术重点实验室等重要资质，并承担2项国家重点研发计划、3项浙江省研发攻关项目和4项中国纺织工业联合会科技指导性项目，重点科技攻关项目荣获2021年度中国纺织工业联合会科技进步奖一等奖。

科技是推动社会进步的重要力量，也是企业持续发展的关键引擎。在今年萧山"新春第一会"上，邱建林代表恒逸集团登台发言，谈及他的一个希望。他说他今年61岁了，希望创新对恒逸的贡献"三年小见效、五年中见效、十年大见效"，希望到他70岁时恒逸能够成为一家科技创新型企业。邱建林深知，要实现这个目标，任重道远，绝非易事，光靠一个人或者几个人的努力是绝对不可能实现的，它需要恒逸集团上下全心全意、全力以赴地支持科技创新工作，尤其需要全体研发人员心无旁骛、持之以恒的艰辛付出。

父子俩坚持把人才投资作为最优先的战略性投资，恒逸集团将科技创新列为头号"生命工程"，毫不动摇地落实"十年百亿"科研投资计划。加强与国内外科研机构和高等院校战略合作，从大处着眼、小处着手，推动"大创新"和"微创新"并驾齐驱，助推恒逸全球创新中心步入正轨。加大核心技术攻关，加速科研成果转化，加快培育新质生产力，提高对主业核心竞争力的贡献度，成为全行业技术引领者。

在2022年衙前镇"两新党建，点燃衙前共富'红色引擎'"专场研学活动中，邱奕博作了题为《引得来，留得住，发展得好》的演讲，将父辈企业家的人才观进行了全新升级。

他深知，只有全面树立"人才是第一资源"的理念，才能实现"做国际一流的石化产业集团之一"这一企业愿景。

在新时代，工作是企业与员工的双向选择与双向奔赴，而"同路人"是邱奕博一直秉持的留住人才理念。

恒逸集团是行业内首家推行股权激励的企业，特别是邱奕博主导的员工持股计划已成为一项常态化激励机制，现已实施六期员工持股，投入总额达60亿元，直接受益员工超过1万人次。

> **接班人说**
>
> 让员工工作有奔头、生活有保障，让他们愿意来，更愿意留，这是我们对共同富裕最真诚的理解和最接地气的实践！
>
> （邱奕博）

在邱奕博看来，员工持股计划的实施可以让优秀人才充分分享企业发展成果。

担当亦有传承

通过长期沉淀与积累，恒逸人共同创造了既具有时代特征又独具恒逸集团自身特点的企业文化。

邱建林带领团队提炼并形成的"重务实、敢担当、善超越、乐分享"核心价值观，成为全体恒逸人的指导思想。

邱奕博持续推动核心价值观等重要企业文化理念在"建百年长青基业，立世界名企之林"的征程中发挥巨大的文化引领和价值导向作用，其能量渗透到企业的目标、战略、品牌、政策、日常管理及一切活动中，反映到每个成员、每个产品上，有助于增强企业的软实力，使恒逸集团作为一家"世界500强"企业在全球竞技的舞台上更具竞争力，实现"打造百年恒逸"的目标。

恒逸集团 2023 年度榜单

接班人说　恒逸集团人才济济、卧虎藏龙，我希望员工们永葆青春心态，丰富业余生活，增强凝聚力。

（邱奕博）

学生时代，邱奕博就喜爱足球运动。他鼓励企业组建足球协会、篮球协会这类学校中常见的社团组织，推动成立恒逸集团社团联合会，并亲任名誉主席。

早在 2002 年，邱奕博 15 岁的时候，恒逸集团就在萧山启动了"200 万元爱心工程"，开启了"大手笔"捐赠之路。

邱建林"造福桑梓、回报社会"的情怀，深深感染了邱奕博。2021 年 5 月 15 日晚，邱奕博亮相杭州电视台生活频道播出的《关爱平安》栏目。"作为一家从杭州本土走向世界的企业，我们有责任也有义务参与平安杭州的建设。"他首次以杭州市平安卫士关爱基金会副理事长的身份接受采访。

上市公司积极承担社会责任，是公司治理良好的重要表现。邱奕博一贯重视公司在社会责任方面的信息披露，推动上市公司构建社会责任体系。

2020年，恒逸石化发布了上市后首份社会责任报告，旨在就恒逸石化的社会责任理念、实践绩效等内容与各利益相关方进行坦诚交流，系统回应利益相关方期望与诉求。社会责任报告的发布，已然列入了恒逸石化的每年必做清单。

如今，列在名字前沉甸甸的头衔，也从一个侧面印证了邱奕博交出的社会责任答卷：浙商研究中心开放合作委员会主任、浙江省新生代企业家联谊会副会长、杭州市新生代企业家联谊会副会长、杭州市工商业联合会副会长、中国推进智能制造杰出CEO、中国纺织行业年度创新人物、全国优秀纺织青年企业家……

坚定地做实业

"走遍千山万水，想尽千方百计，说尽千言万语，吃尽千辛万苦"是发源于浙江的"四千"精神，也是老一辈浙商企业家在创业创新过程中攻坚克难、拼搏奋斗的真实写照。

作为"四千"精神的践行者与示范者，邱建林在讲述作为掌门人的心得体会时强调，"四千"精神是企业发展的宝贵财富。

作为一名新生代企业家，邱奕博也同样认为在新时代强调"四千"精神非常有必要。

在2023新生代企业家潮创汇暨"杭商青蓝接力薪火传承营"开营仪式上，邱奕博表达了新生代企业家的历史担当："勇于拼搏、敢于创新的精神激励了一代杭商砥砺前行；传承守业、发展壮大是新一代杭商肩负的使命。我们恒逸集团愿同所有老一辈杭商一道秉持信念，永不止步，也愿同所有新一代杭商一起，传承弘扬杭商精神，做奋进时代的接力者，当百年杭商的传承人。"

时代的接力棒已经交给了下一代。在新的历史舞台上，恒逸集团坚定地走实业经济发展之路，坚持在石化化纤制造业深耕细作，秉持"内强总部、外拓基地"的发展思路，按照"上下游协同、境内外联动、软硬件配套"的发展原则，以更加积极主动的姿态践行新发展理念、融入新发展格局，加快培育新质生产力，进一步推动"产业恒逸"向"科技恒逸"的转型升级。

"老板"的老虎钳精神

　　一排排机械臂整齐划一地运转，一件件产品有条不紊地"走"下生产线，偶尔有自动物流机器人往来搬货，却几乎看不到一个人影。这不是科幻电影中的场景，而是杭州老板电器股份有限公司（简称老板电器）未来工厂的生产场景。

　　累计投入近5亿元，建地面积约5万平方米，采用5G大数据感知、采集、边缘计算等技术，老板电器打造了厨电行业首个智慧"无人工厂"，成功入选浙江省首批未来工厂。

　　或许很难想象，这样一家科技引领的头部企业，在创立之初只是凭借3把老虎钳起家的乡村小作坊。

▶ 创业与积累

全国劳动模范、浙江省优秀共产党员、浙江省人大代表、第十二届风云浙商……集诸多殊荣于一身的任建华，让老板电器从一家总投资仅 2000 元的村办小厂，发展成为一家上市企业，带领村民走出了一条以质量促发展的道路，最终铸就了"老板"这一响当当的民族品牌。

砸锅卖铁办五金厂

1956 年，任建华出生于杭州市北部的余杭县博陆乡螺蛳桥村。

当时的螺蛳桥村，是博陆乡最贫困的行政村之一，村级经济收入在当地排行倒数第二。

与很多农村孩子一样，自懂事起，任建华就跟在大人屁股后面干活，割完草后就上山捡柴火、回来烧饭。久而久之，任建华成了村里干农活的一把好手。

1978 年，改革开放的春风吹醒了沉睡的中国大地。这一年，22 岁的任建华已经被乡亲们选为村里带头人。面对外界发生的巨变，任建华萌生了带领村民一起致富的想法。经过深思熟虑和与村民们的深入交流，他决定创办五金厂，踏上一条创业致富的道路。

没有资金，任建华和几位村干部狠心卖掉了自己的自行车，还跑到信用社借了 2000 元；没有厂房，他们就租用当时红星大队畜牧场的 3 间养猪农舍，吃喝拉撒睡全都在这里；没有交通工具，大家就用自行车、人力钢丝车运货。

2000 元、5 个村民、3 把老虎钳，一家简陋的红星五金厂硬是给建

1979 年，任建华及其他企业初创者租用原红星大队畜牧场的 3 间不足 150 平方米的养猪农舍，创建了红星五金厂

起来了。任建华最大的希望就是早日攒够钱，给村里买台拖拉机。

创业不是空喊口号，为了给厂里拉到更多的业务，他经常愁得一宿一宿睡不着。起初，红星五金厂做的是缝纫机底盘，产品搞出来后，为了找生意，任建华跑遍周边村落，才卖出去几台，最后还是杭州的远房亲戚帮忙，拿下了一个大订单，为红星五金厂带来了"第一桶金"。

三度转型找对赛道

20世纪80年代初，看到电风扇的需求量很大后，任建华开始从缝纫机配件转型做电风扇扇叶。为了解决技术问题，红星五金厂与浙江大学机械工业学院合作，在3个月的时间里，就成功开发出电风扇叶片。因为质量过硬、技术先进，很快，杭州周边几大电风扇厂全部成为任建华的客户。

然而几年后，国内电风扇厂纷纷开始引进日本的塑料扇叶，五金厂的订单越来越少。任建华又将目光投向当时逐渐升温的冰箱市场，开始做冰箱外壳，产品一时间供不应求，他又一次走在了市场的前列。

但是3年后，问题又来了。由于冰箱产能过剩，为防止乱象，浙江开始给冰箱厂发放生产许可证，可是红星五金厂却没能拿到生产许可证。

代工做配件肯定行不通，生意要想做得长久，必须生产自己的产品，才能一直走在别人的前头。但是做什么呢？他一时间迷失了方向。

有一天，妻子在厨房里炒菜，被油烟呛得眼泪直流，任建华叫她开排风扇，妻子说开了。任建华突然灵机一动，怎么没想到做专门吸收油烟的产品呢？

重要的是，那时候大家都没有听过这样的东西，油烟大的时候顶多装个换气扇。市场大，前景好，没有竞争者，这正是任建华要找的产品。

经过一番考察，任建华最终选择与原中国航天科技集团公司第八研究院八〇四研究所携手，开发出了中国的第一代油烟机。功夫不负有心人，他心心念念的自有产品终于有了着落。

国家认证的"老板"

自己的牌子肯定得有个响亮的名字。任建华寻思着叫"红星"。谁知市面上大到冰箱彩电，小到奶粉胶鞋，都有叫红星牌的，如果没有辨识度，辛苦生产出来的红星牌油烟机很可能湮没无闻。这下，任建华慌了。

既然叫"红星"不吃香，那就换个名字好了。想着想着，任建华回到自己的绰号上，不如叫"老板"！

当时社会上正在盛行劳动致富的风气，勤劳肯干、胆大心细的创业者往往被人们叫成老板，带领全村脱贫致富的任建华自然而然也成为村里人嘴里的老板。

任建华提出这个想法，大家伙纷纷赞同，"老板"这个名字不仅朗朗上口，而且派头十足。

谁知，任建华抱着一大沓申请资料，从县、市跑到省，硬是没有一个工作人员搭理他。被拒绝了多次后，任建华的斗志反而越发高昂。于是，他直接跑到当时的国家工商总局注册，皇天不负苦心人，国家总算给他开了绿灯。

自此，老板油烟机正式登上历史舞台，并在随后的几十年里成为大江南北家喻户晓的产品。

万事俱备，任建华和他的老板油烟机开始一路"狂飙"。1989 年，第一代老板油烟机横空出世，短短一年销售额就达 5000 万元；1992 年，老板油烟机把广告做到了中央电视台，成为全国同行中"第一个吃螃蟹的人"。广告投放市场马上引起强烈反响，老板油烟机当年就取得脱排油烟机全国销量第一的成绩。伴随在全国范围打响知名度，任建华调侃道："在中国，我是唯一经过国家认定的'老板'！"

当时的任建华已经具备了品牌意识，在他看来，品牌战略是企业获得持久发展的重要基石。他一口气给公司的几十类产品都注册了"老板"商标，同时还注册了"老板王""大老板"等防卫性商标，使品牌最大限度地受到法律保护。

随着生意越做越大，任建华对产品质量也越发挑剔，他曾经在全体员工面前销毁价值数万元的废次品，不少老员工私下里认为他是鸡蛋里挑骨头。

但事实证明，品牌战略不仅让老板油烟机的销量快速提升，获得"中国名牌"的称号，还让老板电器的美誉度在全国范围内迅速攀升，一跃成为全国行业的领先品牌。

▶ 曲折与创新

在市场探索的过程中，任建华走过很大的弯路。

从 1994 年到 1996 年，老板油烟机连续 3 年成为全国销量冠军产品。钱赚得多了，脑子就容易发热，任建华开始盲目扩张，在全线进军灶具、消毒柜等厨房电器细分市场的同时，涉足保健品、VCD、音响等多元行业。

但饼摊得越大就越薄，面对其他赛道的竞争，老板电器顾此失彼，主业油烟机的销量一路下滑。

走出"滑铁卢"

创始人说

　　失败的原因很简单，当时我们自认为"天下无敌"，然而事实是，20世纪90年代大量民营企业崛起，很多企业都比我们更有优势。新行业的水很深，我们没有摸透情况。虽然我们手上有资金，但是投到新行业里还远远不够。与此同时，我们缺乏人才，特别是技术和营销上的人才更少。所以在新进入的行业全军覆没，而且还拖累了主业。

　　一个人也好，一个企业也好，定好目标后，哪有那么多精力去干别的事情？做不熟悉的东西，自然会增加风险，不可能什么钱都由着一个人赚，专心做好一件产品才是一家好企业的经营之路。

（任建华）

由于战略失误，1999年，老板电器进入至暗时刻，公司亏损6000万元，年销售额从最高峰的4亿多元一下子降到8000万元，市场占有率也跌出行业前10名。仓库里商品堆积成山，顾客退货，员工罢工……一时间，老板电器站在了悬崖边缘。

遭遇"滑铁卢"的任建华没有被打垮，他痛定思痛，下定决心砍除冗余业务，放弃全线溃败的多元化战略。

任建华深刻意识到，老板电器的最终目标是做行业第一的长寿企业，而不是只追求大规模的"虚胖企业"。

在重回主业的同时，任建华还大刀阔斧地进行企业改制。老板电器当时属于村办集体企业，资产属于全体村民，因而在分配机制、用人机制、激励机制、产品开发机制等方面难以与市场接轨，高级管理人才无法引进，产品开发难以创新。

1999年，老板电器完成了从集体企业向民营企业的转变

任建华认为，这是导致老板电器无法敏锐把握市场最新动向的根本原因之一。

对于一个土生土长的村办企业来说，改制不是小事。摆在任建华面前的只有两条路：一是分钱、解散，企业关门；二是改制变成民营企业。

对任建华来说，解散掉辛辛苦苦创建的企业，就像抛弃自己的孩子一样痛苦，而改制的话必须由经营者筹措 7000 万元巨款买回村民的股份。

谁也不知道之后的路怎么走，一个小小的三口之家随时可能会被时代的浪潮吞没……该何去何从？正值壮年的任建华陷入了沉思。

这时候，妻子给了他莫大的支持和鼓励。朝夕相处的家人最清楚他倾注在老板电器上的心血，如果现在解散了企业，他肯定会后悔一辈子。在妻子看来，多少苦日子两个人都一起熬过来了，只要任建华愿意干，家里就算砸锅卖铁也会支持他。

没有了后顾之忧，任建华义无反顾地接过了改制后的老厂，成了一名真正的民营小老板。

摆脱枷锁上市敲钟

摆脱枷锁后的老板电器，开始面向全国招聘人才，推行销售承包制度；在同行中率先在央视黄金时段投放广告，发起品牌年轻化运动，同时拒绝卷入价格战。

为了做出差异化产品，任建华亲自作市场调研，将"免拆洗"作为老板油烟机的下一步重心工作。

2000年，老板电器免拆洗油烟机上市，并于2002年推出大吸力油烟机，到2003年，老板电器重回油烟机市场全国第一。

随后，任建华将主要精力用在了研发创新上面，并进一步明确了老板电器致力于做高端厨房电器产品的定位。

在后来的岁月里，每当想起这段经历，任建华都感慨万分。或许正是经历了转型的阵痛，他比很多企业家都懂得健康经营、长期主义的价值。

在任建华看来，老板电器"长寿"的秘诀便是做健康企业。只有健康才能做大做久，只有健康才能"长寿"，才能对社会作出更大的贡献。

为了达成这一目标，老板电器40多年来坚持狠抓产品质量、推行技术创新、倡导环保节能，努力将社会利益最大化作为企业最高的追求。

通过这些举措，老板电器不仅提高了品牌的声誉，更为企业赢得了长期的战略性回报，形成了企业健康发展的良性循环。

2010年，老板电器于深圳证券交易所中小企业板正式挂牌上市，成为国内第一家登陆资本市场的高端厨房电器企业。

2010年，老板电器于深圳证券交易所上市，成为国内第一家登陆资本市场的高端厨房电器企业

为了留住核心员工，任建华制定了股权激励计划，给公司员工授好权、分好钱、配好股。而在考察人才方面，身为共产党员的任建华也展现了"固执"的一面，他在考察一个人的能力和道德时，始终将个人人品放在首位。

创始人说

没有党和政府的好政策，就没有今天的老板电器。

（任建华）

任建华坚持党组织和党员必须作为企业的中流砥柱。公司每年都会开展优秀共产党员、"老虎钳"标杆、"三八"红旗手、十佳青年等评比活动，开展员工创新创效、岗位练兵等劳动竞赛活动，鼓励党员、职工比学赶超。发展至今，老板电器高管中超过一半都是党员。

▶ 传承与创造

2014 年，年仅 30 岁的任富佳正式从父亲任建华的手上接棒，成为老板电器总裁。

创始人说

老板电器要成为百年企业，保持基业长青，离不开新生代的成长，承前启后是利好。老一代企业家在交接班时的心态很重要。我的秘诀也简单，就四个字：沟通、给权。

（任建华）

关乎使命的选择

作为老板电器接班人，任富佳和企业年纪相仿。

"80 后"的他是独生子，少年时留学澳洲，于 2006 年回国后进入老板电器。

在任富佳看来，虽然中国有子承父业的传统，但确实有许多人不愿意接班。有人不想活在父辈的光环里，也有人不喜欢做同一件事。当一个人拥有无数选择时，当一个人看到了更多的东西时，往往会不想回去走老路。

接班人说

> 我不一样，我从生下来就只有一个选择。我是在爸爸的工厂里长大的，那里的每个人都是亲人。我知道他们有活干的时候会大笑，东西没做好会拼命抽烟。很多人不知道父辈是怎么创业的，但我从小就和他们在一起，寒暑假、周末都在厂里……所以尽管世界再大，我知道自己一定会回来。
>
> （任富佳）

这个选择不仅关乎使命与责任，而且出于深深的热爱，对于外界贴的"家族企业"的标签，任富佳丝毫不在意，在他看来，家族企业更能对企业和产品负责，因为有关家族声誉，因此更加重视企业的长期发展，不会追逐短期暴利。同时，公司的战略也能保持一致性，站在过往的巨人肩膀上，品牌能得到更加健康的发展。

值得一提的是，"海归"的任富佳没有马上进入管理层，而是一头扎进公司基层，市场部、研发中心等部门他都待过。

在任富佳从普通科员成长为总经理的七八年中，任建华从来不会干涉他的工作，即便涉及公司重大决策，任建华也会选择私下沟通。

正是父亲的放权让任富佳得到了充分磨炼，形成了严以律己、真抓实干的工作作风。在任富佳看来，自己做的每一件事不是为了给父亲看，而是为了对企业负责，对自己负责。

机制是关键，骨干是核心

接任总裁之后，任富佳前所未有地感受到来自经营和发展的压力。

随着行业集中度的不断提升，厨房电器市场的竞争逐渐加剧。一方面，综合家电品牌纷纷加大对厨房电器领域的投入，抢夺市场份额；另一方面，专业厨房电器企业纷纷通过产品创新，力图分得高端市场的一杯羹。

寻找新的增长点、完善销售渠道、保持产品在技术和品类上的更新、塑造全新的高端品牌形象、健全客户服务体系，都是摆在任富佳面前的现实问题。

增长从哪里来？任富佳深知，机制是关键。他牵头推进"千人事业合伙人"计划，让老板电器的高管持有上市公司的股权，并且让主要经销商的核心团队成员也成为所在公司的合伙人。

任富佳认为，推动企业发展的，不是设备，也不是厂房，而是人，关键在于把人的创造性激发出来。

在任富佳看来，稳住经销商的骨干队伍也很重要。他对于经销商激励团队的具体形式并不强求，但原则是分享。比如，经销商的核心团队里，有人已做了七八年，那么他的公司可以重新股份化，把核心团队成员的名字也注册在案。又如，经销商拿出给老板电器货款中的2%，按核心团队成员的股权比例进行激励等。这使得骨干员工不用再拿死工资，而是能分享到老板电器成长的利益。

除了完善机制，任富佳还不断强化企业"内功"，通过带头研究烹饪、学习烹饪，在员工中间掀起了考取厨师证的热潮。

公司为此还专门开设烹饪大讲堂，通过邀请外部烹饪大咖、专业厨师、营养专家等讲授烹饪知识，使公司出现了人人懂烹饪、人人会烹饪的局面。

> **接班人说**
>
> 只有我们对烹饪更专业，用户才会相信我们的产品做得足够专业，我们对烹饪的研究有多深，我们所创造的产品体验才能够有多好。
>
> （任富佳）

随着对烹饪的了解加深，任富佳的心中产生了更多的想法：为什么家电行业只有厨房电器能够进入奢侈品牌行列，空调洗衣机都没有？这也说明它有更大的社会属性。

未来，老板电器要做一些更有意义的事情，比如"回家做饭"的社会价值能不能放大？能不能增进家庭关系融合与社会和谐？

在他看来，厨房电器不只是劳务工具，更是创造和艺术的载体，而科技和艺术是相通的。艺术创作是人类情感元素的表现，"妈妈的味道"也是。通过烹饪激发出创造力，两者背后的逻辑是相通的。任富佳对这样的愿景充满激情。

接班人说

> 烹饪本身就是创造，它具备所有原创艺术的逻辑，如绘画是不同色彩、笔触的组合，音乐是不同乐器和音符的组合，那烹饪就是不同技法、设备和食材的结合。天下没有一片相同的树叶，妈妈也不可能做出与上一餐完全相同的菜，每一次做饭本来就是妙趣横生的、原创的情感艺术。
>
> （任富佳）

这样的理念帮助他们开发出了更适合中国厨房的厨房电器产品，并且能够满足国人烹饪的多元化、个性化需求。

2024年，任富佳发表关于行业首个 AI 烹饪大模型的讲话

数字厨房电器，智通未来

任富佳还继承了父亲敏锐的商业嗅觉。

老板电器是较早布局人工智能赛道的厨房电器企业之一，通过引入烹饪生成式 AI 模型，构建数字厨房电器内容平台，成功孵化了首位 AI 烹饪助理 ROKI 先生。

2022 年，数字厨房电器的诞生，进一步开启了全新的烹饪生活方式。

对于数字厨房电器的问世，外界曾经有无数的质疑：烹饪这一博大精深的文化，被标准化定义了，是否是社会的进步？做饭这一充满乐趣的行为，被自动化替代了，是否是对人性化的抹杀？每个人都有自己认为好吃的口味标准，机器创作出的统一口味，是否是对烹饪多样性的扼杀？一个传统制造业希望以一个如此高客单的产品扩大用户数，做用户运营，这又是否是个伪命题？

对此，任富佳坚信数字化是厨房电器发展的未来。

接班人说

> 过去很长一段时间里，我们定位自己就是做厨房电器的，所以我们把做出一台性能更好的厨房电器当作最终目的。但后来才发现，用户最终要的并不是产品这个工具，而是通过产品这个介质，来解决他烹饪的问题，来帮助他做出更好吃的饭菜。我们慢慢地理解了为了谋事才要造物，而不是为了造物而造物。
>
> 好的产品一定是能够解放和发展人性的，因此我们做这件事的价值观，绝不是用机器来取代人，而是更好地赋能于人，也绝不想带来对人类生活模式、认知观念、道德伦理的挑战，因为这种人机关系是平等对话、与人为善的，是高度协作的，是润物细无声的。把烦琐与负担交给科技，把温度与乐趣交还给用户。它将成为人类驯良的助手，而不是主宰者和替代者。
>
> （任富佳）

数字厨房电器产品背后最核心的价值理念是对人的尊重。数字厨房电器并不是以自动化替代人，而是对人的赋能。

正是在年轻总裁的带领下，已近不惑之年的老板电器已然成为行业中较具活力和创新精神的企业。

任富佳曾表示"坚信自己肯定不是大家所想的'富二代'"。他定位自己是企业的传承者，将通过持续不断的变革与创新，带领老板电器从本土企业转变为能融入多元文化的企业。

从乡村小厂成长为中国厨房电器龙头企业，再到烹饪全链路整体解决方案提供商，老板电器凭着独有的老虎钳创业精神，不断锐意进取，不断重构自我，将中式烹饪的灵魂注入每一件厨房电器，高质量、高标准打造"浙江制造"，持续为浙江省高质量发展贡献力量。

在任建华看来，外面的世界很精彩，诱惑也很多，虽然产品会变、品牌会变、人会变、内外部环境会变，而唯有企业精神不能变。

今天，"艰苦奋斗"已经不再指物质条件上的"艰苦"，但奋斗的精神永远不会随着时代的变迁而褪色。老板电器的3把老虎钳分别代表着责任、务实、创新，象征着老板人面对机会时的创新，面对风险时的责任，面对资源时的务实。

2023年年底，老板电器进一步提出"烹饪全链路整体解决方案提供商"的全新企业定位，未来将坚持聚焦烹饪、布局多品牌、覆盖全链路、做大生态。

企业新定位的提出，意味着老板电器从过去一家"围绕传统厨房电器硬件研产销的单项冠军"，正在升级成为一家以用户运营为抓手的，以烹饪全链路为边界的，以打造中国式新质生产力为目标的烹饪全链路整体解决方案提供商。

新定位的提出也给老板电器带来了不小挑战。在任富佳看来，家电企业作为硬件生产商，以往普遍缺乏软件能力，他就曾经听到过技术部门的负责人抱怨"招聘软件人员时候，连怎么识别他的能力好坏都不知道"，而在老板电器数字厨电研究院成立之前，老板电器全公司的硬件工程师与软件工程师的人数比例一度是50∶1。为补齐短板，老板电器于2024年3月成立了首家独立运行的成都老板创新科技有限公司，以加快AI烹饪大模型以及数字厨房电器孵化进程。

对任富佳而言，家电行业的未来数字化转型应该走向哪里？如何围绕烹饪全链路进行价值重构？在很大程度上都将是摸着石头过河。但有一点可以肯定，即未来的老板电器一定会选择"科技+人文"的发展路径。今后10年，公司将致力于把数字世界带入烹饪，同时用人文滋养科技，做到关怀人、辅助人、成就人，让烹饪这件事不止于果腹，而是赋予生活一种不可或缺的仪式感，以及人与人之间关系的纽带，成就每个人的烹饪创造自由。

在任富佳看来，时代会变，科技会变，但是人性不会变。人们永远会追求更美好的生活，而这正是老板电器为之奋斗的方向。

坚守民生

放眼近百年的杭州民生医药控股集团有限公司（简称民生医药）发展史，竺福江继任执掌的时代正值国家实行改革开放，社会进行大变革，计划经济向市场经济转变的史无前例的特殊年代。

经历了前所未有的困境、挑战、压力，竺福江凭借着过人的胆识、魄力、坚毅，以及变革、求新、坚守，在汹涌的市场大潮中搏击、搏击再搏击，终于铸就了今天的民生医药。

翻开竺福江近30年的奋斗画卷，一个个震天撼地的故事浮现在我们面前……

▶▶ 历史接棒者

到最艰苦的地方去

民生药厂股份有限公司（民生医药前身）创立于 1926 年，这是中国最早的四大西药厂之一。

近 70 年后，即 1995 年，经过内部公开招聘，39 岁的竺福江以民生医药第六任掌门人的身份接过了历史的接力棒。

1975 年进厂时就"自己要求到最艰苦的地方去，急难险重时每次都冲在前，甚至因此在鬼门关前走过一回"的竺福江，1995 年接手的是一个沉疴在身的传统老国有企业：资产质量差，债务负担重，产品结构不合理，营销疲软，资金困难，设备陈旧，机制不活，冗员过多……

民生医药当时的产品虽然还比较多，但是毛利率很低，效益一直很差。在这种情况下，企业还按上级要求在 1994 年年底兼并了杭州药厂，该药厂当时已实际亏损 865 万元，而且存在较大潜亏可能。

作为民生医药第六任掌门人，竺福江肩上的责任沉甸甸的。他接过前任的接力棒，管理经营这家中国最早的西药厂之一、国家重点医药骨干企业。

当时，社会主义市场经济的大潮已汹涌而来，缺乏生存能力的企业一定会被无情淹没。他夜夜不安眠，当时的压力，没有经历过的人是很难体会的。

"在公司的诸多痼疾中，最致命的应数企业的营销系统。我们的营销理念与市场经济之间，存在营销观念、营销体制和管理、营销队伍整体素质三方面的'不适应证'。1994 年，公司从事医药制剂营销的人员仅有 17 人，而且这些营销人员都没有受过系统的专业培训。销售人员都把客户资源当作自己的私人资产，各自为战，互不交流。整个营销系统呈现出'诸侯割据'的局面，各有各的'势力范围'，水都泼不进，根本谈不上'营销'二字，就是典型的小农经济意识。"回忆起当年的困境，竺福江记忆犹新。

自 1995 年 6 月起，竺福江开始对营销体制进行"手术式的治疗"。招聘工作小组赴全国相关大中城市招聘医药代表，10 个城市的销售办事处先后筹建并开始运作。

同年 12 月，竺福江把制剂销售的功能从制剂药厂中分离出来，单独成立药品销售分公司，并从社会上招聘了药品销售分公司的正、副总经理。"直接从社会上选聘人才并委以重任，这样的做法，要是放在过去的民生医药是根本无法想象的。"竺福江坦言。

销售分公司的正、副总经理确定之后，各办事处销售负责人的调整也就顺理成章了。"人员的调整是在1995年12月26日下午2点整正式宣布的。"尽管已经过去了快30年，但竺福江仍清晰地记得那个时刻。

如此大的人事变动是民生医药历史上前所未有的！事后，有好几位中层干部对竺福江说，大家都为他捏了一把汗，因为动作实在太大了，风险也极大。"其实我自己当时清醒地意识到了这一点，但我别无选择。为了民生医药的整体利益，我必须承担所有潜在的风险！"竺福江说。

到1995年年底，民生医药在全国组建了六大片区、20个办事处销售重点产品，销售人员超过130人，普通药的销售也在全国分设为五大片区。1997年年初，销售人员已超过200人。1996年，公司制剂产品尤其是重点产品的销售额和销售回款均比未改革前的1995年有了大幅增长。

回想起当年不顾一切的果决和坚毅，竺福江心中涌起阵阵豪情："事实证明这样的决定是对的，而且改革一定要有胆略，要勇于承担风险，敢于颠覆传统！"

创始人说

> 这么多年来，面对市场经济的巨大挑战，民生医药在大力调整产品结构的基础上，进行营销体制改革，只有把营销这个龙头舞起来了，整个企业才能活起来。
>
> （竺福江）

改制不等于让员工下岗

1999年9月，中共中央召开十五届四中全会，作出了《关于国有企业改革和发展若干重大问题的决定》，大刀阔斧地开展国有企业改革，打破国企的"铁饭碗、铁工资、铁交椅"，由此拉开大幕。

也是在这一年，杭州市委、市政府为加快国有企业的改革步伐，选定了本市38家企业作为改制的试点单位，民生医药被列为试点单位之一。

从当时的情况看，企业整体改制主要面临两大难点。

一是富余人员多。民生医药作为老牌国有企业，长期以来存在着企业办社会、富余人员多、历史包袱重等问题。分流富余人员是对员工利益的重大调整，如果得不到员工的支持，改制就难以进行下去。尤其是在分流过程中，企业既要对富余人员进行合理安置，又要确保团队骨干的稳定。团队骨干是国有企业多年积累起来的宝贵财富，他们是企业可持续发展的压舱石，在制定相关政策时要有一定的差异性。

二是企业资产盘子大、质量差，净资产回报率偏低，让员工出资有很大难度，改制的风险也相对比较大。

面对企业改制的难点，竺福江决定首先从转变领导班子和员工的观念入手，并制定相应的政策措施，激发员工投身改革的热情，使之成为企业改制的主体和动力。

1999年11月，公司先后举办了面向中层以上干部、员工代表和党员的3个培训班，组织了6场专题讨论会。在培训班上，竺福江用了3个半天的时间，向干部和党员及员工代表讲解党的十五届四中全会精神，以及国有企业产权制度改革的具体要求，并介绍了公司改制的基本框架、主要内容，面对面地回答了出资购股、员工分流等热点、难点问题，同时也提出了希望和要求，有效地消除了员工对改制的模糊认识、思想顾虑以及消极情绪。

"改制过程中，不让一名员工下岗，这是我始终坚持的一个前提。但富余人员必须分流，这也是改制过程中一项避不开也绕不过的难点和重点。"

谈起当年的改制，竺福江对员工的情义溢于言表，心里始终装着员工的他，盘算着如何既完成改制任务，又不让每一位朝夕相处的员工利益受损。

创始人说

> 当时，我在公司有关会议上明确表示，没有一家企业是靠让员工下岗而发展的。我们不搞"下岗"，我们要通过企业的发展来达到提高劳动生产率的目的。
>
> （竺福江）

有了这个明确的原则，公司对员工的分流制定了人性化的措施和优惠政策，即对年龄较大的富余人员进行了科学合理的分流，办理离岗退养的员工可以有多种选择……以上措施和政策得到了多数员工的认同，使得公司陆续分流了各种富余人员480余人。

通过调整和优化，全公司员工只有 1600 余人，差不多相当于 1995 年的一半，而且没有一人被推向社会。员工与公司重新签订了劳动合同，确立了新的劳动用工关系。

在改制过程中，认购股份也是一大难题，尤其是当时公司效益还不是很好，入股的员工担心分不到红。"当时我的心理压力其实也很大，大家出资入了股，如果公司效益不上个台阶，怎么向大家交代呢？而且以后还会给公司带来很大的副作用。因此，经营者带头购股并且持大股，在当时对提振员工的信心很重要，也是确保改制顺利实施的关键。为此，我自己首先购买 300 万股。"竺福江回忆起当年入股的情况时说，"这个数字对我来说是个天文数字，家里人对我的做法很担心。"

由于公司制定的出资方案公开、公平、公正、科学合理，全公司 1600 多名员工于 2000 年 3 月 25 日、26 日两个休息日，就全部完成了 1874.76 万元的出资购股额。

2000 年 4 月 21 日，公司召开首届董事会，民主选举竺福江为董事长，并一致同意聘任竺福江为总裁。4 月 24 日，杭州市工商行政管理局正式核发杭州民生药业集团有限公司法人营业执照。公司改制后，其资本的出资人为国有、经营者个人和职工持股协会三部分组成，注册资本为 8897 万元。改制后的公司成为产

民生医药大楼

权明晰、自主经营、自负盈亏的市场主体。

改制后,公司得到迅速发展,经济效益实现"三级跳"。改制第一年即2000年,利润就突破2000万元,第二年利润突破3000万元,第三年利润超过6300万元,第四年利润突破1亿元大关。公司员工每年都有分红,公司的改制被杭州市政府领导称为让政府、企业、职工"三满意"。

改制后的民生医药,迎来了史上发展最快也是最好的时期。

改变我们自己

2000年5月,公司完成产权制度改革和用工、分配、用人制度创新后,面临着一个新的发展契机,"但是员工的思想观念、习惯势力、行为方式却一时难以改变,民生医药仍然存在着许多老国有企业的通病:工作效率不高,创新意识淡薄、员工缺乏危机意识和竞争意识",竺福江对于当时人员方面的痛点一针见血。

人在企业发展诸要素中处于主导地位,起着决定性作用。他意识到,企业要发展,每一个员工的思想必须转变,不改变思想,无异于等死,落后的僵化的思想观念如果不经受市场经济的冲击和洗礼,企业就会缺乏创新力和核心竞争力,也只能面临被淘汰的命运。

2001年8月,竺福江在集团公司中高层管理人员培训班上,首次提出了"改变我们自己"的创新理念。不久,他又分别在公司预算大会,党员、班组长骨干、员工代表、分工会主席等培训班上,多次作了"改变我们自己"的创新理念报告。

竺福江明确告诉员工:"如果现在你认为已经没有什么可以改进提高的话,说明你离淘汰已不远了。"

创始人说　　　人不变,脑袋要变;脑袋不变,只有变人。

(竺福江)

在提出"改变我们自己"创新理念的同一时期,全球畅销书《谁动了我的奶酪?》也在杭州各大书店热销。该书所倡导的,正是面对瞬息万变的外部形势以变应变的理念。竺福江买到这本书,并在书本的扉页上写上"改变我们自己"6个字和自己的名字,送给每一位中高层管理人员。之后,100多名管理人员都写了心得体会。

从实际效果看,"改变我们自己"理念的提出是民生医药的一次"思想革命",极大地促进了员工的观念创新和公司各项工作的创新,为 2002 年至 2006 年公司的实现跳跃式发展战略创造了条件。2002 年,公司利润是改制前 1999 年的 5 倍多。

一家具有近百年历史的公司如何始终保持活力?竺福江认为"就像人的细胞一样,始终要新陈代谢才能永葆青春。企业不创新不变革就无法适应不断变化的内外部形势和环境"。30 多年来,从观念到战略、组织、机制、产品、金融,民生医药始终奔跑在求新变革的路上。不论是企业逆境还是顺境时,竺福江始终秉持"改变我们自己"这一理念。

2017 年 11 月,竺福江与其他 14 位知名浙商共同获得"2017 全球浙商金奖"。在接受记者采访时他表示:"只有产品能一直满足市场的需要,一家公司才有发展的生命力。消费者和市场永远是在变化的,我们也要坚持不断地变化才可能去满足、去适配。新时代的浙商关键还是要创新,只有通过创新才能够转型升级,使公司得到进一步的发展。"

响当当的"21 金维他"

经过改制、改革后,公司实力大增,具备了超常规快速发展的条件。

2002 年,竺福江提出"跳跃式发展战略"构想,其核心就是品牌战略。他决定从打造多维元素类产品"21 金维他"这只品牌产品入手。

为了把"21 金维他"商标品牌完完整整地保护下来,竺福江亲自带领团队经历了整整 20 年的"维权"之路。

前些年,曾任卫生部部长的陈竺说过:"对一个 13 亿人口的大国而言,群众的健康问题不能光靠打针吃药来解决,必须强调预防为主。"健康教育专家也讲到,对中国人来说,前期体检、预防投入 1 元钱,至少可节约八九元的医药费,相应还可节约 100 元的抢救费。

而通过服用多维元素类产品来保证人体每日必需的营养,是非常必要的也是非常科学的。中国很多地区人均寿命要比过去大幅提高,与这些年来人们保健观念的转变有很大关系。

"21 金维他",这个 20 世纪 80 年代中期根据中国人健康需求而研制开发的多维元素类自主产品，由于缺乏对品牌资源的开发、利用，当年并不被国人所熟知，上市近 20 年，其销售额始终在每年几千万元徘徊。

为改变这种局面，竺福江决定斥资 2000 多万元，组建"21 金维他"质量标准提升攻关小组。经过努力，"21 金维他"的质量标准不断改进和完善，从原来只检测 3 种元素，到检测 11 种成分，再到实现 21 种成分全检。这是国内首个实现全检的同类品种，质量标准与国际接轨，与在国内同台竞争的美国品牌"善存"和"施尔康"质量标准一致。

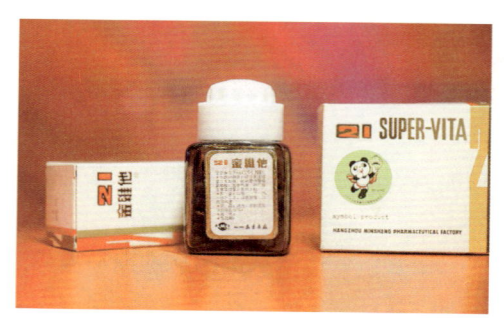

"21 金维他"产品旧照

由于切实提高了科技含量，"21 金维他"连续多年获得浙江省高质量医药产品称号，质量标准由地方标准上升为国家标准，最终多维元素类产品在《中国药典》中以民生医药的"21 金维他"作为质量标准。

与此同时，民生医药对"21 金维他"品牌进行了大量宣传引导。通过广告、讲座等扩大产品知名度，引导和改变消费者健康理念。经过连续几年的大规模宣传引导，再加上营销手段的独特与创新，2004 年，"21 金维他"销售额已达到 7 亿多元，创下了多维元素类产品销售的奇迹，"21 金维他"也因此获得了中国医药十大营销案例和中国行业十大影响力品牌等荣誉，同时还被国家工商行政管理总局评审委员会认定为中国驰名商标。2005 年，"21 金维他"又被世界品牌实验室以 9.28 亿元的品牌估值评选为"2005 年度中国 500 最具价值品牌"，这是当时中国入选的第一个也是唯一一个多维元素类产品。

可以说，"21 金维他"品牌战略的成功实施，为民生医药的跳跃式发展奠定了坚实的基础。

跳跃式发展战略实施后，民生医药的经济指标快速增长。2004 年，民生医药的销售规模首次突破 10 亿元；2003 年至 2006 年，实现利润连续 4 年超亿元；2004 年至 2008 年，每年上缴税金均突破 1 亿元。

创新发展是企业的第一要务。多年来，竺福江十分重视产品的研发投入，规定各子公司的研发投入费用不得低于销售收入的 5%—10%，超过部分作为当年的实现利润，不影响团队的年终奖励。民生医药在经历了集中采购降价的情况，大量的新品补充，保持了公司经营平稳增长。健康药业从原来的"21金维他"单一品种，现在已经形成了多品类近100个品规的品种。

▶ 传承有"良方"

传承的核心是文化

如今，民生医药已发展成为以医药产业为主业，同时涉足金融投资、实业投资领域的现代化产业投资集团。集团下辖民生药业、绍兴民生、健康药业、民生立德等8家控股、参股制药企业，形成了"3+1"业务板块：一是以制剂、原料药为主的制药业务；二是以"21金维他"为代表的保健品业务；三是以种植牙及牙科器械为主的医疗器械精密制造及医疗服务（连锁牙科诊所）业务，加上动物保健产品。其中，绍兴民生医药在新三板挂牌，民生健康药业在创业板上市。

经过30年的坚守、重塑、创新和发展，竺福江将公司带入2013年中国化学制药行业工业企业综合实力百强、2023中国化药研发实力100强，获商务部"中

2023年9月5日，杭州民生健康药业股份有限公司登陆深圳证券交易所创业板

华老字号"、浙江省"金牌老字号"称号。竺福江本人也先后荣膺多个荣誉：中国医药杰出企业家、中国自我药疗产业发展杰出贡献人物、中国品牌建设十大杰出企业家、中国非处方药行业发展三十年"十大突出贡献企业家"、中国医药"60年·60人"、浙江省优秀党员、浙江省劳动模范、浙江省改革开放30年功勋企业家、2016年度"风云浙商"、2017年度"全球浙商金奖"……

时间过得很快，竺福江坚守民生医药已快50个年头了。和许多民营企业老一辈的创始人一样，这个时候，竺福江也会考虑这样一个问题：企业该如何传承？

竺福江认为："目前，民营企业传承成功率不高的原因至少有两点：一是子女没有经历过父母辈的艰苦奋斗时期，加上接受的教育背景不同，在文化理念、管理理念和方法上与父母辈存在很大的差异；二是子女的兴趣爱好与父母辈不同，不愿意接手父母辈的事业，想做自己喜欢做的事情。当然，还有基于员工的认同、社会的认同和业内的认同等各方面的原因。"

创始人说

> 传承是民营企业家走向真正成功的最后一公里。传承不是简单的继承、移交和接班，而是要在创新中传承，在传承中创新；传承也不是一个人的传承，而是一个团队的传承。传承主要体现在企业文化、精神的弘扬传承；创新主要体现在产品、理念、体制和机制的不断创新。只有新一代人比我们做得更好，我们这代企业家才能说真正成功了！
>
> （竺福江）

日本东京一家工商调查公司曾发表的一份报告显示，在日本，超过100年的"长寿企业"达到2万多家。日本能够拥有数量如此之多的"长寿企业"，而且历经不同的社会经济制度都不衰亡，在调查者看来，这种罕见的现象只能用文化来解释。一方面，日本的文化基因在企业经营者身上得到了代际传承；另一方面，这些企业对事业的专注和对传统的尊重，又渗透到日本社会中，成为文化的一部分。

实际上，世界上的百年老店均有着它们始终坚持的文化和传统，也正是这种文化之魂，最终造就了企业生命的延续。企业文化的本质，就是企业的目标和员工的愿景相一致，是无须提醒而自觉践行的精神支撑与价值取向。

竺福江也认为，企业要做到可持续发展，核心就是它的文化能够根植于每个员工的内心世界，以至成为大家的自觉行动。企业里的人会一茬又一茬地换，但其灵魂——企业文化，也就是企业精神、价值理念、优良传统，一定会世代相传。

这不是选择，是责任

对于是否由自己的儿子来接班，竺福江坦诚地向各方征求意见，尤其是几位主要股东的意见。结果大家都希望由他儿子来接班。

竺昱祺，竺福江的独生儿子，1985年出生，毕业于加拿大卡尔加里大学，金融学学士。毕业后，他曾在多伦多的法国赛诺菲疫苗公司担任财务分析师。

除了儿子接班，竺福江别无选择。2013年年初，竺福江下定决心把儿子从加拿大召回，并于当年10月让其担任特别助理。竺福江第一次找儿子谈话的时候，就这样告诉他："这是决定，不是征求意见；这也是责任，你要勇于担当；你不代表你自己一个人，而是代表整个企业。你的格局不仅限于你的个人利益，你将承担发展企业、贡献社会、造福员工的历史责任，你还将肩负起续写这家百年企业第二个百年史的神圣使命！"

儿子身上的优点，竺福江看到了，还是比较赞赏的：一是平时不张扬，二是懂得尊重别人，三是热爱这家企业。

近10年来，儿子跟着父亲一步步地熟悉公司的经营，学习如何经营企业。2016年，竺昱祺担任民生医药副总裁，主管集团资本业务。2021年，他接任父亲的总裁职务，同时担任子公司的董事长，跟进、协调公司的日常经营，特别是在他的关注下，最终促成了2023年子公司健康药业的成功上市。

"传承"不是单向的，而是双向的。作为新生代传承人的竺昱祺说："有两点从我父亲那里映射出来的东西是十分可贵的，第一是始终保持满满的正能量。"从他有记忆起，父亲就总是忙于工作，把工作放在第一位。父亲特别强调，做人首先要有正确的人生观和价值观，他感觉自己一直是在红色教育下成长起来的。"第二是强烈的责任感。父亲经常说一个人必须具备两个最基本的素质，一是有责任心，二是勤奋。"竺昱祺觉得，这两个方面是父亲最宝贵也是最重要的精神财富，将会影响自己的一生。

当竺昱祺和未婚妻准备登记结婚时，父亲专门找他俩谈了一次话。他当时问了竺昱祺未婚妻一个问题："祺祺将来要在公司接我的班，管理这家企业，在他身后维系着几千名员工的利益和命运,责任非常重大,很大部分精力会放在工作上,在照顾家庭方面可能会有影响,你会接受这样的现实吗?如果你能接受,我会同意你们结婚。"

在传承中创新

竺昱祺认为,"尊重"是传承中非常重要的品行。作为一家有近百年历史的老企业,有很优秀的传统文化,是企业长期积累并延续至今的宝贵的财富,是企业的魂。

企业的核心理念就是"提供优质产品,成就他人健康",从民国时的"利济群伦"到现在的"创优创新,造福人类",以及公司一直坚持的基本准则,即三条"红线"——产品质量、安全生产、环境保护,三条"底线"——拥党爱国、依法合规、忠于企业,三个"永不"——永不抱怨、永不放弃、永不等待。还有民生医药的员工和骨干团队,都是企业的宝贵财富,能让人感受到他们对企业的热爱和执着。

父亲经常对竺昱祺说,民生医药历史上经历过很多大的挑战,特别是企业整体改制和两次大的整体搬迁,遇到的困难是前所未有的。"我们之所以都能挺过来,靠的就是我们这支员工团队,尤其是党员、工会等骨干团队。他们都是我值得尊重的同事。"

"传承不是简单的继承,更不是职务、权力的转移,要在创新中传承,在传承中创新。作为老企业固然有很多优势,但同时也需要不断与时俱进、创新发展。"

民生医药下属有很多子公司,过去往往习惯于各自为政,长期以来集团内部资源不能得到有效整合,竺昱祺提出实行集团"一体化战略",并建立了相应的机制,收到了良好的效果。

接班人说

在创新发展的经营实践上,父亲对我非常支持,比如进一步加大产品研发投入,加快数字化、智能化转型升级,以"四新"(新产品、新模式、新项目、新业务)促增长等等,这些举措都将会在今后企业的发展中体现出实效。

(竺昱祺)

民生医药临平厂区鸟瞰图

　　为了确保顺利传承，竺福江在体制机制上也作了安排。他把企业传承变成全公司的事，而不是个人的事，要求民生医药的团队做好传、帮、带，并且把这个任务落实到每一个人头上，让竺昱祺能够做到有事和大家多商量、多讨论、多交流。他利用"民生创新学院"这个平台，举办青年骨干管理班，让竺昱祺亲自带班，增强和青年骨干的紧密联系，为民生医药新生代整体传承奠定基础。

　　竺福江认为，传承的方式方法并非单一的，要考虑到每个企业、每个实控人的实际情况；从根本上讲，传承的目的只有一个，那就是如何确保企业健康、可持续发展，这也是企业传承的最主要或者说是唯一的目的。

　　企业传承最重要的还是要在制度安排上、治理结构上和机制设计上下功夫，尽可能减少由于人为因素给企业传承造成风险。所以，社会化、职业化、专业化传承应该也是企业传承的重要选择和方向。

▶ 百年民生梦

民生医药即将迎来100周年"诞辰",纪念日定于2026年的10月18日。

2024年1月22日,公司举行了倒计时1000天启动仪式。为此,竺福江亲自为民生医药100周年写了一首歌,歌名是《一起向未来》,专门请浙江音乐学院的老师谱了曲,以激励公司全体员工携手团结,积极向上,一起奔向美好的未来,目前这首歌正在公司内部传唱。

歌词内容展现了民生医药的过去、现在和未来,同时也寄托了竺福江对儿子、对民生人传承创新的殷殷希冀和厚望:

有过风,有过雨,我们风雨兼程;有过喜,有过泪,我们一同走过;心连心,手牵手,我们薪火相拥;同呼吸,共命运,"民生"代代相传。激发我们的热情,唤起我们的激情,用我们的执着成就您的健康。坚守我们的信念,传递我们的温暖,用我们的爱心点亮您的未来。相信自己,相信明天,紧随时代的步伐,不放弃、不抱怨、不等待,我们一起向未来!

离民生医药成为百年企业还有两年多,"百年百亿"的全新发展蓝图已跃然纸上。

民生医药坚持"创新驱动,健康经营"战略,瞄准大健康领域,持续培育发展新质生产力;继续加大药品研发投入,集团下属主要公司的研发投入要达到销售收入的10%,努力打造成为研发型医药公司;争取更多的子公司能够上市,通过上市融资迅速做强、做大,在市场竞争中取得产业优势,抢占行业制高点,并实现企业的社会化、规范化和公众化,形成规范管理以及合理的激励机制;加强企业文化的宣传贯彻,使文化内化于心外化于形,成为企业做久做强的精神之魂;积极推进数字化转型,用数字化运营、数字化管理为民生医药第二个百年和未来赋能。

竺福江和竺昱祺真的很热爱"民生",热爱它的团队和员工。美国凯雷集团创始人大卫·鲁宾斯坦说,一个人的成功,就是把喜欢的事做到满意。竺福江的满意,就是不仅自己曾经取得了辉煌的成就,而且在自己退下来以后,企业仍然发展得很好,甚至更好。这样才能说,竺福江真正成功了!

基业长青的"舜宇解法"

"你不想让儿子接班,让他做个课长、部长什么的总是可以的吧?"

"没办法呀,不管是什么职务,我只要一提拔他,别人就会认为,王文鉴要培养他的儿子接班了。"

这样的日常对话中,王文鉴貌似平静的语气隐含着深深的无奈和对儿子的歉疚。

这就是他在坚持自己认定的道路中所必须作出的牺牲,没有任何理由,没有任何回旋,有的只是义无反顾。

追梦"光电世界"

30年前，聚焦相机镜片生产；

20年前，切入手机镜头赛道；

10年前，布局车载镜头等领域……

在王文鉴的带领下，舜宇光学科技（集团）有限公司（简称舜宇）每一步都踏准了时代的节拍，依靠小小的镜头产品，步履维艰但却坚定扎实地一步一步成长起来，只用了40年的时间，就壮大成为年销售额近400亿元的中国光学龙头企业，成为闪耀在世界东方的"中国光电之星"。

一声振聋发聩的春雷

创始人说

> 回忆我们的追梦之旅，首先要感谢小平同志发出"科学技术是第一生产力"那一声"春雷"。
>
> （王文鉴）

1947年6月，王文鉴出生在宁波市余姚县（现余姚市）城北公社谢横江的一个贫寒农民家庭，他是长子，下有三弟一妹。他从小刻苦读书，考上了当地最好的学校余姚中学后，很快就展现出了不凡的组织和领导能力，成了十里八乡的风云人物。

20世纪80年代初的余姚，办厂已蔚然成风。胶木厂、塑胶厂、五金厂、冲压件厂遍地开花，唯独没有科技型的工厂。

当时的余姚县粮食局正和城北公社谈合作，粮食局一位老师傅与浙江大学光学仪器工程学系（简称浙大光仪系，现浙江大学光电科学与工程学院）的一位老师是同学，而浙大光仪系在全国的知名度高，城北公社通过老师傅与浙大光仪系取得联系，表示了要办一家光学仪器厂的愿望。浙大本就有一家下属的光学仪器厂（简称浙大光仪厂），正想扩大生产，于是一拍即合。

合作意向达成后，城北公社开始在全公社范围内物色管理人选，最后选中了在余姚电容电器厂当质检员的王文鉴。这时，王文鉴已36岁，虽然只是一名村办企业的质检员，但从联系业务到组织生产，厂里的大小事务几乎都有他忙碌的身影，展现出了超强的工作能力。

1983年9月，王文鉴带领8名应届高中毕业生，作为第一批技术骨干，前往浙大光仪厂学习光学冷加工技术。由于条件艰苦，其间有学员因坚持不住而退出，后来城北公社又挑选了两批学员，前后共17人参加了浙大光仪厂的培训。

去浙大培训前，王文鉴给城北公社提交了一份《关于增建（筹建）光学仪器厂的规划报告》，对厂房、设备、资金来源和光学仪器厂最初3年的发展方向作了初步的规划，厂名就叫作"余姚县城北光学仪器厂"。为了尽快起步和便于管理，城北公社决定由余姚县城北胶木厂来带新成立的光学仪器厂，即以一套班子、两块牌子的形式运作。

1984年7月，第一批培训人员学成归来。王文鉴从银行借得6万元，又通过个人集资的方式招收了十几名员工，打算把光学仪器厂从胶木厂独立出来。

余姚当时已有泗门镇办的"余姚光学仪器厂"，县乡镇企业局批准"余姚县城北光学仪器厂"更名为"余姚县第二光学仪器厂"（简称余姚二光厂），这一天也就成了舜宇正式成立的日子。

一则奠定方向的信息

创始人说

> 在我们方向迷茫、前程莫测的危急时刻，正是杭照所一则关于相机行情的信息，奠定了我们企业前进的方向。
>
> （王文鉴）

工厂办起来了，可问题也接踵而至。经过改革开放最初几年的飞速发展，到1984年国内通货膨胀率直线上升。这一年11月，国务院发出通知，要求各地各部门严格控制财政支出，控制信贷投放。在这样的背景下，国内光学行业的发展变得慢了下来，原先浙大光仪厂答应的加工业务也泡了汤。工厂未来到底朝哪儿走？眼下如何打开局面？这些成了工厂开张后首先需要解决的难题。

这时，一个关于照相机需求的信息，为他们打开通往未来之门。原来，浙江照相机一厂厂长楼国新是王文鉴的朋友，跟当时的国家机械工业委员会杭州照相机研究所（简称杭照所）所长陈怀寿熟悉。于是，王文鉴通过楼国新找到了杭照所情报室主任李康。

基业长青的"舜宇解法" 111

"你们来得正是时候！"听了王文鉴的来访意图后，李康热情地介绍道，"眼下我们正在编写全国照相机行业的 15 年长远规划，根据我们研究所对全国照相机市场的深入调查研究，预计到 1990 年，全国的照相机产量为 270 万架，而市场需求量将达到 770 万架，你想想看，这将是一个多么巨大的市场啊！"

听了李康的介绍，王文鉴感觉眼前豁然一亮："是啊，随着人民生活水平的不断提高，未来的照相机市场必将迎来很大的发展，这对余姚二光厂来说，不正是一个巨大的福音吗？以我们的条件，正好可以生产照相机的镜片和镜头啊！"

杭照所不愧是全国照相机行情预测方面的权威机构，一条照相机需求的信息，就让王文鉴这个彷徨在起步阶段的创业者醍醐灌顶、茅塞顿开，从此有了明确的发展方向。

一次决定生死的试制

1986 年的整个上半年，王文鉴都在全国各地跑业务，但照相机镜片的订单下降，工厂生存受到严重威胁。朋友们看出工厂的经营难度，劝王文鉴道："不行就把厂子关掉算了。"

面对重重压力，王文鉴的心里怎么可能不焦急，但他从来没在众人面前流露出一丝的灰心和气馁。他把厂里的员工召集到一起，充满激情地动员道："只要有百分之一的希望，我们就要做百分之百的努力！"

说完，他又打起精神跑到外地寻找客户去了。可是，破冰之路异常艰难。几个月下来，王文鉴不知跑了多少家企业，还是到处碰壁。有些厂家起先还有合作意向，可一了解到余姚二光厂的现状，马上就改变了态度。

在王文鉴焦头烂额的时候，杭照所又带来了一条重要信息：天津照相机公司（简称天照公司）正在扩产，需要镜头。

当时，天照公司是全国照相机行业的顶尖企业，大名鼎鼎，根本不愿与"老乡"（乡镇企业）合作。王文鉴通过杭照所穿针引线，请天照公司派人来余姚考察，同时接受考察的还有上海和南京的两家厂。

第一次考察，天照公司来的是一个科长。考察结果是论条件舜宇最差，可因为是杭照所介绍的，天照公司不好立马拒绝，便由厂长梁庆晨再次来余姚考察。这次出面接待的是余姚市市长，考察团看到余姚二光厂虽小，却有杭照所帮忙介绍，又有当地市长重视接待，因此答应再给次机会。

但尝试合作的条件十分苛刻：1986年10月25日双方签合同，余姚二光厂要在1987年1月10日前交付1000套东方S4相机镜头的镜片，如果按时交货，质量合格，天照公司会再给3万套订单，否则，他们不再和余姚方合作。

在"三无"背景下获得了宝贵的试制机会，王文鉴立即通过"三管齐下"把三无变成"三有"：第一，说服胶木厂领导把他们的仓库变成自己的车间；第二，立即到北京从一家已停产的日资企业购买了与产品要求配套的二手精磨、抛光设备，运到余姚后连夜安装调试；第三，聘请老师傅用新的工艺技术进行样品试制攻关。

创始人说

> 企业和人一样，最关键的地方只有几步。我们对天照公司产品的试制成功，就是企业诞生后决定命运的关键一步。
>
> （王文鉴）

通过70多天夜以继日的艰苦努力，余姚二光厂终于如期完成了1000套的产品制作任务。为了保证质量，王文鉴从上海海鸥照相机厂请了老师傅对待送的产品进行逐套检验，并提前一天送到天照公司，经检验质量全部合格。天照公司的领导由衷地夸赞道："真没想到，你们乡镇企业还是挺厉害的！"

于是，余姚二光厂成功拿下了天照公司的3万套镜片订单，渡过了工厂开张后最严峻的考验，并为后来与天照公司长期合作奠定了基础，企业也正式走上了发展的快车道。

一个凝聚人才的良方

2001年，王文鉴到香港出差。在一场饭局上，几位香港客商朋友要他说出自己在公司里到底占有多少股份，意思是如果他的股份占得大，企业才靠得住，大家才信得过。

王文鉴说："我的股份有多少，你们是想不到的，但有一个道理可以向你们公开，这就是钱散人聚、钱聚人散。我白手起家办企业，现在企业办得这么大，我要百分之六七十的股份，都是可以得到的。但是，股份都归我，别人都来为我打工，谁会诚心诚意为企业出力？如果有报酬更高的企业招聘他，他就会离我而去，这就是钱聚人散。我认为,企业的财富是大家共同创造的,利益应为大家所共享。员工的命运和企业联成一体,才能万众一心、风雨同舟,这叫作钱散人聚。"

王文鉴这么一说,朋友们都表示佩服,一起站起来和他碰杯,表示要继续和舜宇好好合作。

舜宇实践"钱散人聚"的理念,可以追溯到1994年。随着全国各地都掀起了企业股份制改造的热潮,舜宇作为宁波市企业股份制改造试点单位,在1994年的上半年实施改制。

创始人说

> 人有基因,企业也有基因,我们把"钱散人聚"的产权制度作为舜宇基因,不断进行改造和优化,于是舜宇拥有了一支堪称能干的人才团队。
>
> (王文鉴)

企业改制的要求是建立现代企业制度,实行"产权明晰,权责明确,政企分开,管理科学"的16字现代企业规范。产权如何明晰?改制企业可以有两种选择:一种是产权向主要经营者及其家族成员集中,即经营者持大股;一种是由员工按贡献大小量化配股,即全员持股。王文鉴在反复比较后,选择了当时较少企业采用的后者,把公司产权进行配股和量化,使1993年年底以前进入公司的350多名员工都拿到了自己的股份。

王文鉴说:"企业资产是员工共同创造的,应该由创造这些资产的员工共同分享。企业创始人和主要经营者持股比例适当,有利于平衡员工心态,调动多数员

舜宇优秀人才表彰大会

工积极性，也有利于留住我们想要留住的人才。"

后来，舜宇又几次进行股权结构的优化。过了几年，又把股份落实到403名自然人。其中大规模的，如2003年，舜宇建立人才评价与激励制度，对被评为优秀人才的舜宇员工进行股权激励，至今"舜宇优秀人才"1400余人次获得奖励股份共2950多万股。

2010年，舜宇又用1亿股上市公司的股票激励公司中层以上干部和舜宇优秀员工，208人获得股份4688万股。

2015年，舜宇又把股权的受益面扩大到课级基层管理者和具有工程师职称的专业技术人员。

截至2024年上半年，先后有6500多名员工获得公司股权超过5亿股，造就了一大批百万级、千万级甚至超亿级富豪，但王文鉴的股份占比只剩下约3%。

一个聚讼不已的战略

创始人说

> 管理大师杜拉克曾形象地指出："没有战略的企业，就像流浪汉一样无家可归。"当年我读到这句话时，感到很奇怪：难道他到过我们企业？
>
> （王文鉴）

2013年的一天，王文鉴的同学告诉他，乘火车时，遇到一个陌生的旅客正在火车上和他的旅友介绍自己的"名配角"战略。

他的同学问："'名配角'战略是舜宇的，怎么是你的啦？"那旅客说："当然是舜宇的，可是我把它拿来变成我的战略，不是很好吗？"

听了这个故事，往事桩桩在王文鉴心头浮起。

2004年，舜宇为什么要把当"名配角"提到战略地位？原来，公司经过多年快速发展后，从20世纪末开始陷入了长达数年的徘徊。1998年销售额为2.4亿元，到2003年仍是区区3.8亿元。是什么阻碍了舜宇的发展？

那几年，王文鉴一直冥思苦索。经过反复思考分析，他意识到阻碍发展的根本原因不是治理结构，也不是资金、技术和市场，而是缺乏明晰的战略定位和发展思路，导致内驱力不足。

王文鉴请上海的管理咨询公司帮助舜宇做战略咨询，通过宏观分析和微观解剖，于 2004 年提出了"名配角"战略。

"名配角"战略首先是指它的"主角"是国际光电产业著名的跨国公司，具有全球的影响力和知名度，而"配角"要与"主角"结成一种战略合作伙伴的关系；其次，"名配角"战略是指"配角"自身具有很高的知名度和美誉度，并在全球范围内拥有影响力；再次，"名主角"的标杆是 IT 领域的微软，光学领域的蔡司、徕卡等这样的世界著名公司。通过反复宣传，该战略终于在内部得到了广泛认同。

"名配角"战略实施，显示出了巨大的威力。20 年里，舜宇销售额从 4 亿元涨到了近 400 亿元，实现了百倍的增长。

截至目前，全球光学领域几乎所有国内外知名企业，都成了舜宇的"名主角"；而舜宇也真正成了他们的核心供应商，"名配角"的地位已然实至名归。

一次经营决策的难题

2010 年 12 月底的一个晚上，一位朋友给王文鉴打电话，说他手里有一笔非常利好的生意。第二天这位朋友来公司，详细介绍了这笔生意：原来是一个潜在利益非常巨大的房地产项目。他的一位台湾朋友在辽宁鞍山开发一个集住宅、商业、休闲娱乐于一体的城市综合体，已谈妥 3000 亩土地用于开发。但首期 1000 亩土地款超 10 亿元须一次性付清，而台湾客商首付款有 5 亿元的缺额。预测首期开发完成后，该项目的利润可达 30 亿元以上。"退一步说，土地价格极其优惠，到手后转让也可以让价格翻番。机会难得，希望舜宇抓住！"

对于光学制造企业来说，这个项目的利润确实"十分惊人"。而 2007 年上市以后，舜宇尚有若干资金积累，正在寻找好的项目。王文鉴决定对此作进一步研究。

讨论中，管理层的看法出现了分歧。有的认为，这可是天赐良机，进入房地产行业，对发展壮大公司是大好机会；但有的认为还是应该坚守主业，做熟悉的事，在光电行业的上下游延伸。王文鉴专程带队去作了实地考察，回来后又与管理层多次商讨，思虑再三，决定放弃。

当王文鉴把决定告知介绍项目的那位朋友时，对方喟然长叹："有钱不要，不可理喻！"

创始人说

> 机会和陷阱，似乎判若云泥，但许多时候它们却是孪生姐妹。许多"难得的机会"，使企业的经营决策变得痛苦万分。
>
> （王文鉴）

做企业的人，对于"来钱快、赚钱多"的好事，说不动心是假的。所以这次放弃，从决策而言很是艰难。但王文鉴坚持，舜宇要做战略驱动的投资，慎做机会驱动的投资；要持之以恒地在光电这块土壤上精耕细作，创新提高，以健康经营谋取永续发展。

在王文鉴的带领下，舜宇始终坚持"有所为有所不为"的原则，始终围绕"光电产业"加减并举求发展：用"减法"，剥离非相关、非熟悉的产业；用"加法"，专注光电主业，不断将产业做强做大。

正是如此，经过40年的奋斗，舜宇从当初仅靠6万元贷款、4间厂房和8名高中毕业生起步创业的小公司，发展成为拥有员工2.9万余名、总资产超过500亿元的全球领先的综合光学零件及产品制造商，在特种镀膜技术、自由曲面

王文鉴（中）获评"改革开放40周年·时代甬商"

基业长青的"舜宇解法"　117

技术、连续光学变焦技术、超精密模具技术、硫系玻璃材料开发应用技术、嵌入式软件技术、3D扫描成像技术、三维超精密振动测量技术、新型封装技术等核心光电技术的研究和应用上处于行业先进水平，其中车载镜头的市场占有率连续多年位居全球首位，手机镜头、手机摄像模组的市场占有率位居全球第一。

从2015年起，舜宇蝉联《财富》中国500强榜单，2020年首次跻身中国企业500强，2023年位列中国制造业企业500强第335位、中国民营企业500强第379位、中国民营企业制造业500强第250位，获得了全国双爱双评先进企业、全国和谐劳动关系创建工作先进集体、全国模范职工之家、全国厂务公开民主管理先进单位、浙江省先进基层党组织等荣誉。

在企业获得多项荣誉的同时，作为企业的创始人，王文鉴也被党和政府给予了很高的荣誉。他先后被授予中国经营大师、全国乡镇企业家、浙江省改革开放30年创业创新突出贡献优秀企业家、"改革开放40周年·时代甬商"等荣誉称号。

▶ 求变与不变

舜宇是一家积极求变的民营企业，诞生在中国改革开放的求变时代，历经"两个转变""转型升级""战略跨越"，终成国内光电行业"隐形冠军"。

舜宇又是一家主动"不变"的民营企业，从创业伊始，就坚持走现代企业之路，"名配角"战略坚定不移，用专心、专业、专注聚焦单一业务的国际化发展，"钱散人聚"和"防止家族化"的理念始终贯穿企业经营实践。

创业奠基（1984—1993年）

20世纪80年代是一个春风浩荡、激情飞扬的时代。王文鉴胸怀凌云壮志，率领激情燃烧的8位高中毕业生，雄赳赳气昂昂，跨过钱塘江，走进浙江大学的光学培训基地，培育了舜宇人的光学基因。

在工业经济市场竞争的赛场，资金、技术、市场等无疑是创业奠基的柱石和生存的命脉，然而舜宇却是"三无"企业，即无资金、无技术、无市场。

在企业迷茫、百废待举的关键时刻，王文鉴胸怀必胜信念，高唱"四千"精神之歌，硬是在整个光学行业十分萧条之际，找准了突破口，成功跻身照相机行业。

随之，为了解决初创期资源紧缺、技术不足、渠道封闭等困境，王文鉴果断采取"横向联营"策略，先后与天照公司、江西光学仪器总厂、杭照所合作，获得企业生产所需的资源、技术、市场。

1988年下半年，全国照相机厂多达46家。王文鉴冷静分析市场，敏锐觉察到市场将起变化，及时提出了"两个转变"（由单一的国内市场转变为国内和国外市场同时并举，由单一的元部件加工转变为元部件加工和整机加工同时并举）战略，对产品和市场重新布局，并与浙江大学创造"你设计，我生产"的合作模式，开发了一系列高品质的显微镜、望远镜、光学镜头等产品，并抓住中外合资重大战略步骤，产品远销日本、美国、加拿大以及欧洲等地，公司经营业绩实现连年翻番。

成长探索（1994—2003年）

十年创业使企业达到一定规模，进行体制改革创新、建立现代企业制度，则成了企业继续发展的关键。1994年，已成为余姚境内效益数一数二企业的舜宇被列为宁波市现代企业制度试点单位，要求进行产权制改造。

人有基因，企业也有基因。王文鉴把产权制度看作企业的基因，不断地进行优化。

在产权制度改革中，王文鉴并没有参照大部分企业的做法，由经营者自己持大股，而是按照员工工龄长短、职务高低、贡献大小量化配股。包括工勤、保洁人员在内的所有企业员工，都在一夜之间成为股东。而作为当家人的王文鉴，所持的股份，竟只有6.8%。

主人翁意识和责任意识，在企业面临危机的关键时刻，往往能发挥出扭转乾坤的力量。

1997年秋，亚洲金融危机爆发，并迅速波及全球，中国出口企业首当其冲。舜宇的客户订单急剧下降，对公司存亡带来了严峻考验。王文鉴连夜召开董事会，制定6项决策，有效抗击亚洲金融危机。舜宇的各项经营指标不但没有下降，反而取得大幅增长，自营出口增长83%，其中最关键的因素就是自主开发的扫描镜头获得巨大成功，在国内捷足先登，并迅速成为公司当时的主打产品。

在新旧世纪交替之际，王文鉴又提出了"两个转变"：在产品方向上，从单

2007年6月,舜宇在香港联合交易所有限公司(香港联交所)主板上市

一的传统光学转变为传统光学与现代光电同时并举;在经营方向上,从单一产品经营转变为产品经营与资本经营同时并举。

在此基础上,舜宇实现了光学冷加工3项关键技术的突破,成立工程技术中心,从加强软件入手集聚人才,并开始积极准备上市。

转型升级(2004—2013年)

舜宇参与全球竞争的经验使王文鉴深知,已成为全球市场一员的舜宇,不能始终以"游击队"与国际的"正规军"作战。

在业绩徘徊之际,王文鉴聘请专业公司进行战略咨询,决定以"名配角"战略作为舜宇发展的基本战略。实施"名配角"战略,实际上就是国际化战略,把自己打造成为国际知名跨国公司的战略合作伙伴的道路,就是国际化经营之路。

2006年,王文鉴洞察大局,敏锐发现市场战略机遇,带领舜宇大举进军手机业务,迈进红外光学领域。

2007年6月,舜宇在香港联交所主板上市,成为国内第一家在境外上市的光学企业。

2008年的全球金融危机和2010年的欧债危机，导致全球光电行业的许多"主角企业"发生巨大亏损。而舜宇不仅安渡危机，而且提前布局汽车业务，抢占了全球车载光学战略高地，迅速进入宝马、奔驰、奥迪等国际知名汽车制造商的供应链。

在全球金融危机之后，王文鉴提出了以"三高"（高科技、高效益、高价值）为目标，以"三项转变"（生产方式从劳动密集向技术密集转变，盈利方式从单纯生产型向生产服务型转变，管理方式从粗放型向精益型转变）为路径，全面启动战略转型。

在这10年里，舜宇实现了销售增长20多倍、利润增长10多倍，产品荣登全球之冠的奇迹。

跨越腾飞（2014年至今）

2014年，在舜宇成立30周年庆典上，王文鉴提出了"千亿战略规划"，开始实施两个新的转变，即从光学产品制造商向智能光学系统方案解决商转变，从仪器产品制造商向系统方案集成商转变；并提出了事业群组织管理架构，以及"互联网+""外脑+""资本+"的战略举措，完善了"千亿战略规划"的各项资

舜宇新产业基地

源配置，引领舜宇走上了腾飞之路。

2015年，舜宇先后成立子公司，提前布局智能光学在个人消费领域的应用，以及车载摄像模组的设计和制造。

2016年，占地1126亩的舜宇新产业基地开工建设。仅用3年多时间，新产业基地从一片荒地拔地而起，成为余姚智能光学小镇的核心。

同年，舜宇在杭州成立研究院，助推公司从"制造型"企业向"科技型"企业的转变。目前，舜宇已在智能机器人视觉、智能装备、AR/VR（增强现实/虚拟现实）等新兴智能光学产业方向完成布局，其中不少产品已开始商业化，抢占了市场先机。

近年来，面对复杂严峻的国际贸易环境，舜宇又频频出击，寻求突破，在印度、越南的生产基地相继建立。

数字经济、绿色发展成为未来全球经济发展的主方向不会改变，舜宇将保持战略定力，坚守光电主业，增强危机意识，开源节流，深挖市场潜力，抢抓新的机遇，为实现高质量发展而不断努力。

王文鉴带领舜宇走上了腾飞之路，从乡镇小厂成为中国企业500强，从为校办企业配套到斩获全球多项单项冠军，从贷款6万元到成为最高市值达2000亿元的恒生指数蓝筹股。

▶▶ 传递接力棒

防止家族化经营涉及产权、用人、管理等诸多方面，而其中一个最重要也是最根本的标志，就是企业最高领导权的交接。

如何把舜宇的接力棒顺利地交到最合适的接班人手中，使舜宇真正成为一个非家族化的企业？这个问题王文鉴已经思考很久、谋划很久了。

他选择接班人的标准很明确，也很简单："谁脱颖而出，我这董事长就让位给谁！"

65岁到点退休

毫无疑问，大部分民营企业的做法是子承父业，而王文鉴却与大流背道而驰，很早就公开宣布决不搞家族制企业。那时候，他就已经在酝酿如何建立一套合理的制度，使董事长和总裁职权交接制度化，来保证企业最高权力的平稳过渡，实现高层"接力"的常态化和企业经营的永续，使舜宇坚持共同创造的文化基因传承下去，发扬光大。

王文鉴首先要解决的是企业领导者的退休年龄问题。在家族制企业中，老一代可以一直干到干不动为止，也可以随时把企业交给自己的后代，所以根本就不需要确定什么退休时间。而对非家族制企业来说，要让企业永葆活力、传承下去，就必须明确领导人的退休时间，建立科学合理的交替制度。

那么，到底该怎么确定企业领导人的退休时间呢？按照舜宇多年来的传统，普通员工的退休年龄是按照男性 60 岁、女性 50 岁来执行的，但是董事长和总裁何时退休，却从来没有明确过。王文鉴通过学习美国通用电气公司原董事长韦尔奇的著作了解到，该公司的惯例是董事长和 CEO 均为 65 岁退休。

"我觉得这对舜宇也是适用的。"王文鉴对公司的执行董事们这么说道，并建议将其列为公司的制度。他说："这个制度的实施，首先从我开始。"

先定制度后选人

从 2007 年公司上市那一刻产生退休的想法起，王文鉴就着手进行了几方面的准备。

首先是建立组织制度。2008 年，王文鉴亲自组织起草《关于治理结构的规定》，详细规定了董事会、董事长、执行董事和总裁的职责权限，完善了执行董事会议和总裁办公会议的运行机制，强化了执行董事的会议制度和集体领导。

同时展开的还有人事准备工作。经过几年的甄选和培养，王文鉴最终锁定了两位接班的人选。一位是公司创始人之一的叶辽宁，年富力强，实战经验丰富，先后担任过浙江舜宇光电股份有限公司和浙江舜宇光学股份有限公司的总经理，2005 年 11 月任舜宇光学科技（集团）有限公司执行董事兼 CEO，2007 年 1 月起任执行董事兼行政总裁，2009 年 7 月起以执行董事兼任浙江舜宇光学有限公司总经理，2010 年 8 月被增选为公司副董事长。

王文鉴认为，叶辽宁具有长期领导光学企业的历练，尤其是 2009 年 7 月根据工作需要主动到光学公司工作，励精图治，业绩斐然。以其对舜宇的忠诚和对行业的熟悉，及其优秀的驾驭能力和经营管理能力，担任公司董事长，带领舜宇继续前进是毋庸置疑的。

另一位是时任集团公司执行董事、常务副总裁的孙泱，比叶辽宁更加年轻。他 1995 年毕业于宁波大学，2005 年获上海财经大学经济学硕士学位，2002 年 8 月加入舜宇。孙泱具有经济学专业背景和良好的沟通能力，认同舜宇文化，忠诚敬业，对公司业务有较好的了解，具有良好的系统思维和领导能力。王文鉴相信孙泱担任公司总裁是完全能够胜任的。

遵守自然法则

可是，当王文鉴把自己的想法透露给叶辽宁的时候，叶辽宁的第一反应却是拒绝："王董，说句心里话，其实我感觉自己还是更擅长具体的经营管理工作。像把方向、定战略这样的宏观大事，有您在我们就都心定了。"

"没错，你的强项是经营管理，但在把握大局、谋划决策方面，你也是完全没有问题的，我相信你的能力！"王文鉴由衷地鼓励道。

"可您才 60 多岁呀，完全可以继续干很久。具体工作我们都会做好的，只要有您在把舵，我们就踏实了。"叶辽宁的话也发自肺腑。

"新陈代谢是事物发展的必然规律，遵守自然法则是我的最佳选择。"王文鉴的态度却是异常坚决，"迟早要有人接班的，你是董事长最合适的人选，你就勇敢地挑起这副担子吧！"

就这样，为了建立科学合理的领导团队，从 2011 年起，王文鉴根据董事长和总裁的职责要求，多次与叶辽宁和孙泱就职责分工问题进行研究讨论。他们的设想是，发挥团队的聚合效应，通过扬长避短和优势互补，实现"一加一大于二"的效应。

这一科学设想最终为舜宇构架起了新一届的领导班子：继叶辽宁和孙泱成为舜宇董事长和总裁后，2013 年 12 月，董事会又作出决定，由王文杰担任执行董事兼常务副总裁。至此，公司顺利完成了由年长创始人向年轻团队的新老交替，并为公司高层领导的新老交替制度奠定了基础。

交接班顺利完成之后，舜宇的业绩一直保持着连年攀升的良好态势。尤其是在中美贸易摩擦升级等多重压力下，企业持续做强做精手机、汽车等优势业务，加快布局 AR/VR、机器人视觉产业，锻造更具国际竞争力的技术和产品，充分证明了新的领导团队既能凭借已有舞台发挥优势、继往开来，又能顺应新的时势施展抱负、大展宏图。

向广阔未来腾飞

在王文鉴看来,叶辽宁等新一代舜宇的核心经营团队,不但拥有丰富的管理经验,同时还具有高度的行业分析判断能力和敏锐的市场洞察能力,善于把握市场发展走势。接班以来,他们以身作则、率先垂范,模范践行共同创造的舜宇理念,带领全体干部员工,坚守产业定位,深入实施"名配角"战略和转型升级的发展规划,使舜宇的经营业绩逆势而上,连创历史新高。

接班人说

> 我们要保持战略定力,坚守光电主业,增强危机意识,开源节流,深挖市场潜力,抢抓新的战略机会。
>
> (叶辽宁)

舜宇坚持"钱散人聚"理念,以"产权分散,归属明晰,动态结构"为特色的产权分配机制,有效地化解了公司对高层次人才引进和集聚的难题,大大加快了公司内优秀人才的成长。一批从大学毕业直接进入舜宇的人才,迅速成为公司的技术创新带头人和高级职业经理人。与此同时,公司还拥有一支近万人的知识型员工队伍,为舜宇后续发展提供了强大的人才保障。

诚然,公司仍将面临全球经济复苏缓慢、消费需求不足、供应链重塑、市场竞争加剧等多重挑战,然而,以数字经济为主要特征的新质生产力发展,给光电产业带来了新的增长空间和发展机会。

展望未来,叶辽宁表示:"我们到了一个船到中流浪更急的时刻,此时愈进愈难、愈进愈险而又不进则退、非进不可。越是到这样的时候,我们越要发挥艰苦奋斗的创业精神、与时俱进的创新精神、和衷共济的团队精神,到半山探险,到中流击水,为将舜宇打造成为世界一流企业而努力,努力,再努力!"

方太的"幸福事业"

在宁波方太厨具有限公司（简称方太）创始人茅理翔的世界里，传承是社会之事、国家之事。

在接班人茅忠群的世界里，传承是一代人的责任和担当，是企业、国家赓续发展的太空站。

当一些企业陷入接班困扰时，茅理翔则早于30年前劝回原本出国读博的儿子一起打拼实业；20年前便逐渐淡出企业经营管理让位于接班人；10多年前就创办家业长青民企接班人专修学校，在全社会传导"青蓝接力"真谛。

▶ 三次危机:"把全家拉下水"

1941年,茅理翔出身于慈溪的一个穷苦家庭,上无片瓦、下无寸土。父亲经常失业,母亲则到处做手工裁缝贴补家用。对于兄弟姊妹6人来说,吃一顿香喷喷的白米饭只是奢望。

只念过3年小学的父亲为人正派,延续了祖辈忠诚敬业的家风。母亲虽没读过书,但通情达理,会讲一些"落难小生考状元"的故事给孩子们听,希望孩子们好好读书,好好做人,为茅家争气。

8岁那年,茅理翔与小朋友一起玩游戏,不小心把一位小朋友撞倒在地,到医院缝了好几针。经过双方协商,茅家要赔对方150斤谷子。

这是茅家难以承担的。母亲狠狠地打了他一顿,然后抱着儿子的头痛哭:"阿翔啊,你以后一定要为茅家争气啊!"

直到现在,每次想起这件事,茅理翔的眼睛还会湿润。"争气"这两个字伴随了他的一生,至今仍然刻骨铭心。

1965年9月,福利企业长河人民公社综合性厂成立,茅理翔兼任了厂里的会计工作。

说是会计,实际上要全面负责成本核算、销售利润分配、人员管理,还要兼做保管员,茅理翔第一份工作相当于做厂长。

20世纪70年代,社队企业之间有了竞争,负责市场供销的岗位开始受到重视,茅理翔成了第一批供销员。不到半个月,他在山东潍坊拉到了第一笔生意。

这一批苦过来的企业家,只要有机会,都有不要命的"争气"二字。一年中茅理翔有265天在外面跑,有时候甚至要跑300天。

在企业的所有岗位中,销售极具挑战性,需要超强的综合能力。茅理翔自嘲是"高级叫花子",跑销售的过程就是"五子登科":跳上火车像耗子,跳下火车像兔子,走到对方单位像孙子,回来的路上像驼子,报起账来像呆子。

10年之后,福利厂成了当地知名的企业。"厂长"茅理翔也积累了他的创业经历。

第一次危机把妻子拉下水

1985年,改革在城市普遍推开,茅理翔下海创办了慈溪无线电元件九厂(简称慈无九厂），主要生产黑白电视机零配件。但第二年恰遇政策调整，产品严重滞销，慈无九厂因此停工8个月，6个月发不出工资。工人哭的哭、骂的骂、吵的吵、走的走，连茅理翔亲自培养的副厂长和6个技术员也都走了。

危难时刻，茅理翔的夫人张招娣果断地作出决定，从一个效益良好的针织厂副厂长岗位上辞职下海，到慈无九厂担任副厂长，主抓内部管理，茅理翔则集中全部精力到外面寻找新产品、新市场。

其间，茅理翔遭遇两次车祸，差点丧命。有一次，他从安徽合肥坐11个小时的长途汽车去河南信阳，傍晚时分到达两省交界处，车子从山坡上跌了下去。茅理翔腿部受伤，手部出血，关节炎发作，在山坡上过了一整夜，第二天才搭车赶到信阳。谁知，他千里迢迢到达信阳却扑了空。

茅理翔在跑销售的路途中

创业的艰辛和奔波的苦涩点点滴滴涌上心头，茅理翔说他真想哭出来，也真想撒手不干了。但这是不可能的，茅理翔的人生字典里只有"争气"，没有"放弃"。

第一次创业遭遇挫折后，茅理翔开始思考转型。1986年，他找到了新产品——电子点火器，当年研发，当年投产，当年获利20万元，当年获得了浙江省名优特新产品"金鹰奖"。

当时，茅理翔组织全厂员工举办了一场春节晚会，他把自己的这段故事改编

飞翔集团厂房

成快板说唱,由员工自编自导、自唱自演,他和夫人张招娣一起上台又唱又跳。

那天晚上,茅理翔睡不着觉。他感受到了奋斗的快乐,也感受到了员工的力量,便给自己立了两个誓:第一,只要当厂长一天,一定要做到按时发工资;第二,只要当厂长一天,每年都要举办文艺大奖赛。

迄今近 40 年,茅氏父子从未拖欠员工工资,而每年春节前的文艺大奖赛也成了方太企业文化的一个重要传统。从慈无九厂到飞翔集团再到方太集团,诚信经营、以人为本成了茅氏两代人经营企业的基本原则。

第二次危机把女儿女婿拉下水

1988 年,茅理翔将电子点火器改成电子点火枪,实现了从配件到产品的转型。次年,他到广交会摆地摊,顺利将电子点火枪出口到海外。短短几年时间,他将产销做到世界第一,使企业进入了早期发展的快车道。

1992 年,茅理翔成立飞翔集团,从单一的生产经营型企业转型为集科学研究、工业生产和商品贸易于一体的集团企业。电子点火枪的全球市场份额一度高达 70%,他本人也被媒体和外商誉为"世界点火枪大王"。

可是,事业正如烈火烹油时,突遭外协厂(指企业为了降低成本而将某些建造环节外包给其他企业或个体进行加工生产的机构)背叛的变故彻底冲击了飞翔集团原本顺畅的供应链,导致产品出口量大幅下滑。茅理翔下决心让女儿女婿下海。原本女儿在医院、女婿在银行上班,都是当时较好的"铁饭碗"。但为了父亲的事业，小夫妻在刚刚结婚的第三天就下海创办了配件厂。这个重大的决定做得其实并没有犹豫，正是因为 9 岁时父亲在女儿心里种下的关于"茅氏集团振兴家乡经济"的种子，才促使他们毅然决然地自我转型。两个年轻人从熟悉的专业领域进入不熟悉的制造业，两个月内就把所有的模具开好，为电子点火枪产品做配套产品，挽救了飞翔集团。

第三次危机把儿子拉下水

1994 年，如日中天的飞翔集团遭遇惨烈的价格战。广交会上，电子点火枪的价格从 1.2 美元降到 0.3 美元，企业来到亏损边缘。电子点火枪技术含量低、发展潜力小的弊端，茅理翔看得很清楚，于是尝试开发了多个具有更高技术含量的新产品，大到摩托车配件、交流变频器，小到声像学习机、玩具照相机，但均以失败告终。

关键时刻，茅理翔想到了儿子茅忠群。

在茅忠群儿时的记忆中，"忙碌"是父亲的代名词。但忙碌之余，只要回到家，茅理翔总会带着外面的一些特产给两个孩子，并且讲述自己的所见所闻。言语之间，梦想的种子不知不觉已经播撒进了一双儿女的心中。茅忠群回忆说，记得他上小学的时候，父亲就对他们说："以后我们要一起搞一个茅氏集团，为振兴家乡经济作出我们的贡献。"

1991 年，茅忠群在上海交通大学电力系统自动化专业本科毕业后，继续研读电子电力技术专业的硕士学位。1994 年，临近毕业的茅忠群准备去美国攻读博士学位。

茅理翔清楚，没有儿子的助力，他的第二次创业以及创立属于自己的品牌，是很难成功的。

是从小言传身教播下的种子，也是企业创立品牌的倒逼，更是作为儿子尽孝的一份责任，1994 年年底，茅忠群主动放弃去美国读博的机会，接受了父亲的邀请，回到家乡参与二次创业。

有人说茅理翔是"傻子"：因三次危机，将妻子和一对儿女一个个拉下水。万一失败了，就坑害了全家人。

创始人说

> 这也许就是傻子精神吧。假如没有这样的傻子精神，能有今天的方太吗？假如没有这样的傻子精神，能有今天千千万万的民营企业家吗？
>
> （茅理翔）

儿子与父亲的"约法三章"

茅忠群先在企业里转悠了3个月，通过内部观察和调研，看到了企业的诸多弊端：电子点火枪是贴牌制造产品，飞翔集团没有自主品牌，没有自主技术；工厂位于乡下，管理落后，人才匮乏。

深入思考后，茅忠群正式与父亲"约法三章"：不做电子点火枪，要做新项目、新产品；不在乡下老厂，要去市里开发区；不带飞翔集团的老骨干，由自己来组建新团队。

父子连心，其利断金。茅理翔同意了，并决定进军厨电行业。

但在产品选择上，父子俩产生了分歧：茅理翔倾向于微波炉，而茅忠群则坚持油烟机。面对分歧，茅忠群带着团队进行了更加深入的市场分析与用户调研，最终将一份报告摆在父亲桌上：当时油烟机年产量约300万台，而市场需求量在600万台左右，供不应求；城镇化带来的住房革命正如火如荼，未来可期；欧美、日本等占据着微波炉高端市场，市场竞争很激烈；国内生产油烟机的厂家很多，但市场上的油烟机主要是仿制国外的，不符合中国人的烹饪习惯，用户很不满意但没有其他选择。

接班人说

> 父母挺不容易的，辛苦30多年了，让我回来也很好理解。我自己内心也是想要回来的，我不是那种喜欢到别处找一份安定工作做一辈子的人。回乡创立方太，还是我的选择。
>
> （茅忠群）

最终，这份报告说服了茅理翔，决定正式进军油烟机行业。1996年1月，茅氏父子另起炉灶创办方太，直奔高端品牌、自主技术而去。茅理翔担任董事长，茅忠群担任总经理，"上阵父子兵"，共同创业的新征程正式开启。

1998年，一则由香港"方太"方任利莎女士出镜的广告火遍大江南北，"炒菜有方太，抽油烟更要有方太"的广告语更是传遍大街小巷。方太品牌快速打响，被中国科学院的专家评为"名人名字与品牌名称同一，名人职业与品牌行业同一"的典型案例。创业短短3年，方太从全国250多家油烟机厂的最后一名一跃成为行业前三名。

1997年，方太研发出中国当时单一品种销量最大的Q型"厨后"深型吸油烟机，年销售量超过40万台，连续刮起4股方太"旋风"，奠定了方太在行业内的领先地位。1998年，方太入选"浙江名牌产品50强"，方太油烟机荣获"一九九八年中国家庭爱用品牌"。

1999年，在公司踏入快车道后，茅忠群引进了一批优秀高级人才，迅速将公司推上了新的台阶。同年，方太销售业绩跃升为行业第二。2000年，方太正式进入集成厨房领域。2001年，方太进入消毒柜产品领域，完成了从单一产品到厨房系列产品的模式进化。该年度，方太抽油烟机的市场综合占有率在同类产品中位列前二。

▶ 开启第三次创业

从2004年起，茅理翔退居二线，逐渐淡出企业经营管理。但老一辈人是闲不下来的，茅理翔对自己的工作时间作了新的安排，他称为之"三个三分之一"。

首先，他用三分之一的时间外出讲课。20年来，茅理翔已经去过20多个省（自治区、直辖市）的30多所大学，给师生和同行讲授1000多堂课。第二个三分之一，接待朋友和客人。第三个三分之一用来看书写书。在2002年出版的《管理千千结》中，茅理翔这样写道："人这个东西很奇怪，这方面空了，另一方面的思想又出来了，总有一种要写点东西的紧迫感。我想，写文章对我自己是一个重新学习、反思的过程，总结过去，会为我晚年的奋斗打下更好的基础。"

2006年，66岁的茅理翔开启第三次创业，创办了中国首家立足于家族、依托于企业、服务于社会的旨在帮助家族企业成功实现代际传承的民办非营利性教育机构——宁波家业长青民企接班人专修学校。

使命：帮助千万家族企业实现百年传承

传承不仅是企业、家族之事，也是社会、国家之事。这是一位有社会责任感的企业家对现实问题的思考结果。

茅理翔坦陈，正是自己的经历让他感同身受并义无反顾地全心投入。他说："我第一次创业做产品，靠拼搏，用点火枪点燃外国人圣诞节蜡烛的火；第二次创业做品牌，靠创新，点燃中国人千家万户煤气灶的火；第三次创业办学校，靠信仰，用我自己一颗火热的、燃烧着的、几乎着了迷的心，去点燃接班人内心深处的使命之火与智慧之火，点燃民营企业承担社会责任的、与时俱进的百年传承之火。"

学院形成了以接班人素质培养与领导力提升为主体的企业接班人专修班，解决接班人团队建设和家族企业管理实务为主题的管理技能专题班，引导父辈大胆交、坚决交、彻底交、科学交的老师班，民企传承标杆学习及国内外游学的考察班，以及家族企业两代同堂学习的企业传承战略方案班等一整套系统化可操作的专业课程体系，创造了体验式课堂、技术性工作坊、个性化辅导、跟踪式服务、陪伴式辅导、国际化交流等教学形式，融合了企业家与企业家互动、企业家与专家互动、企业家与家人互动、企业家与职业经理人互动等师资体系。

从 2007 年的"企业接班人专修班"，到政企合作联手共建"民企接班人黄埔军校"，再到中国首创特色的企业传承战略方案班，截至 2024 年 1 月，学院已经成功举办 28 期"企业接班人专修班"、19 期接班人团队建设专题班、260 余期考察学习班、2 期老师班、64 期企业传承战略方案班、5 期欧美和日本国际游学班，累计培训企业家学员逾 3 万人次、教育接班人逾 3000 人次、深度服务企业家家庭逾 500 个。学员分布于江苏、浙江、广东、福建、山西、云南、河南、山东、黑龙江、吉林、辽宁、北京、上海、天津等 14 个省和直辖市并远涉海外。

学院以"帮助千万家族企业实现百年传承"为使命，以"成为一家受人尊敬、人人向往的民企接班人黄埔军校"为愿景，以"人品、校品、产品三品合一"为核心价值观，坚持"物转境迁、古今相照，日新月异、中西相合，本末行道、德业相生，义利合一、家族相传"的教育哲学，围绕"家族、企业、企业家""传承、可持续发展、未来商业领袖培养""修身、齐家、治企、益天下"等主题，形成了家族企业代际传承教育特有模式。

茅理翔给"创二代"授课

目标：把"富二代"转变为"创二代"

2007年5月，学院成功举办了第一期民企接班人专修班，全国各地近40位民企接班人参加了学习。8天的时间，不仅让这帮年轻人系统学习了家族企业接班与发展的知识，还点燃了他们心中的使命之火与智慧之火，更让社会认识到：他们绝不是贪图享受、坐享其成的"富二代"，而是心怀梦想、不惧压力、勇于挑战的年轻一代。

正是在这个班上，茅理翔与学员一起创造了一个特殊的词——"创二代"。一位学员发出心声道："我们不是社会所谓的'富二代'群体，我们是面对压力不后退、立志用奋斗实现自我价值的'创二代'群体。"

2010年，茅理翔在天津夏季达沃斯分论坛上发表演讲《把"富二代"改变为"创二代"》。他说，由"富"变"创"，激发了"创二代"心中的使命感与责任感，更顺应了新时代对民企年轻一代的要求。学院围绕接班人成长问题，从使命、梦想、能力、领导力和企业经营实战训练等方面帮助大批"创二代"受益，已全面掌控企业的"创二代"占比35%，顺利接班担任总经理的逾70%。

来自扬州的一位"创二代"，曾因父子之间的产业战略意见不同而离家出走，经过与茅理翔交流以后父子化解分歧，选择内部创业，将长毛绒玩具升级为塑胶玩具,并制定了儿童生活馆的品牌战略,成功接班。来自深圳的一位英国名牌大学毕业生,在父亲号召下回家接班,但在绩效变革、管理落地方面遭遇到极大阻力,通过学院针对家族企业管理变革的专题班打开了思路,提升了领导力水平,成功接班。

探索:开启中国家族企业代际传承之门

2011年3月,学院开办了中国第一个两代人同堂学习的企业传承战略方案班,采取封闭式、小班化的方式,通过家族企业两代人的深度沟通与坦诚交流,使其达成理解与共识,学习建立家族沟通文化、拟定家族与企业双轨战略、制定接班人成长规划,探寻适合自身家族企业的传承之路。

来自上海的一位学员在课堂中分享道:"我要感谢家业长青接班人学院、感谢茅董事长,你们帮我解决了家族的命运问题。这次上课,我们父子同堂,他看到了方太的传承标杆、听到了我的心声,他也讲述了自己的心声,我们决定父子一起开展'创业式传承'。"来自宁波的一位企业家给学院写信说:"原来我儿子到8点才来上班,上班就是晃晃悠悠。我批评他,他9点才来;我再批评他,他10点才上班,最后干脆不来上班了。到学院的课堂,我们父子真正心平气和一起学习。学了之后思路清晰了,父子心连心了,儿子规划也有了,企业前景更好了,我真诚感恩茅董事长与家业长青接班人学院,为我们做了一件大好事。"

在跟踪大量学员之后,学院发现传承是一个多维度、长周期、多主体的复杂过程,必须外部专业力量长期助力才能化解各类综合性的矛盾和难题,需要深入跟踪、长期研究,才能探索出一套适合中国民企的传承方法。

茅理翔认为成功传承方式有多种,具体企业有具体情况,"创二代"的成长模式多样。他提出了"传承转型同步论""方太传承三三制""中国家族企业传承五段论""传承十六论"等传承理论方法。学院立足茅氏家族,依托方太的传承发展经验,深入解剖民营企业的现实问题,推出了"传承六定模型""'创二代'经营突破三三制""总经理思维""家族文化五维模型"等教育专题。

学院连续10年承办国际家族企业论坛,参与支持中国民营经济研究会家族企业委员会,先后捐赠浙江大学家族企业研究所、浙江大学企业家学院、茅理翔家族企业研究优秀论文奖等项目逾2500万元,为促进中国家族企业研究与交流作出了大量贡献,也促进社会各界人士对家族企业以及民营企业家有了新的认同。

美国沃顿全球家族联盟项目执行委员会、FBN（全球家族企业联盟）、法国2020代青年企业家俱乐部、日本近江商会三方好研究所、香港科技大学家族企业研究所负责人以及北京大学、上海交通大学、法国巴黎大学等知名家族企业研究机构的专家纷至沓来，学习交流家族企业代际传承及可持续发展问题。

年过八旬的茅理翔，仍旧每天携手夫人准时上班。在早上"站桩"1小时结束后，视力不佳的他会口述文章由秘书记录，下午有时和企业家交流，有时授课分享；每天安排得都很满。有人问："累吗？"茅理翔回答："不累，因为心中有梦想，有梦想就有太阳，有太阳就有光明，有光明就有能量，有能量就不累了。"

现在他还有一个"双百梦"。第一个"百"，指的是他要成为健健康康的百岁老人，还可以再为大家服务20年。"我要实现8岁那年我对母亲承诺的那句'要为茅家争气'的价值！"

第二个"百"，指的是他要助力无数中国家族企业共同成为百年老店，为民营企业的健康和可持续发展奉献自己晚年的全部精力。

▶ 九年传承"带·帮·看"

茅理翔：我认为在交接班中，一代要做到大胆交、坚决交、彻底交；而二代则要主动接、大胆接、积极接。方太通过带三年、帮三年、看三年的九年时间完成交接班。忠群越来越成熟，具备了全面的能力，经受了多重的考验，已经从一个接班人成长为一个企业家了。

传承是什么？传承不是继承，传承是再创业。

接班人说　年轻企业家成功最重要的品质是，人类因梦想而前进，梦想因美善而伟大。

（茅忠群）

茅氏父子总结了方太传承的"三三制"原则，并得到了很多企业家和二代的认同。

茅理翔说："三三制有两点核心经验：一代必须开明开放，二代必须积极主动，这样才能使传承更加顺利。"

2012年11月30日，茅忠群正式接任方太董事长兼总裁时，第一次在企业内部公开表态："全体方太人都要继承和弘扬我父亲的四个精神：艰苦奋斗，顽强拼搏，终身学习，终身奉献。"

带三年：产品创新，一炮走红

产品上市前的1995年，刚刚离开校园的茅忠群迅速组建起一支产品技术队伍。从研发入手，这是工科出身的他自然而然的一个选择，而这个选择正切中了企业当时的痛点：没有自主技术。当时工厂里装不起空调，夏天温度很高，大家都是赤膊画图纸、开模具。在茅忠群的带领下，经过8个月奋战，终于开发出了第一台由中国人自主设计的、符合中国人烹饪习惯的油烟机，1996年上市就一销而空，当年销售额达4000万元。"方太现象"成为媒体和市场的热词。

亮眼成绩的背后，是主抓产品研发的茅忠群对高端品牌的深刻理解：产品定位就要独特、高档、领先。为此，除了技术创新外，茅忠群还和浙江大学合作，率先引入工业设计，开厨电行业先河。在方太28年的发展过程中，"开辟式创新"就此成为方太的显著标签，始终以顾客为中心勇闯无人区，通过一个个创新产品引领中国厨电行业发展潮流。

身为父亲的茅理翔作为企业掌舵人，则以自己多年企业经营的经验与定力，内控管理、外抓市场，创造出最好的环境，让初出茅庐的茅忠群能够专心致志地研发新品。

新品的成功，让茅忠群快速树立了权威，也让方太初战告捷，实现了从仿造到创造的产业转型。

帮三年：营销创新，捍卫品牌

第一阶段的成功，茅理翔对茅忠群更加充满信心了，于是大胆下放营销权。但到了1999年，外部竞争环境恶化，行业大打价格战。此时的茅忠群，面临的局面是：产品销量连续3个月快速下滑；一线销售员每天打电话催促降价甚至直接打给董事长茅理翔……面对这铺天盖地的压力，茅忠群的选择是：不降价。

"做中国人自己的高端品牌，如果刚开始就降价去厮杀，之前所有的成果都会被抹杀，我们的品牌梦也不会实现。"茅忠群的回应很简单：埋头苦干，专注新品研发。

茅理翔也在此刻强力支持，公开表态"营销权已经下放，一切以总裁决策为主"，并亲自撰文《只打价值战，不打价格战》，在营销管理上明确支持茅忠群。

2000年，新产品问世，吸力更强、噪声更低、外观更加时尚，且价格同比还高出10%。方太新产品的全面提升真正满足了高端用户的需求，消费者将赞成票投给了茅忠群。方太高端品牌，经此一战，正式站稳脚跟。

在全面掌管营销的过程中，茅忠群发现传统销售员制的弊端，缺乏长期发展的动力，甚至出现截留货款、违规经营和乱价串货等问题。

茅忠群决定将销售员制变为分公司制，很自然地，刚一提出就遭到了几乎所有销售员的联合抵制。但他的决心丝毫没有动摇，边摸索、边实践，最终带领方太建立了一个遍布全国的流程化、体系化、规范化的营销网络。

方太集团销售服务体系副总裁陈浩回忆说："我们在前面改得很激烈，经常要闹到总裁这里。但是总裁做得最好的一点是，充分信任和授权给我们。即使出现了一些问题，总裁也是很冷静的，不着急下结论和表态，而是慢慢提问让我们思考。他是一位领导式的企业家。"

在这个过程中，茅理翔继续帮助茅忠群处理复杂疑难工作：销售员联合抵制时，他提出实施"一厂两制"办法，确保改革平稳过渡；假冒伪劣产品蜂起时，他牵头指挥、捍卫方太品牌；亲戚想进入企业时，他含泪向母亲下跪并提出"淡化家族制"……父子两人、默契配合，一进一退、张弛有度，推动方太实现从传统家族制企业到现代家族制企业的转型。

看三年：管理创新，变革转型

2002—2004年，进入"看"的阶段，茅理翔实质上已经基本淡出，茅忠群真正全面管理企业。

茅忠群持续引入大批世界五百强的人才，构建了以方太为中心的经营管理团队，并在2002年正式启动阳光计划，完善了企业人才梯队建设体系。他围绕文化建设、组织变革、制度导入、人才培养等几大维度，对内部管理存在的问题进行了全面、系统、科学的变革。文化是内核，人才则是根本。茅忠群率先重新梳理企业文化，正式提出企业的使命、愿景、价值观，带领方太完成了从小家文化到大家文化的转型。这个阶段，方太确立了中国厨电行业第一品牌的地位。

"2004年之后是忠群开始全面主持驾驭方太的阶段，在他的带领下，方太始终牢牢占据着行业第一的位置，并成为中国高端厨电专家与领导者。"讲起这个过程，茅理翔的嘴角总是带着含蓄却幸福的微笑。

2017年8月，茅理翔参加长沙某活动时，评价儿子茅忠群是坚定、执着、包容的新儒商，并首次公开表达了对子女的情感："感恩我的儿子女儿，没有他们的成长，不会有我真正的幸福。"

▶ 伟大企业的愿景

截至2023年，方太以独特的创新模式、优越的品牌价值，连续10年荣获亚洲品牌500强等称号。

1996年，茅氏父子带着方太的党员和技术骨干来到四明山革命根据地参观学习

但在方太成立之初，舆论纷纷，厂内厂外人心惶惶，大家都质疑方太会不会成功。1996年，茅氏父子带着20多名党员和技术骨干，来到了四明山革命根据地。56岁的茅理翔以伟大的长征精神和四明山精神为切入点，现场讲述"二次创业，共产党员应该怎么办"，以此激励创业转型路上的方太人。

这是方太成立以来最重要的一次会议，通过赓续红色血脉，凝聚前行力量。

从2004年起，方太牢牢占据行业第一品牌的地位。与此同时，方太形成了自己的企业文化：以顾客为中心，以员工为根本，快乐学习，快乐奋斗，促进人类社会的真善美。

2010年，央视一则《厨房油烟加剧家庭主妇肺癌风险》的新闻报道，让茅忠群意识到，厨房里的每一寸空气都关乎消费者的健康，这也改变了方太的研发方向。

从此，方太将吸油烟机研发目标从关注量化指标，如风量、风压，调整为"更好的吸油烟效果"和"不跑烟"等定性指标，并先后推出了"烟灶联动"功能的油烟机、"挥手即开"的集成烹饪中心等，以科技的力量守护家庭健康。

2015年，茅忠群提出将公司愿景由"受人尊敬的世界一流企业"正式修正为"成为一家伟大的企业"，将方太品牌定位调整为"FOTILE方太　因爱伟大"。

何谓伟大？茅忠群对伟大企业的定义有着自己独特的见解。他认为，伟大的企业不仅是一个经济组织，要满足并创造顾客的需求；还是一个社会组织，要积极承担社会责任，不断导人向善，促进人类社会的真善美。

2018年，茅忠群提出了"创新三论"，即创新的源泉是仁爱，创新的原则是有度，创新的目标是幸福，并将方太的使命升级为"为了亿万家庭的幸福"。

2019年9月，历经8年研发攻关、1万多次试验检测、100多种材料选型验证……第一台搭载着"NSP选择性过滤技术"的方太母婴级净水机终于上市了。从"不跑烟"的吸油烟机，到"不弯腰"的水槽洗碗机；从顺势上排的集成烹饪中心，到八年磨一剑的母婴级净水机，方太创造了人们的美好生活。

截至2024年1月，方太拥有国内授权专利超1.2万件，其中发明专利超3200件。方太还荣登2022年"中国民营企业发明专利授权量TOP10"，上榜"2023上半年全球智慧家庭发明专利TOP20"。

作为全国吸油烟机标准化工作组组长单位，方太参与制修订130余项行业标准，参与IEC吸油烟机国际标准修订，推动中国标准走向世界。以"未来工厂"引领创新智造，2022年荣获省级未来工厂称号。2022年获得中国轻工业联合会科学技术进步奖一等奖，2020—2022年中国质量奖提名奖，2022年中国优秀工业设计奖金奖，2023国家级智能制造试点示范工厂。

而茅理翔本人也获得了全国优秀民营企业家、浙江省劳动模范、品牌中国30年30人等多项荣誉。

2018年，茅忠群提出了三大愿望：十年助力一千万个家庭提升幸福感，十年助力十万名企业家打造伟大企业，十年助力建设一万个幸福社区。茅忠群认为，当代的企业家，不能仅仅盯住自己的一亩三分地，还要胸怀国家和社会，更应该践行"修身、齐家、治企、利天下"。

坚持品牌强企，争做中国厨电行业"领头雁"。方太最根本的是坚守初心，始终牢记"打造国人高端品牌"这个初心，在高端品牌战略的牵引下，在产业规模、品牌首选、高端占比、顾客满意、品牌价值等方面处于行业领先水平。最关键的是专注主业，20多年来坚持做"厨房专家"，聚焦打造现代化厨房，建成集成烹饪中心、吸油烟机、洗碗机、净水机、嵌入式灶具、烤箱、蒸箱、燃气热水器、冰箱等多条产品线，提供厨房一站式解决方案。2017年，方太成为"厨电行业首家百亿企业"。

坚持创新驱动，筑牢企业发展"护城河"。方太在创新上舍得投入，每年将不少于销售收入的5%投入研发。目前，方太拥有厨电行业最大"专利池"，产品创新能力在厨电行业排名第一，荣登浙江省创造力百强企业第三（宁波第一）。2022年，制冷油烟机荣获了中国优秀工业设计奖金奖，是浙江首次获得该项目金奖。杭州亚运会火炬"薪火"，应用了方太的3项发明专利、7项实用新型专利，全面展现了方太制造的硬核力量。持续的创新助力方太快速发展，疫情三年累计增长48%，2023年实现销售收入突破170亿元。

坚持数实融合，引领产业变革"新浪潮"。聚焦产业链数字化转型，解决产业链安全及韧性发展痛点，方太构建了数字化生态组织，制定了数字化理念、愿景和目标，规划了公司数字化整体架构，做到一体谋划、协同推进。顶层是基于顾客界面的服务链接层；中间层是面向产品创新和顾客服务的主业务流，即打造产品力、供应力、营销服能力；底层是数据治理与服务、IT一体化平台并通过数字化运营和赋能全面贯通。推动方太朝着顾客得安心、员工得成长、社会得正气、经营可持续的企业愿景，坚实拼搏，稳步前行。

永新三代光学梦 ▶

走进宁波永新光学股份有限公司（简称永新光学）大厅，一个英文字样"NOVEL"映入眼帘。"NOVEL"是永新光学的英文标识，也是公司已注册的商标品牌之一。

"NOVEL"标志下方一个双凸的图形，是根据光学透镜造型来设计的，寓意企业从事的是光学行业。

"NOVEL"的本义是"新颖"。"新颖"代表了企业自上而下求变、求新的理念，在打造民族光学长久不衰的目标下，永新光学的传承已经走入了第三代。

▶ 爱国爱港"毛纺大王"

"国家有需要（我就做）"是曹光彪一生的信念。

从17岁开始经商，到成为享誉全球的"世界毛纺大王"和"港龙之父"，这位"毕生所做皆为国家所需"的香港爱国实业家，投资项目无数。

他在宁波老家投资创办的永新光学，多次参与国家航空探测工程，生产的光学镜头在嫦娥二号、三号和四号等航天项目中都有运用。可以说，这是曹光彪晚年最大的欣慰。

香港"买手"的报国心

1920年，曹光彪出生于上海，祖籍宁波鄞县（现宁波市鄞州区）。他小时候学业成绩优异，但17岁时因母亲去世、父亲多病，家里开设的鸿祥呢绒店生意不景气，债台高筑，被迫中途退学，17岁半已帮忙打理生意。

创始人说　我做的是"讨饭生意"，赚的是"辛苦铜钿"。
（曹光彪）

曹光彪曾经忆述，替父亲掌管呢绒店时，店已资不抵债。虽然身处困境，但他并不气馁，与伙计们共同打拼，甚至一起搬运货物，改进营商模式，要求员工就算遇到挑剔的客人，也不能皱眉头，要笑脸相送，因此招徕了不少回头客。

第二次世界大战中，很多犹太难民远渡重洋，逃难到当时号称"东方巴黎"的上海，抵达后得到了善良上海市民的救济。

当时年仅20岁的曹光彪目睹犹太难民的悲惨状况，毅然加入救济行列。很快，他意识到"授人以鱼，不如授人以渔"，要从根本上帮助难民在上海获得自食其力的能力。于是他破天荒招聘10多位难民，培训他们成为掌握西装制作和西装面料知识的流动销售员，每天拎着装满西装面料的手提箱，四处游走拜访客户，直销鸿祥呢绒店的西装面料。

二战结束后，犹太难民陆续返回他们的故乡欧洲和美洲，曾在鸿祥呢绒店工作过的犹太雇员临别时依依不舍，称将永远铭记曹光彪对他们的救命之恩，友谊长存。

曹光彪经营有道，短短数年就把鸿祥呢绒店打造成为当时上海滩最大的呢绒面料批发零售商，分店遍布重庆、南京、广州、台北等地。

1950年，曹光彪来到香港打拼，在中环租用一间写字楼开设贸易公司，开拓进出口贸易生意。

当时正值抗美援朝战争爆发，美国等西方阵营对新中国实施全面严厉的物资禁运，国内几乎所有的战略物资紧缺，尤其是青霉素之类的急救药物。

得知这个信息后，曹光彪正为如何找寻供应商一筹莫展的时候，脑海中突然冒出那批已经返回欧洲、美洲的犹太雇员，立即向他们发出寻求急需物资的请求。这些犹太朋友得知紧急信息后，马上行动起来，很快在他们的所在地找到物资、药品的供应渠道。

就这样，在犹太朋友的帮助下，急需的物资和药品源源不断运抵香港，当时霍英东等香港爱国商人的安排，冲破阻力几经辗转，再经内地送到抗美援朝前线。

"一德立而百善从之"，曹光彪以他独特的方式救济犹太难民，之后犹太朋友又以德报恩，成为历史的佳话。

"第一个敢吃螃蟹的人"

1954年，曹光彪在香港荃湾开办了香港第一家毛纺厂——太平毛纺厂，他的第一个目标市场是经历了朝鲜战争后的韩国。

20世纪50年代后期，为了扩大经营，太平毛纺厂与东亚毛纺厂合并，成立东亚太平毛纺厂。曹光彪自己当"推销员"，冒险漂洋过海，用毛衣叩开了欧洲市场，成为第一个去欧洲卖羊毛衫的中国人。物美价廉的毛衣在欧洲备受青睐，订单如雪片般纷沓而至，获得了巨大成功。

1964年，曹光彪创建了香港永新企业有限公司（简称香港永新）。

倡议中央积极利用外资，打破大锅饭分配制度，促进外向型经济发展模式的第一人，正是曹光彪先生，他也因此被人民日报社评誉为"第一个敢吃螃蟹的人"。

1978年5月的一天，曹光彪在北京约见老朋友——中国纺织品进出口总公司（简称中纺总公司，现中国中纺集团有限公司）总经理陈诚宗时，得知国家百废待兴，急需外汇收入，但碍于当时西方国家围堵中国，实在没有好办法增加外汇。

中纺总公司请求曹光彪帮助对外推销国产毛衣，但曹光彪看到，那时的国产毛衣不论款式、包装还是质量，都远远达不到国际市场的最低要求，唯有"告别大锅饭"，做到彻底改变内地计划经济下的生产、销售模式，才有希望进入国际市场。

曹光彪大胆提出，由他出全资，跨境到内地办一家毛纺厂。建厂期间组织工厂干部、技工到临近的澳门参加培训，工厂落成后，这些经过培训的团队使用完全不同于内地同类工厂的管理、分配制度。

中纺总公司的领导听完曹光彪的想法，认为是个好主意，但又感到为难。他们之所以为难，是因为当时几乎不允许境外资本越境投资内地。

本着不妨一试的想法，中纺总公司请曹光彪尽快提供一份建议书，以向上级呈报。回到香港后，曹光彪花了一个星期亲自起草了建议书，不久送到北京的中纺总公司。

在建议书中，曹光彪提出：在临近香港或澳门的地方全资投资开办一家现代化毛纺厂，内地负责提供土地，香港永新负责提供机器设备、厂房设计、所有建筑材料以及员工培训，工厂建成后的所有权为中方所有，工厂专门为香港永新进行羊仔毛、兔毛毛纱的加工生产，原料由香港永新负责进口，产品全部由香港永新外销，工厂的加工费作为对"永新"的补偿。

出人意料的是，不出三个月，曹光彪的建议得到了当时国家领导人的批准，同意由曹光彪投资的工厂选址在临近澳门的珠海县（现珠海市）。1978年8月31日，他创立了香洲毛纺厂，早于拉开改革开放帷幕的十一届三中全会100余天时得到中央批准。1979年11月7日，香洲毛纺厂建成投资。曹光彪以境外向内地投入第一笔外资的香港企业家在内地办厂的消息传出后，犹如一声惊雷，引起了

曹光彪在"珠海市香洲毛纺厂开幕纪念"上发言

全世界的轰动，各国媒体纷纷予以报道。

一生笃信"永新"

今天的中国，经济实力、综合国力乃至国际地位，早已非昔日"吴下阿蒙"。"补偿贸易""来料加工""三来一补"都已成为"历史名词"，但"饮水不忘掘井人"，历史不会忘记当年不计个人利益，一心为国家振兴、为改革开放作出无私奉献的先行者。

在 2018 年亮相国家博物馆的"伟大的变革——庆祝改革开放 40 周年大型展览"上，曹光彪主持香洲毛纺厂开业的巨幅照片，作为中国改革开放的重大事件印记在国家记忆中。

在曹光彪晚年的数次谈话中，他对自己大胆向中央进言开办香洲毛纺厂、推动引进外资感到无比欣慰。用他自己的话说，开办香洲毛纺厂是他一生沉浸商海中最大的一次创新的成功，也是日后他获得"沃顿商学院院长勋章"的重要原因。

1987 年，香港永新顺利上市，此举奠定了他"毛纺大王"的地位。但曹光彪并不满足，他又投资其他领域，经营电脑、精密仪器、贸易、旅游、航空等业务。

曹光彪一直相信，改革开放后，中国经济一定会逐步走向世界。他想到，中国有一天真正走向强大，必须在世界尖端制造行业有一席之地。

1997 年，曹光彪投资了当时经营困难的宁波光学仪器厂，2000 年改制为宁波永新光学股份有限公司（简称宁波永新光学）。公司名称沿用曹光彪一生笃信的"永新"二字，寓意"永远创新"，希望公司的业务永远都具有创新性，走在行业的前沿。

2007 年，曹光彪将永新光学的经营管理交给自他投资时一直协助自己的儿子曹其东，父子有了一次长谈。曹光彪说："尽管经历过重重困难，但我们企业走到今天，已经打下了基本的基础。"

曹光彪深知，要在高端制造业中立足，必须引进优秀的人才和先进技术。他邀请了经验丰富的毛磊担任总经理。毛磊全身心投入，与团队一起逐步将公司壮大。

同时，永新光学收购了中国历史最悠久的一家光学企业——南京江南光学仪器厂。两家公司合并后，在光学行业中占据了重要位置。经过十多年的努力，解决了管理上的诸多问题，永新光学终于在 2018 年成功在上交所 A 股主板上市，如今已经有了 1300 多名员工。

曹光彪始终希望永新光学有朝一日能成为世界上令人尊敬的光学企业，这个目标正在逐步实现。

永新足迹

开放中奔跑（1997—2012 年）

世纪交会之际，是一个全世界都在寻求经济增长、寻求变革和突破的时代。1992 年，中国掀起了新一轮改革开放的高潮。1997 年，曹光彪出资 1050 万元，宁波光学仪器厂以厂房、生产设备等作价出资 700 万元，双方共同成立宁波永新光学仪器有限公司，一个富有现代气息的新公司出现了。自此之后，永新光学在开放中不断向同行领先企业学习，一路奔跑，开启了快速成长之路。

永新光学进入电子信息产业，大步迈向国际市场。1999 年，永新光学投资光学元件事业，在国内率先将传统光学带入了电子信息产业。2004 年，公司被蔡司公司显示技术部认定为全球第 6 家 A 级供应商。2007 年，公司通过了摩托罗拉公司的供应商审核。2009 年，公司获颁索尼公司"绿色伙伴"证书，成为索尼公司绿色供应链合作伙伴。

永新光学并购江南光学仪器厂，显微镜技术国内领先。2005 年，曹光彪在香港的母公司投资当时中国显微镜行业领军的南京江南光学仪器厂，对公司进行现代化装备的投资和改造，并将公司改制为南京江南永新光学有限公司（简称江南永新光学）。2008 年，宁波永新光学并购江南永新光学，两家企业开始融合发展，显微镜的一些关键性技术处于国内领先，主机性能达到国际同步。

永新光学参与国家重大工程，技术创新能力大幅提升。2010 年，"嫦娥二号"人造卫星顺利升空，其中永新光学与浙江大学联合研制的 4 款监控相机镜头和降落相机镜头帮助嫦娥二号有了明亮的"眼睛"。2010 年，永新光学获批成立博士后科研工作站，并先后当选为中国仪器仪表行业协会第六届副理事长单位和光学仪器分会理事长单位。

随着市场能力与技术能力的不断提升，一个崭新的永新光学应运而生，逐步开启新时代腾飞的又一篇章。

新时代腾飞（2012年至今）

2012年中国共产党第十八次全国代表大会隆重召开，开启了中国特色社会主义新时代。在新时代的第一个十年里，永新光学自主研制的共焦显微镜实现首台销售，打破了国外企业34年的市场垄断，不仅取得了巨大的商业成功，并且通过与浙江大学、复旦大学、宁波大学等高校之间建立稳定的产学研合作关系，突破了多项关键光学核心技术，为国家科技自立自强贡献着永新光学的力量。

在新时代，永新光学加快了通过产学研进行技术创新的步伐。随着嫦娥二号相机镜头的成功，永新光学再次与浙江大学联手，分别于2013年和2019年为嫦娥三号和嫦娥四号制造了降落相机镜头，助力中国航天事业的跨越式发展。2016年，永新光学牵头承担了"十三五"国家重大科学仪器开发项目"高分辨荧光显微成像仪研究及产业化"，为永新光学进一步切入显微镜高端市场打下了坚实基础。2019年，与浙江大学共同申报的"超分辨光学微纳显微成像技术"荣获国家技术发明二等奖。2021年，永新光学再次牵头承担了"十四五"国家重点研发专项"超高分辨活细胞成像显微镜研究与应用"，企业技术中心也被认定为国家级，不断趋近光学显微前沿技术领域。2021年，永新光学制造的"医学样本显微观察记录装置"随天和核心舱入驻中国空间站，这是中国自主设计与制造的第一台太空显微实验仪，创造了中国光学发展史上的又一个新纪录。

在新时代，永新光学被评为国家级制造业"单项冠军示范企业"，并成功上市。2017年，公司参与国家第二批制造业单项冠军企业评选，凭借光学显微镜产品，成功入选第二批国家制造业单项冠军培育企业，2020年复评升级为国家级制造业"单项冠军示范企业"。这既是国家与市场对永新光学产品的肯定，也是永新光学自身实力的证明。2018年9月，公司在上交所A股主板上市，标志着永新光学站上了一个新的起点。

在新时代，永新光学主导了国际标准的制定，有效提升了我国光学仪器行业的国际影响力。2020年11月，在柏林召开的"光学和光子学"国际标准会议上，由永新光学主导定制的"显微镜成像系统和成像部件的连接尺寸要求"国际标准ISO9345通过了委员会审查，这是中国人首次在光学精密仪器领域拥有了话语权和主导权。

不忘初心，方得始终。20多年的筚路蓝缕，从无到有，从负到正，永新光学从一家只能生产普通教学显微镜的工厂，发展成为国内光学细分行业的龙头企业。

企业发生了深层次、根本性、历史性的变化，在波澜壮阔的奋斗中呈现出一派新风貌。

▶ 自有后来人

自从 1997 年永新光学成立，它的砥砺前行就和一个人的身影不可分割，他就是主导了公司技术和商业发展的现任公司联席董事长兼总经理毛磊。

与此同时，曹光彪的儿子曹其东担任永新光学董事长，将"宁波帮"的商业故事续写到了第二代，他说："永新的目标，是打破高端显微镜行业的国际垄断，不仅要完成守业，还要攀登更高的山峰，开创更广的天地。"

家族传承与职业经理人配合，是一条独具特色的传承之路。

提着一只皮箱赴甬

1982 年，毛磊从浙江大学光仪系毕业，分配到南京江南光学仪器厂，主要从事显微镜设计。毛磊从工程师做起，29 岁成为副总工程师，33 岁接任总工程师，是江南光学最年轻的总工，管理着 100 多位工程师。

曹光彪先生（左）与毛磊合影

1997年，对于毛磊来说，是一个具有分水岭意义的年份。那时，36岁的他已经取得了出色的成绩，人生轨迹如果没有转向的话，接下来他应该会沿着原本的道路继续前进。

时机如此妥当。那年浙江大学迎来百年校庆，毛磊被邀请坐上了嘉宾席。这一次，他遇到了人生中一个相当重要的人物，香港著名实业家曹光彪。

"那时候曹先生出资控股的宁波光学仪器厂想请一个既懂技术又具有国际化视野的年轻人来管理，委托浙江大学帮忙物色，我大学时的恩师就推荐了我。"机会来得很突然，对于在南京江南光学仪器厂已经工作了15年，并且顺风顺水、前途大好的毛磊来说，这不是一个容易的选择。

"和曹先生接触以后，他低调务实的品行、高瞻远瞩的谋略，以及爱国爱乡的情怀，使我对公司的未来充满信心。我当时对曹先生说，产品我会去开发，钱我会去努力挣，但挣来的钱想先用于发展企业。他对我的想法很支持，这使我吃了定心丸。"虽然南京的单位努力挽留。但是毛磊决心已定，半年之后提着一只皮箱只身来到陌生的宁波。

2005年，毛磊作为母公司香港永新洽谈投资江南光学仪器厂的代表之一，再次回到了江南光学仪器厂，他与曾经的同事们都感慨万千。最终，经过公司的战略性考虑，江南光学仪器厂被香港永新控股。2008年，毛磊以宁波永新光学总经理的身份，同时出任江南永新光学董事长。

携手渡过暗流

2005年，与浙江毗邻的江苏正在历经一场轰轰烈烈的巨变——国有企业改制与改革。彼时，毛磊的老东家江南光学仪器厂也正面临着改制带来的挑战。

在历史上曾经拥有3000多人的江南光学仪器厂，可以说是一家不折不扣的老牌国有企业。然而，几十年间，活力变得越来越弱。在变革的风口上，政府下定决心想要借助民营企业的力量，盘活那些日渐式微的国有企业，并通过公开招标的方式招兵买马。

在董事长曹其东和总经理毛磊的眼中，经过8年潜心沉淀的永新光学已经驶上发展的快车道，若想让企业在中国显微镜领域内做大做强，就应该尝试将江南光学仪器厂并入。国有企业改革，无疑是一个千载难逢的好机会。在几经交流与磋商之后，决定通过香港永新参与改制，控股江南光学仪器厂。

然而，变革也常常伴随着剧烈的阵痛。

在完成一系列繁杂的程序之后，政府正式对外公示了结果。在外人眼中，这场合并似乎已经告一段落。但只有曹其东和毛磊知道，这个老牌国企内部翻涌着暗流：3000 多名员工还未适应眼前的这一变化。

他们的思想还滞留在过去，深深植于对老厂的感情中，并且认为外来资本的涌入可能会"打烂"他们原先的"铁饭碗"。带着强烈的抵触情绪，一部分员工封闭了工厂，造成了大规模的停工停产。与此同时，还有 40 位中层干部也被封锁在厂区之中。这样白热化的僵持，持续了 6 天 5 夜，最终在各方的努力下才得以解除。

大家心知肚明，虽然表面上工厂生产秩序恢复，但员工们的心还未有所归属。对于一个企业来说，没有人心，就没有未来。

事件期间，曹其东特地从香港赶到南京，亲自协调处理。当事件告一段落时，在南京白宫大酒店召开了一场全体中层干部参加的工作会议。

在晚餐现场，他数次向参会干部们致谢，将自己的一片赤诚和真心传递给了对方，也郑重地将这个企业托付给了在座的各位。

在曹其东眼中，这千钧一发之际，信心是员工们最需要的东西。于是，他用洪亮的嗓音告诉各位："我们尊重江南光学仪器厂的员工与过去的历史，并且会对所有员工承担我们的责任。"他也庄严地承诺，会更加努力地经营整合后的企业，并将它建设成行业内真正的龙头企业。

在经历了风波起伏之后，这场对话如同一场及时的春雨。话音刚落，全场掌声雷动，久久不息。有的干部眼含热泪，也闪着希望的光。

10 年之后，永新光学登陆上交所。企业真正兑现了承诺，从未主动解雇过任何一位江南光学仪器厂的老员工。

当年曹其东掷地有声的承诺，真正浸润了每一个新老永新人的心，直到如今。

冲刺 IPO 之路

2008 年，永新光学完成了对江南光学仪器厂的并购，并开启了两家公司的磨合期。在经历 7 年的整合后，企业走势一路平稳向好，挂岗员工也从原先的 1000 人降至 260 人。在几次谨慎的评估之后，董事会决定，开始谋划再一次的冲刺，这次的"永新梦"，是登陆资本市场。

于是，上市的准备工作紧锣密鼓地开展起来。2017 年 6 月，永新光学完成并申报了 IPO 资料。2018 年 6 月，董事长曹其东与总经理毛磊前往北京接受中国证监会发审委问询。

初夏的北京，气温升高，石榴树绽放出一朵朵火红的花朵，宛似一颗颗火红的心。对于大多数在夏天来到北京参加过会的企业负责人来说，这样的温度简直令人躁动难安。毕竟，过会是企业上市过程中的必经之路，紧张到冒汗太正常不过了。

但曹其东与毛磊的心境却相对平静，可能是因为经历了过去 18 年翻腾的巨浪，如今面对这个紧张时刻，反倒显得相对从容。二人在北京金融街办理入住后，将答辩的思路整理了一遍又一遍，准备轻松上阵。

问询当天终于到来。曹其东与毛磊早早来到证监会，在等待过程中，两个人甚至还找到一个模拟报告厅，拍下了一张站在讲台前的照片。

所有的轻松气氛，终结在了进入会场的那一刻。在两人的回忆中，问询会现场似乎是另一个世界，各位发审会委员端坐两侧，神情严肃地看着进场的两人及保荐代表。这种庄严是必要的，毕竟上市对于每一个企业来说，都会带来翻天覆地的变化。

过会的全过程由曹其东主持，一共持续了 45 分钟左右。对方一共给出了 5 个大问题与 15 个小问题，两人稍作思考，逐一开始回答。虽然，这其中也有一两个尖锐的问题，但总体而言，整个过程还算顺畅。

答辩完成后，现场又陷入了一片寂静。从会场走出去的时候，曹其东和毛磊都长长地舒了一口气，心想，虽然还不知道结果如何，但尽力了。

本以为将会迎来一段漫长的等待过程，却没想到只过了几分钟后，二人就被喊了回去，被告知通过了。

听到"通过"这两个字时，在场的券商、保荐人以及中介机构都开始欢呼雀跃。曹其东与毛磊自然也是激动万分，可当时，还有另一家公司也在现场准备过会，需要保持安静。他们两个人选择另一个方式庆祝，那便是在证监会门口留下一张合影，定格了这个珍贵的瞬间。

在按下快门的那一刻，曹其东与毛磊的笑容中带着一份冷静与自信。那时的他们，一直都坚定地相信着只要把劲都往一处使，总会有好结果的。

当年，过会前的他们，怎么都不会想到，2018 年是有史以来上市首发 IPO 过会率最低的一年。而永新光学，就是那个努力的幸运儿，打开了历史性的崭新

照片定格下曹其东与毛磊携手过会的珍贵瞬间

一页。

无论是投资宁波光学仪器厂还是收购江南光学仪器厂,曹其东牢记父亲嘱托,不管负担有多重,不解雇任何一个员工,不能让工人的生活受到影响,一定要把这个难关渡过去。正是因为这种坚持与执着,永新光学形成了以人为本的管理思想,善待员工,依靠价值观认同来促进员工及企业的融合。

曹其东认为,企业传承是继承、转型、升级的过程。现在永新光学已成为他个人最重要的一项事业。2019年,宁波市政府授予曹其东宁波市荣誉市民称号。

第三代的足印

曹志欣是曹其东的儿子,是"宁波帮"的第三代,也是家族同辈中唯一留在宁波发展的"80后"。

曹志欣在香港上的小学和初中,在美国上的高中,2005年进入清华大学法学院学习。大二暑假那年,他在永新光学的车间里做一个装配工人。当时天气很热,经常是汗水湿透衣背,下班后就累得动弹不得。曹志欣至今记得当时工作的艰苦,但他认为这些磨炼都是值得的。"从小到大,爷爷经常教导我们,一个国家的基础是实业,一个成功的企业家要从基层做起。"

2009年大学毕业，曹志欣放弃了到上海创业或者去海外投行工作的机会，选择来到永新光学。尽管父亲曹其东是企业的董事长，但他依然从最基层的工作做起，先后在市场部、总经办等部门历练。

利用自己在海外生活过的背景和法学专业的优势，曹志欣不仅在发展海外客户时游刃有余，还给公司在管理方面带来国际化理念和做法。

他一直牢记父亲对他的教导："新'宁波帮'应该继续发扬开拓创新、敢为人先的精神。"经过4年的磨炼，曹志欣于2013年出任永新光电实业有限公司董事、总经理，任宁波永新光学董事；2021年担任宁波永新光学副董事长。

曹志欣曾说，作为曹光彪的孙子，自己也要像祖父和父辈那样，无私奉献，回报家乡，回报社会。

为促进宁波与各地的交流合作，他经常邀请各行各业的精英来宁波，成为生活在香港及其他城市亲友与家乡联系的桥梁。他曾获得第十四届宁波市十大杰出青年、宁波市荣誉市民、宁波新锐侨商等荣誉。

"宁波帮"爱国爱乡、敢为人先的传统精神在曹家三代人身上薪火相传着；"中国光学摇篮"江南光学仪器厂救亡图存的民族情怀与"宁波帮"精神，也通过毛磊总经理的连接，在曹其东董事长的掌舵领航下，不断融合，不断发展。

接班人说

> 永新光学是目前我个人最重要的一项事业，公司将努力树立中国科学仪器产品在世界上的优质形象，尽早成为国际知名的光学企业。用宁波话说，我们要把这个企业做得热闹一些。
>
> （曹其东）

时光仿佛并未远离，而是悄悄沉淀在文化之中。美国著名管理大师吉姆·柯林斯提出："真正让企业长盛不衰的，是深深根植于公司员工心中的核心价值观。"经过历史的积累，智慧的传承，永新人的努力，"至诚至善 求是创新"的价值追求已成为永新光学企业文化的核心。

从微观到宏观，永新光学为人类开拓着视野的极限；从传统光学到智能视觉与生命科学，永新光学正在树立中国科学仪器产品在世界上的优质形象。曾经的辉煌与挫折，那些波澜壮阔、力挽狂澜、全新蜕变的重要时刻，无论伟大还是平凡，都因为它的独特性，被标注在时光的日历上，彪炳在企业史册中，流传在日常故事里，经过数十年岁月的洗涤沉淀，成为永新光学独具特色又有着旺盛生命力的企业文化。

企业文化是公司生存发展之路上的大命题，未来企业之间的竞争，在某种意义上说就是企业文化的竞争。没有价值观的推动以及文化的认同，企业无法走得更远、登得更高。随着物联网和人工智能的快速发展，永新光学正面临着前所未有的快速发展机遇。面临新的机会窗口，永新光学不仅要在产品、战略以及内部运营管理上下功夫，还要传承维护好永新光学的核心价值观。只有那些善于汲取先进文化并创造出自己独特新文化的企业，才可能成为时代的佼佼者。

一切伟大的成就，都是接续奋斗的结果；一切伟大的事业，都需要在继往开来中推进。永新光学融入了"中国光学摇篮"救亡图存的民族情怀，肩负着振兴民族光学工业的崇高使命。几十年来三代人专注光学是因为心中始终怀抱着成为世界一流光学精密仪器制造企业的光荣与梦想，新一代永新人不仅仅要守住基业，还要攀登更高的山峰，努力探索光学技术的前沿，开创更为广阔的天地。

时光不负有心人，星光不负赶路人。站在新的起点上，永新人初心不改。在向"百年老店"发起冲锋之时，一个现代化的光学企业正在续写新时代的辉煌篇章，永新光学的未来令世人更加向往。

永新光学研发的激光共聚焦显微镜

"人民"的眼光

从"大上海"回乡办厂,他让人们知道了"温州有个郑元豹"。从草创市场中闯出一片天空,他的"三不原则"历久弥新。

交棒已经完成,人民控股集团有限公司(简称人民控股集团)留下了新老两代人探索企业内涵的足迹。

君子"豹"变

生于 1958 年的郑元豹，这一生是"打"出来的。至今，郑元豹回忆往事时依然感喟。

他从小就有一股子不服输的劲儿，像海边坚韧的礁石，任凭风浪拍打，始终矗立。

温州的这一代企业家普遍出身"草根"，有人补鞋，有人打鱼，而郑元豹则干脆没鞋穿。他说："我们老家很穷，一直到十几岁我都没鞋穿，书也只读了 6 年。"

"三打"求生，一拳扬名

13 岁学打鱼，4 年后，为了能每天多挣 5 毛钱，他转行打铁。

打铁不仅能满足生活所需，更锻炼了他的体格和毅力。凭借过人的毅力和聪明，原本需要学 3 年的打铁技艺，郑元豹短短几个月就掌握了。不久后，他开了家铁匠铺，创业之路由此起步。

温州南拳独树一帜，民间习武成风。打铁之余，郑元豹痴迷习武打拳，成了当地有名的武师。

1981 年，一位来自河南登封少林寺的武师来温州教拳，在郑元豹的家乡乐清翁垟摆下擂台，挑战当地武者。师父鼓励时年 23 岁的郑元豹上台应战，不到 10 分钟，他以一记"黑虎掏心"击倒对手。

这一拳，不仅让郑元豹名声大噪，还吸引了十里八乡的青年子弟拜师学艺。据统计，他前前后后教出了 3000 多个徒弟。

武道和商道亦有共通之处，

年轻时习武的郑元豹

郑元豹"以拳证道",证明无论身处何种领域,只要有恒心、毅力和勇气,都能成就一番伟业。

创始人说

> 打鱼、打铁、打拳都需要坚强品质,尤其是练武对自己的控制能力要求比较高,要求刚中有柔、柔中有刚。做企业也一样,必须有坚强意志,并懂得运用技巧和智谋。
>
> (郑元豹)

临危受命,"起死回生"

当年的乐清柳市镇,低压电器厂遍地开花,但产品质量参差不齐,在市场上名声并不好。郑元豹却坚信,只要用心去做事,对得起人民,对得起自己的良心,温州产品的市场一定能够继续扩大。

靠开铁匠铺、办武馆,他攒下了创业的启动资金。1976年,经人介绍,他在杭州飞鹰机电控制厂开始了小作坊式的创业实践。在杭的6年中虽然挣钱不多,但他掌握了不少技术。1982年,郑元豹考察后承包了上海南汇机电设备厂,"杀"入沪上。

后来接到家乡领导电报,邀请他回乡创业,他没考虑多久便答应了,接手因生产CJ10交流接触器而经营困难的乐清人民低压电器厂。

宁可不赚钱,也要将产品质量提上去。他充分发挥小企业"船小好调头"的优势,精简机构,压编减员,充实技术人员,提高产品质量。短短一年,厂里的产品便从无人问津转变为供不应求。CJ10交流接触器系列产品在电器市场一炮走红,为企业赢得了良好的口碑。

这款产品获得首批原国家机械部颁发的产品生产许可证,为后来"人民电器"品牌的诞生奠定了基础。

创始人说

> 宁失利益,不失市场;宁失数量,不失质量;宁失面子,不失顾客。
>
> (郑元豹)

勇立潮头，扬帆而进

在充满变革与机遇的 1992 年，邓小平南方谈话如同一把钥匙，为迷茫中的乡镇企业打开了通向新世界的大门。

眼光独到、行事果决的郑元豹，顺应并把握住了这股时代潮流，带领团队将原本的传统企业改造成充满活力的股份制企业。同时，他斥重金购置了柳市镇电器城整栋大楼的 2 至 5 层作为生产基地，又在繁华地段设立了经营部，并高调竖起一块巨幅广告牌，上面四个大字：人民电器。

20 世纪 90 年代中期，中央高层领导考察温州后，对"温州模式"给予了高度评价，这无疑给郑元豹带来了极大的信心。他说："我的决心和信念也来自于此，我要风帆并举，直挂云帆济沧海。"伴随充满豪情壮志的话语，乐清人民低压电器厂仿佛一艘巨轮，扬帆起航，向着广阔的大海进发。

在这份自信与决心的驱动下，郑元豹以技术创新为核心引擎，严抓品质管理，积极拓展市场，一步步推动产品多元化，提升市场竞争力。

1996 年，他引领下的乐清人民低压电器厂兼并了温州 66 家电器企业，组建了浙江人民电器集团（简称人民电器集团），实现了从量变到质变的飞跃。这一举动犹如一声惊雷，震动了整个行业。

人民电器集团的老厂房

1997年6月，经国家工商行政管理总局批准，人民电器集团正式成为全国无区域性民营企业。从此，人民电器集团犹如插上了一双腾飞的翅膀，在神州大地上自由地翱翔。

创始人说

> 我们必须推行管理机制和管理秩序的改革。不然，企业最终还是驶入不了发展的快车道。
>
> （郑元豹）

合纵连横，改革扩张

1999年，郑元豹"挥师东进"，人民电器集团雄心勃勃地对上海34家国有或集体企业展开了兼并、控股、联营的大手笔操作，这一举措在上海滩引起了不小的震动。

次年年初，郑元豹果断决策，人民电器集团正式入驻繁华的大上海，设立了上海分公司，并在誉满华夏的"中华机电一条街"——上海市北京东路465号豪掷重金购置了一片3000平方米的行政办公区，随后更投入1.2亿巨资，精心打造了一个占地200多亩的现代化"人民电器工业园"。

2001年，郑元豹上演了一场令人拍案叫绝的商业并购大戏。他瞄准了全国同行业排名第二的江西变电设备总厂，成功实现并购，一举实现人民电器集团向输变电行业的深度渗透。

这场并购的成功，不仅让江西变电设备总厂起死回生，也为人民电器集团带来了巨大的经济效益。原本连年亏损的工厂，在郑元豹的领导下逐渐实现了盈利，每年为国家贡献了大量的税收。

郑元豹也对员工的时间观念进行了改造，实施承包制，每个人每天工作8个小时，但必须保证效率。员工们的积极性被充分调动起来，企业管理也变得更加规范。他研究系统管理，优化技术环节，改造设备，关注市场动态。这样一来，效率自然就上来了。

人民电器集团总部

创始人说

> 那时候,江西变电设备总厂的工人很多,但没有业务,连年亏损。他们愿意将厂子一块钱卖给我,厂房设备都归我,条件是接收工人。我知道,这是一次挑战,也是一次机遇。我们承诺工人每个月可以拿到600元,比原来高出很多。然后我们对工厂进行了全面的改造,包括工艺、设备和管理等方面。我们的目标是提高效率,降低成本。6个月后,工人们的月工资达到了900元,我们兑现了之前的承诺!
>
> (郑元豹)

品牌立业,多元发展

2002年,郑元豹果断启动了多元化战略,组建人民控股集团(旗下有包括人民电器集团在内的六大集团,下文统称为人民集团)。

郑元豹敏锐地意识到,要顺利推进多元化战略,关键在于"人民"这个品牌。他深知,品牌的力量是无穷的,它可以为企业带来无尽的商机和声誉。要实现从产品经营到品牌经营的转变,就必须全面覆盖全产业链,从低压向高压、超高压迈进,从元器件到大型电力设备,无一不包。

从传统制造到资本运营，郑元豹带领着人民集团实现了华丽的转身，逐步形成了以工业电器为核心，横跨能源开发、现代物流、电子信息、进出口贸易、投资等领域的多元化产业格局。

为了加大品牌推广力度，人民集团在行业内率先开展了"售后服务万里行""营销服务万里行"等活动。这些举措不仅改进了产品质量，提升了服务水平，而且对"人民"品牌的传播产生了深远的影响，树立了企业良好的形象。

2006年9月，人民集团的PEOPLE牌万能式断路器被授予"中国名牌产品"称号，这是人民集团继夺取"国家免检产品"和"中国驰名商标"之后，在品牌建设领域取得的又一骄人成绩。

然而，郑元豹并没有因此而满足。为了让"人民"品牌更加深入人心，2007年，他创造性地在人民集团设立了"8·18人民质量日"，真正将全民品质意识和全民品牌推广工作落到了实处。

人民集团也因这种不断追求进步的精神，取得了一系列举世瞩目的成就：获国家科学技术进步二等奖；荣获全国质量奖、"中国电器工业最具影响力品牌"；产品进入上海世博园各大外国展馆；入选中国电气工业100强……

经过30多年的奋斗，到2024年，"人民"品牌价值已达到897亿元，是当之无愧的中国工业电器领域第一价值品牌。

对此，郑元豹保持谦逊和冷静。他的心愿是将"人民"品牌打造成享誉世界的民族品牌，让品牌的旗帜骄傲地飘扬在地球五大洲土地上，彰显中国民族企业的卓越风采和不朽力量。而这个愿望，正随着每一个坚实的脚印，一天天地变得触手可及。

伴随人民集团的高速发展，郑元豹也先后获得浙江省功勋企业家、劳动模范、中国十大经济风云人物、中国十大企业思想家、全国优秀企业家、中国改革35年35位杰出人物等称号。

▶ 变奏中成长

人民集团的发展可总结为5个阶段：初创期、扩张期、发展期、创新期和创意期。在这5个阶段中，创始人郑元豹的领导力起到了关键作用，奏出了悦耳的创业曲，谱写了华丽的乐章。

序曲：十年风雨（1986—1996 年）

1986 年，改革开放的春风吹拂祖国大地，郑元豹敏锐地捕捉到了时代的脉搏。凭借仅有的 12 名员工、3 万元资产，回乡的他踏上了创业之路。

郑元豹深知，要想在激烈的市场竞争中立足，必须不断变革、创新、突破。他带领全体员工紧跟国家改革开放的步伐，积极参与国内外竞争合作，用智慧和汗水书写着属于自己的传奇。

经过十年的艰苦奋斗，他成功组建了人民电器集团。在"人民电器，为人民服务"的核心价值观引导下，郑元豹和他的团队矢志于塑造一个享誉全球的人民电器品牌。

第一乐章：开疆拓土（1997—2001 年）

世纪之交，中国经济步入高速发展的快车道，人民电器集团也迎来了属于自己的"2.0 时代"——锐意进取、开疆拓土的扩张期。

1997 年，人民电器集团昂首阔步，成为全国无区域性大型企业集团。1998 年，郑元豹挥洒自如，运用兼并、控股的妙手，整合改造了 60 多家企业，为未来的发展打下了坚实的基础。1999 年，人民电器集团动工兴建占地 75 亩的高新技术工业园，这是郑元豹对技术创新的坚定承诺。同年，他又不失时机地在上海成立了分公司，开始了对这片经济热土的深耕细作。

进入新千年，人民电器集团荣获浙江省高新技术企业的称号。这是对集团在科技创新方面努力的肯定，而郑元豹的目光却早已投向更远的地方。

2001 年，他运筹帷幄，成功兼并了江西变电设备总厂。这一壮举不仅实现了人民电器集团在输变电行业的扩张，更是郑元豹对市场脉搏的精准把握。他不仅看到了变电设备行业的巨大潜力，更看到了通过兼并整合，实现资源优化配置的机会。

第二乐章：渐入佳境（2002—2011 年）

在这段生机勃勃的发展期，郑元豹以其高瞻远瞩的视野和坚韧不拔的执行力，引领集团踏上了多元化战略的新征程。

2002 年，他主导组建了人民控股集团，荣登中国民营企业 500 强榜单的第 11 位。

2003年，人民电器集团再创辉煌，首次入选中国企业500强，展现出在行业的强大竞争力。同年，郑元豹积极推动人民集团旗下业务板块的延伸，组建了人民万福集团，进一步拓宽了集团在多元化产业中的布局。

2004年，"人民"品牌在中国500最具价值品牌排行榜上傲然屹立，标志着集团品牌经营战略的初见成效。2006年，"人民"商标被国家工商管理总局认定为中国驰名商标，为集团品牌价值的提升写下浓墨重彩的一笔。

2007年，人民电器集团成功签约越南最大水电项目——太安水电站，进军国际能源开发领域；同时，作为西昌卫星发射中心嫦娥（探月）工程的电气设备供应商，集团用先进的技术和可靠的产品为国家航天事业贡献了力量。这一年，人民电器集团还向中国光彩事业基金会捐赠1000万元，设立人民电器慈善公益基金，回馈社会。

2008年，人民电器集团荣获了中国质量领域最高荣誉——全国质量奖，同时助力我国"神舟七号"翱翔蓝天。2009年，人民输变电超高压制造基地在江西南昌盛大落成，标志着集团在高端装备制造领域的重大突破。

2011年，人民电器集团继续扬帆前行，湖北总部基地项目的正式启动，预示着集团在中部地区的重要战略布局已全面展开。郑元豹以敏锐的洞察力和高效的执行力，不断推动人民集团在多元化产业格局中砥砺奋进，铸就了人民3.0时代科学而又辉煌的发展轨迹。

第三乐章：创新舞曲（2012—2020年）

人民集团如同一艘智慧之舟，乘风破浪，驶向了创新的未来。郑元豹，这位具有远见卓识的舵手，引领着航船在科技的海洋中遨游，从传统制造的岸边，一跃跨入了智能化、信息化、数字化、自动化、模块化的新世界。

这一时期，人民电器集团不仅在产品和服务的质量上攀登新高，更在综合设备制造、技术咨询服务和工程施工领域锐不可当，逐渐成为业界瞩目的产业解决方案提供商。郑元豹深知，唯有不断创新，才能在激烈的市场竞争中立于不败之地。于是，他带领团队深入探索物联网、大数据、智能装备等前沿科技，将集团的发展方向与国家的"一带一路"倡议紧密结合，打造出"实体加资本""国内市场加国际市场"的"四轮驱动"模式，加速了从工业4.0到系统5.0的智慧转型。

2013年，人民电器集团荣获中国改革优秀单位荣誉称号，郑元豹个人被评为"中国改革开放35年·35位杰出人物"，这是对他改革创新精神的高度认可。

2016年，人民电器集团荣登中国电器工业智能制造示范企业的宝座，同年又摘得中国质量提名奖的桂冠。这些荣誉背后，是郑元豹和他的团队无数个日夜的辛勤付出和不懈追求。

2017年，人民华智通讯技术有限公司的成立，标志着人民集团在通信技术领域迈出了坚实的一步。同年，投资21.8亿的浙江省级重点产业化项目——人民电器集团高新技术总部产业园正式动工，这是集团发展史上的又一座里程碑。而人民电器集团入选全球机械500强，更是国际上对郑元豹领导下的人民电器集团实力的认可。

郑元豹

2018年，人民万福（合肥）产业园项目的动工兴建，为人民集团发展再添新动力。到了2020年，人民控股集团（山东）产业园项目在枣庄国家高新区落地生根。同年，人民供应链集团成立，更是展现了郑元豹对产业链整合和优化的深远布局。

郑元豹以其卓越的领导力和前瞻性思维，引领人民集团不断突破自我、刷新界限，书写了一篇篇令人瞩目的发展新篇章。

第四乐章：创意奏鸣（2021年至今）

2021年进入5.0时代，人民集团走进一个全新的发展阶段——"创意期"。

秉持"放眼世界、思维全球、梦想未来"的发展理念，集团将创新、创业、创意三者融合在一起，依托"人民5.0战略"进行了二次创业。

2021年，在原有的人民电器集团、人民万福集团、人民供应链集团的基础上，人民产业集团、人民金控集团相继成立，5位年轻有为的董事长肩负起新的使命。自此，人民控股集团旗下的六大集团犹如五指紧握，共同谱写着协同发展的新篇章。

人民电器集团高新技术总部产业园的落成，更是为集团的未来发展插上了腾飞的翅膀。上海中心的设立，以及北京、深圳分中心的布局，展现了集团立足国内、放眼全球的战略视野。而与华为的联手，更是为集团在工业互联网、半导体/光电显示产业化基地的建设上注入了强大的动力。

2022年，国际欧亚科学院"人民院士"专家服务中心在北京正式成立，不仅为人民集团汇聚了顶尖的智力资源，更为集团的科技创新注入了新的活力。而人民百业科技公司研发实验室成功申报裸眼3D智能制造工程技术研究中心，更是标志着集团在裸眼3D技术领域的领先地位，为集团的未来发展开辟了新的天地。

2023年，人民产业集团（安陆）科创产业园项目动工，预示着集团在新一轮的科技创新和产业升级中又将迈出坚实的一步。这不仅是集团实力的展示，更是未来发展信心的体现。

2024年，随着内蒙古中统能源产业园、人民控股集团华东区域总部和生产基地项目在包头和南通的陆续开工，人民集团的战略版图进一步扩张，标志着集团在区域发展上的重大布局。同时，成立人民能源集团，进一步丰富了人民集团的业务版图，为集团的多元化发展战略增添了新的动力。

在"人民5.0"时代，郑元豹董事长以其卓越的战略眼光和坚定的领导能力，带领着人民集团以前所未有的速度和力度，向着成为全球领先民族品牌的目标迈进。

▶ 跨越新高峰

在波澜壮阔的企业发展史上，每一个辉煌的成就都离不开一代又一代企业家的接力传承与砥砺前行。在这个充满变革与挑战的时代，人民电器集团迎来了新一代的接班人——郑经洁。

从国内顶级学府中的深研砺学到企业实战中的运筹帷幄，他的成长轨迹犹如一条璀璨的光带，为集团的未来发展照亮了新的航程。

名校培养的接班人

入学西安交通大学是郑经洁求学生涯中一个重要节点。这座历史悠久的名校以其卓越的学术氛围和严谨的治学态度，为他日后的成长奠定了基石。

在这里，他选择了工商管理专业，立志成为一名具备全球视野和创新精神的企业家。本科期间，他主修了企业战略管理、财务与控制、资产投资、经济分析等课程，不仅系统地学习了现代企业管理的理论知识和实践技能，还培养了自己的团队协作能力和跨文化沟通能力。

为了进一步提升自己的专业素养和国际视野，郑经洁决定继续深造，攻读中国人民大学的财政金融专业研究生。这所会聚了国内外顶尖的金融学者和实践家的学校，为他提供了更加广阔的学习平台。他主修了金融理论与政策、金融运行分析等课程，深入探讨了金融市场的本质和规律，掌握了金融市场分析、投资决策和风险管理等方面的专业技能。

2008年7月，郑经洁步入人民电器集团的大门，开始了企业传承与创新之路。他从协助集团董事长处理日常事务起步，逐步主持团委工作，负责销售业务直至掌管人民电器集团全局，步步为营、稳扎稳打，展现了一位年轻管理者特有的成长历程。

接班人说

> 从法人治理结构来讲，公司董事会、监事会等各有分工，每个人的岗位、角色都是很清楚的。对于公司来说，你做好自己的事情其实就是最大的贡献。
>
> （郑经洁）

彼时，人民电器集团在业界已声名鹊起，但面对瞬息万变的市场环境和全球化竞争态势，郑元豹董事长深知唯有锐意进取、不断创新才能保持领先地位。他寄予郑经洁厚望，期待他在继承优良传统的同时，能以更加开阔的视野和前瞻性的战略思维引领企业走向新的高峰。

信息化浪潮中的领航者

2010年,郑经洁接过副董事长的重任之际,正值人民电器集团全力推进信息化建设的关键阶段。理论底蕴深厚的他,被委以项目副总监的重任,成为集团信息化进程中的"操盘手"。

面对当时只有寥寥五六人的团队,郑经洁并未因资源有限而却步,而是带领着这支精锐队伍,从组织架构到业务蓝图、流程再造等,全方位开展了一场深度的企业变革。

经过3个月紧锣密鼓的筹备和整整一年扎实有力的推进,郑经洁深入基层,将触角延伸至各个业务部门,洞察流程痛点,顺利完成了系统的基础配置、集成测试及模拟上线等重要环节,2012年9月1日,成功实现系统上线运行。这一过程中,他也从一名初涉管理的新秀,迅速蜕变成为信息化领域的行家里手。

据统计,人民电器集团为此项目累计投入2000余万元,召开专题会议超过1200场,培训员工高达1500人次,项目团队成员加班加点总计5400多小时,规范并优化了多达159项业务流程。

此番战役,不仅大大提升了人民电器集团对市场信息的快速响应能力和灵活处理效率,显著提高了客户服务标准,更是增强了企业的核心竞争力。后来,集团获得了浙江省"两化融合"示范单位荣誉。

接班人说 当时我几乎每晚都是深夜回家,有时甚至熬至凌晨两三点,虽然疲惫不堪,但内心充满喜悦。

(郑经洁)

郑经洁深深体会到了每一次成功的背后,都凝聚着辛勤的汗水和不懈的坚持。这份坚守和付出,让他深刻理解了父辈企业家对于实业的热爱、对事业的执着以及务实创业的精神风貌,这种精神传承在他身上得到了生动体现。

信任与责任的交接

2020年接任董事长一职后,郑经洁以守正创新的姿态,肩负起引领企业迈向更高远未来的重任。这位年轻的舵手,在人民电器集团的10多年磨砺中,铸就了一颗坚韧不凡的心,深知唯有在守护基业的基础上不断创新,方能驾驭时代洪流。

2021年，人民电器集团创业35周年庆典暨总部产业园落成仪式之际，一场庄重而热烈的委任仪式上演。集团创始人郑元豹以满怀期许的眼神和深沉有力的动作，将象征着权力交接的委任书郑重交付于儿子郑经洁手中。

这一刻，不仅仅标志着企业领导权的平稳过渡，更是老一辈创业者对新一代领导者锐意改革、勇攀高峰的深深认可与殷切期待。面对这份厚重的事业接力棒，郑经洁心怀感恩，深知其承载的是前辈们艰苦奋斗换来的坚实平台，以及那无法割舍的责任与担当。

郑经洁深谙，构建信息化体系是提升企业竞争力、抵御市场风险的战略高地。他秉持父辈务实进取的精神，运用云计算与大数据分析技术，有效优化运营流程，大幅提升企业的整体管理水平和可持续发展能力，驱动内控体系不断向精细化、科学化迈进。作为青年企业家，郑经洁积极倡导并践行产品全生命周期管理模式，大胆引领产业升级，借助科技力量推动产品研发迭代更新，有力促进了企业网络协同制造模式的蓬勃发展。在他的引领下，人民电器集团犹如一艘满载智慧与实力的巨轮，在市场经济的大海中稳健航行。

郑经洁掌舵下的人民电器集团继续保持强劲的发展势头，连续稳居中国企业500强之列。从2021年的营业收入469亿元，到2022年的508亿元，再到2024年跃升至897亿元，稳步增长的业绩数字，无疑是对他卓越领导力最直观的诠释与肯定。

郑经洁

接班人说

和别人对比不应该是我们重点关注的，重要的在于我们的成长路径的完善能不能更快一些，过程再缩短一些。

（郑经洁）

坚守中的传承与创新

郑经洁对于集团发展战略的运筹帷幄，犹如一位高明的棋手在棋盘上挥洒自如。他既有对传统业务的坚守与深化，又有对未来产业的敏锐捕捉和果敢布局。

他深知品质的高低决定了企业在市场经济大潮中的生命力与竞争力，秉承郑元豹创业之初就提出的"三不原则"，即：宁失利益，不失市场；宁失数量，不失质量；宁失面子，不失顾客。

凭借对产品质量近乎苛刻的追求、对安全生产细致入微的管理以及对社会责任的勇于担当，人民电器集团赢得了社会各界的广泛赞誉，揽获多项重量级国家级荣誉。这些荣誉不仅是对过往努力的肯定，也是对未来征程的激励。

郑经洁坚持稳中求进的原则，一方面如磐石般坚实地巩固和提升集团的核心业务——电气工程总包及设备销售板块，通过精细化管理和科技创新，使其在行业中持续焕发勃勃生机，保持稳健增长态势；另一方面，他以翱翔之姿展望未来，积极响应绿色能源革命的呼唤，带领企业成功转型为国家级绿色企业，携手地方政府与行业内的领军企业，大手笔投入建设光储充一体化、零碳环保等前沿项目，为企业开辟新的增长极。

精准聚焦智慧城市这一新时代风口，他将触角深入到城市算力、运力以及智能电网等核心领域，巧妙借力金融工具的力量，为企业的跨越式发展注入强大动能。

显然，人民电器集团新生代领导者郑经洁成功地在继承与发扬中找到了平衡点，既完成了对集团优秀传统的接力，又以鲜明的时代特征和卓越的领导风格开创了全新的发展格局。他以实际行动充分体现了青年企业家勇担社会责任，热心对企业可持续发展、员工福祉、社会进步的不懈追求，昭示着浙商新生代在时代变迁中的锐意进取与辉煌未来。

正是他这种包容并蓄而又勇于创新的传承特点，带领人民电器集团不断走向新的辉煌。

接班人说

> 在经济全球化的背景下，要放眼全球、博采众长，把企业发展和社会责任结合起来，企业也只有这样，才能做得更好，走得更远，才能在新领域不断开创蓝海。
>
> （郑经洁）

如今，站在新的历史起点上，人民电器集团正迎来新生代力量的崛起。他们不仅继承了郑元豹的创业精神与战略智慧，更承载着将人民电器集团推向全球舞台中心、树立世界一流民族品牌的梦想。他们致力于将集团打造成为世界500强企业，真正实现企业从优秀到卓越的跨越。

对于新生代团队，郑元豹给予了高度评价，合作伙伴亦对郑经洁及其核心团队赞誉有加。他们认为郑经洁团队展现了新一代浙商企业家的专业素养与国际视野，具有深厚的技术底蕴和战略执行力。

在郑经洁的带领下，人民电器集团将进一步深化"放眼世界、思维全球、梦想未来"的发展理念，强化科技创新，持续投入研发，加强智能制造、数字化转型以及新兴技术领域的探索与应用，以期在全球产业格局中占据领先地位。

基于企业"为世界人民谋幸福"的使命，新一代领导团队以更加全面的社会责任观，投身于绿色环保、可持续发展等全球议题，通过提供高效、安全、环保的电气产品和服务，切实改善人们的生活质量。依托人民控股集团旗下的多元业务板块，在能源开发、智能制造、供应链管理等领域寻求新的突破，构建覆盖全球的产业生态体系，实现产业链上下游的深度融合与价值共享。持续优化海外战略布局，借助"一带一路"倡议及各类国际合作平台，不断拓展海外市场，提升国际品牌形象。通过积极构建跨国研发中心和生产基地，引进和培养国际化人才，推动企业在国际市场上的竞争力和影响力不断提升。

我们期待并坚信，人民电器集团以及整个人民集团必将以其卓越的产品品质、领先的创新能力，为全世界人民创造福祉，书写中国民族品牌走向世界的辉煌篇章。

"不惑"桐昆　积蕾成香 ▶

"一条心，一根筋，做好一根丝。"一根根化纤长丝，贯穿着桐昆集团股份有限公司（简称桐昆集团）40余年的发展历程，也连接起亿万人的衣食住行。

岁月沉淀中，桐昆已将创业之初即有的早慧，化为理性的成熟和战略自觉，在一次次深蹲蓄力、一次次起跳中实现新突破。

▶ 40余年只做"一根丝"

在没有一滴石油、没有一粒聚酯切片的桐乡，深耕化纤行业40余年，带领桐昆人历经改革开放、中国加入世界贸易组织、金融风暴……陈士良踩准了时代的每一次鼓点。

将一家风雨飘摇的乡镇企业打造成为总资产超1000亿元的全球化纤行业龙头，他创造的不只是行业传奇。

走出农家的拓荒者

1963年1月，陈士良出生于桐乡县（今桐乡市）洲泉镇的一户农家。

少年时，他最大的目标是跳出农门，1979年高考，却以微弱的差距遗憾落榜。任本地小学代课老师一年后，1981年，陈士良听闻青石、晚村、义马、永秀、大麻5个公社与桐乡县社队企业局联合筹建浙江省桐乡县化学纤维厂，于是前往报考。他从五六百名报名者中脱颖而出，成为厂里首批机修工。

作为第一代的建设者，陈士良亲眼见证了工厂在一块空地上拔地而起，也见证了一个个像他一样的农家少年将理想扎根在厂里，倾注了所有的青春和热情。没有相关经验、没有高学历文凭，他们仅靠一股子冲劲，开拓出了一条"无中生

浙江省桐乡县化学纤维厂

有"的前行路。

入厂后,陈士良边参加建设边攻读厂里安排的专业课程,学习高分子化学、机械制造等知识,半年后又前往江苏、上海培训。结束学习回厂后,在上海金山石化公司、上海第四纺织机械厂、上海合成纤维研究所等单位多位专家的帮助下,他深入参与设备安装直至开工生产。

此时的陈士良,和当乡村教师时的状态完全不同,他喜欢学习知识、钻研技术,并乐此不疲。进厂仅一年,通过学习和专业培训,他就从一名普通机修工成长为机修班长。

浙江省桐乡县化学纤维厂建成投产后,得益于较好的化纤行情,效益相当可观,其产品丙纶丝也十分紧俏。1984年年底,厂里计划筹建三期工程(即后来的凤鸣化纤厂)。作为新项目筹建组的重要一员,陈士良开始了企业经营管理领域的学习和探索。

1986年,浙江省桐乡县化学纤维厂分割为凤鸣化纤厂、桐乡化纤厂和洲泉弹力袜厂。陈士良历任凤鸣化纤厂的生产科长、计划科长、副厂长等职务,协助厂长参与企业管理,强化技术进步,不断开发新产品,使凤鸣化纤厂迅速成为浙江省首批重点骨干乡镇企业。

闯开市场的破局者

在凤鸣化纤厂发展蒸蒸日上时,桐乡化纤厂却由于经营管理等诸多问题,每况愈下。到1990年,桐乡化纤厂已经成为全省化纤纺丝行业规模效益倒数第一的企业,总资产也从400多万元变成资不抵债近100万元。

眼看日子难以为继,桐乡化纤厂200多名职工联名致信洲泉镇党委、政府,要求调整企业领导班子。镇领导多次找时任凤鸣化纤厂副厂长的陈士良谈话,动员他出任桐乡化纤厂厂长。

是留在自己花5年心血一手筹建且前程似锦的凤鸣化纤厂,还是回到10年前他工人生涯起步的桐乡化纤厂? 28岁的陈士良面临抉择。

创始人说　　我当年是从桐乡化纤厂走出来的,那里是我的根。

(陈士良)

1991年年初，陈士良决定倾力一搏，挑起重振桐乡化纤厂的千钧重担。

此时的桐乡化纤厂濒临倒闭、管理混乱、人心涣散，既无自有资金，也早被银行拉进了失信企业名单。陈士良认为，要解决这样的困境，只能"不找市长找市场"。他一上任就奔波于省内外，进行深入细致的市场调研。

几番调研后，他发现国内化纤市场供销两旺，正处于上升繁荣期，低档次的丙纶产品市场销路畅通无阻，经常供不应求，因此他判定只要产品质量过关就有市场。而以桐乡化纤厂当时的技术水平，虽不是同行业中的前茅，但产品销路应该不成问题。于是，他整顿内部管理，恢复正常生产，带领职工二次创业。这也成了陈士良破釜沉舟、背水一战的第一仗。

创始人说

人是决定企业兴衰存亡的关键因素。

（陈士良）

陈士良坚信，只有自己才能真正拯救自己，于是他以独特的风格努力聚拢涣散的人心：每天都与员工一同在一线摸爬滚打，以心换心、将心比心，使员工们看到企业发展新的希望。

管理人员的工作热情高涨了，干部和职工关系密切了，比产量、比质量、比工作业绩的劳动竞赛在各车间热烈展开了，他利用自己的知识和才干，埋头苦干抓管理，只争朝夕上技改，千方百计拓销路，终于使厂子的面貌发生了根本性变化。

同样的设备、同样的市场行情、同样的中层领导和职工队伍，桐乡化纤厂第一个月产量就增加了近四成，获利5万元。随后，陈士良马不停蹄地扩大产能，仅用一个月的时间就上了一条年产200吨的SKV101丙纶纺丝机生产线，两个月收回全部投资，当年盈利100万元。

一个人心涣散、奄奄一息的工厂重现了生机和活力，在市场上重建了声誉。陈士良首战告捷，迈出了他创业最为艰辛的一步。

掉转"船头"的变革者

创始人说　成绩只能代表过去，关键还是要做好以后的可持续发展。

（陈士良）

陈士良没有为眼前的成功满足，而是将目光投向了未来。

随着跨出厂门走南闯北，跑市场、寻信息、搞调研，陈士良敏锐地发现，丙纶长丝的性能和市场需求增长潜力有限，而涤纶长丝产品优越的性能和用途预示着广阔的市场前景。生产富有竞争力的产品是企业唯一的出路，1992年，在反复权衡后，他下定决心调整产品结构。

工欲善其事，必先利其器。改丙纶生产线为涤纶生产线的困难不少，按当时企业的实力和外部信誉，筹集技改资金谈何容易！

带着对事业的"痴情"，陈士良决定"借船出海"——只身北上寻找联营生产的合作伙伴。走遍千山万水、说尽千言万语、想尽千方百计、吃尽千辛万苦……他三上江苏昆山，最终以满腔诚意和高度可行的方案赢得了合作伙伴的信任。

他先是从江苏昆山苏三山集团赊购了一条年产1000吨KP431涤纶纺丝机；紧接着与江苏常熟化纤设备厂达成协议，将其研制的两条年产2000吨的SKV102涤纶纺丝机以试生产合作伙伴的形式在桐乡化纤厂试用。有了这些生产设备，桐乡化纤厂成功转产到涤纶领域。

1993年年初，一个原本需要3000万资金和数年时间的技改项目仅用一年就顺利完成了，桐乡化纤厂当年实现产值6500万元。企业从此脱胎换骨，初具规模。

为了铭记这段来之不易的创业历程，感念江苏昆山苏三山集团、江苏常熟化纤设备厂患难相助之恩，后来企业改制时，陈士良特意将桐乡化纤厂更名为"桐昆"，志名以谢。

践行"三力"的示范者

实现丙纶生产向涤纶生产转型后，桐昆集团跨上了涤纶长丝专业化的经营之路，发展有如钱江潮涌，势不可当。

但前行之路并非一帆风顺,而是跌宕起伏。1997年的亚洲金融危机、2008年的全球金融危机……一场场压力测试摆在陈士良的面前。困难客观存在,但机遇也无时不有。

创始人说

> 困难来临时,就是和同行拉大差距的机会来了,危机在某个时候其实也是机遇。
>
> (陈士良)

1997年,陈士良带领桐昆集团实现低成本扩张,一跃成为中国内地涤纶长丝产量最大的企业。2008年逆势而上,启动世界单线产能最大的熔体直纺项目,桐昆集团跃升为全球最大的涤丝生产商……

"桐昆集团的历次战略大调整,都是在经济形势严峻之际。"陈士良凭借独具慧眼的"反周期发展"理念,总是能够带领企业触底反弹、反败为胜,使企业既能因势而谋、应势而动、顺势而为、乘势而上,也能逆势而行、高歌猛进,实现跨越式发展。

这样的跨越不是盲目扩张,想要穿越"不确定性",需要的是保持战略定力。在陈士良看来,桐昆集团几十年的发展是稳健的,甚至可以说是"保守"的。用他的话说,谋发展就靠"三个力":有多大能力做多大事,包括领导者个人的能力、团队的能力;有多大实力做多大事,要考虑自身资金实力,不要做超出自己实力的事情;有多大潜力做多大事,即根据市场的需求去做事。

正是这份稳健甚至"保守",让陈士良带领企业走出了一条穿越周期、转型升级的特色路,使桐昆集团发展成为一家投资石油炼化,以PTA、聚酯和涤纶长丝制造为主业,兼跨铝加工、包装新材料、装备制造、新能源等领域的大型民营企业,总资产超千亿元,员工近4万人。

桐昆控股集团有限公司旗下上市公司桐昆集团股份有限公司现已具备1000万吨原油加工权益量、1020万吨PTA、1300万吨聚合以及1350万吨涤纶长丝年生产加工能力,化纤产能和产量居全球之首。公司拥有六大系列、1000多个涤纶长丝产品生产能力,被业界称为中国涤纶长丝行业的"沃尔玛",在国际市场占有率约为18%,国内市场占有率约为28%。

自2002年起,"桐昆"已连续23年名列"中国企业500强",并先后被认定为国家大型企业、国家重点高新技术企业，荣获全国五一劳动奖状、全国文明单位、全国模范劳动关系和谐企业、全国质量管理先进企业等。

作为企业的掌舵人，陈士良也被党和政府授予了很高的荣誉：全国劳动模范；国家科学技术进步二等奖、国务院特殊津贴获得者；改革开放 40 年纺织行业突出贡献人物；中共浙江省第十次、第十一次、第十二次代表大会党代表；浙江省第十届人大代表；浙江省优秀共产党员；浙江省突出贡献企业经营者……

▶ 七次飞跃，穿越周期

习近平总书记曾说过："改革开放 40 年来，我们以敢闯敢干的勇气和自我革新的担当，闯出了一条新路、好路，实现了从'赶上时代'到'引领时代'的伟大跨越。"

经历 40 年激荡风云的桐昆集团，在陈士良和陈蕾两任领导者的带动下，以敢为人先的气概，穿越周期和"不确定性"实现七次跨越式发展。

借船出海的惊险一跃（1991—1994 年）

1991 年，企业发展陷入困境，桐乡化纤厂首批员工之一的陈士良走马上任后，为解决生存危机，对企业进行了大刀阔斧的改革，确立并发扬"团结、拼搏、务实、创新"的企业精神。

企业以"借船出海"的模式获得了江苏昆山苏三山集团和江苏常熟化纤设备厂的支持，通过引进三条涤纶纺丝线，实现扭亏为盈、涅槃重生，并完成了丙纶到涤纶的转型升级，实现了惊险的一跃。

发力技改的关键一跃（1995—1996 年）

为进一步完善产品结构，增强专业化生产能力，陈士良明确了"以技改求发展"的思路，带领企业加大技改投入，通过引进德国青泽公司生产的高速牵伸卷绕生产流水线，实现从常规纺走向高速纺的"超车"，桐昆集团一跃成为桐乡市营业收入第一的企业。此时，企业已经从解决生存问题向提高发展质量、效益转变，也逐渐为后续的发展奠定了基础。

金融危机中的逆势一跃（1997—1998年）

从小企业发展到大集团，一般企业都要经历低成本扩张，桐昆集团也不例外。

1997年，面对亚洲金融危机，陈士良迎难而上，在经济形势困难、风暴来临时抓住了机遇，凭借前瞻性眼光相继收购了浙江华伦化纤厂、天马化纤厂等，使公司实现了逆势发展。通过兼并收购等方式，走上了低成本扩张之路，迅速壮大了企业规模，桐昆集团向着"创中国名牌、争行业十强"的目标稳步迈进。

至此，桐昆集团一举成为中国内地涤纶长丝产量最大的企业。

现代化的接轨一跃（1999—2007年）

世纪之交，在时代的召唤下，陈士良带领桐昆集团与时俱进，顺利进入了"高投入、高产出、高回报，集约化经营"的发展阶段。

1999年，公司完成股份制改造，正式更名为桐昆集团股份有限公司，并建立起科学完善的现代企业制度，从组织上奠定了企业高速发展的基础。

2000年，为进一步提高综合竞争力，桐昆集团在桐乡市经济开发区投入10余亿元打造"中国·桐昆化纤工业城"。通过布局从切片纺到熔体直纺的工艺升级，配套后道加弹，桐昆集团完成首次产业链的垂直整合。在提高涤纶长丝产量和质量的同时，桐昆集团也着眼于跨行业、跨区域的稳健发展，进军精细化工、进出口贸易等其他领域，充分利用广阔的市场资源。

特别是2004年3月，根据浙江省委主要领导在桐昆调研时提出"全产业链发展""差异化发展"的重要指示，陈士良提出"规模化、一体化、差别化、集约化"的"四化发展"战略方向，为企业的进一步快速发展明确了路径。

反周期的大步一跃（2008—2010年）

2008年，面对全球金融危机，陈士良深知"调整战略，跟同行拉大差距的机会来了"。他再次抓住机遇逆向操作，果断投资12亿元全面启动恒通年产40万吨世界单线产能最大的"一头两尾"熔体直纺项目。2009年，恒通项目顺利投产，桐昆集团的产能一举跃升至全球涤纶长丝行业榜首。

进军上游的华丽一跃（2011—2014年）

所谓"无油不富、无链不强、无化不大"，从资金、技术、准入等各方面壁垒来看，聚酯链的核心竞争力仍是在上游。

顺应打造全产业链的大势，为促进我国化工产业和自身企业的纵深发展，陈士良一直在寻找机会进军上游，一步步延伸产业链。

2011年5月18日，"桐昆股份"成功上市，实现了公司产业资本和金融资本的融合。2012年，公司上市募投项目——嘉兴石化PTA一期项目于嘉兴港区乍浦经济开发区建成投产，成功迈出进军上游的第一步。

此次成功使桐昆集团在降低生产成本、扩大生产规模的同时，也形成了PTA、聚酯、纺丝上下游一体化的产业链格局，大大提高了企业抗风险能力和市场竞争力，对实现"打造百年桐昆，实现永续经营"宏伟愿景具有里程碑意义，开启了桐昆集团发展的新纪元。

全产业链的创新一跃（2015年至今）

桐昆集团正处于"做强主业、拓展行业、延伸优化产业链、打造全产业链"的发展新阶段，开始向上进军炼化产业，向下拓展企业发展新空间。

2015年，桐昆集团再次向上游产业链拓展，参股浙江石油化工有限公司年产4000万吨炼化一体化项目，并于2017年将所持有20%股权装入上市板块。

陈士良深知，桐昆集团已经走到了全球行业前列，如果一味固守"一亩三分地"，显然不能获得长足发展。面对产业升级的动力、企业发展的张力、要素制约和资源环境的压力，企业必须向外拓展新空间。

为此，桐昆集团将自身的发展融入时代的浪潮中，一步步将藤蔓向浙江以外的地方延伸，"跳出浙江发展浙江"，勇做"地瓜经济"的探路者。2019年，桐昆集团落子江苏如东，成立江苏嘉通能源有限公司，力图在同一围墙内打造"PTA和聚酯纤维"上下游一体化生产基地新模式，开创行业之先河。2020年，桐昆集团布局江苏沭阳，深入下游，进军织布领域，进入从"一滴油"成功迈向"一匹布"的新阶段。

2020年年底，桐昆集团积极响应国家号召，在西北地区建设聚酯化纤项目，填补西北地区聚酯纤维的空白，打通从石油化工到纺织服装的"最后一公里"。同时，打造天然气制乙二醇项目，实现"燃料变原料、原料变材料"的转变，在形成当地产业耦合发展态势的同时，也让桐昆打通了从"一方气"到"一匹布"的新链路。

桐昆集团车间实景

陈士良带领桐昆集团始终坚持以"国家战略、政府规划、市场需求"为导向，立足于"补链、延链、强链、全链发展"。围绕现有优势聚酯化纤主业，涉足的产业范围从PTA、涤纶长丝延伸到上游石油炼化、下游纺织印染，并专注于打造下游完整的生态圈，提升上游核心原料的自给率，补强整个产业链上的薄弱环节，从价值链低端走向价值链高端，形成纵向一体化发展战略格局，实现跨行业、跨领域的多元跨界融合的产业矩阵。

创始人说 好企业每接受一次市场压力，都会得到一次升华。

（陈士良）

▶ 巨轮新舵手

一身制服，披肩长发，眼神坚毅，陈士良女儿陈蕾给人第一的印象是沉稳干练。

在耳濡目染下懂得商道传承，在言传身教中明悟实业使命，在个人成长中抒写家国情怀，在企业发展中践行创新理念。在陈士良的托举下，陈蕾成长为桐昆集团新生代领导者，在时代的洪流中进一步续写桐昆的篇章。

闻着化纤味儿长大

从1987年5月出生起，陈蕾就与桐乡化纤厂紧密联系在一起。

父母是桐乡化纤厂的双职工，住的是工厂的集体宿舍，上的是工厂的托儿所，玩的是聚酯切片，陈蕾曾谈起这段少年时期的经历："闻着化纤味儿长大，自小和桐昆结下不解之缘。"

从她幼时起，父亲陈士良就有意无意地带她参观工厂，参加年会。在学生时代，父亲也会和她讲述企业的发展，让她很早就对化纤行业和企业发展有了最初的概念。

对化纤事业的熟悉和热爱，可能就是从那时起，在陈蕾的心中开始生根发芽。而父亲在她的生活中，也时常留下早出晚归的忙碌背影。

接班人说

> 小时候，父亲真的特别忙。遇上车间技改常常要忙到凌晨三四点才回来，睡不到两三个小时，匆匆扒口早饭，又出门上班去了。
>
> （陈蕾）

未来一定是全球化的时代，不管是企业的发展还是个人的成长，都要涌入国际化的浪潮——陈士良在很早以前就有这样的观念。

在父亲的悉心培育和影响之下，陈蕾在就读一年高中后，便漂洋过海，远赴英国，踏上了求学之路。出国深造最初的意向专业是建筑设计，但当认真思考未来规划以及听取家人意见后，从小目睹父辈创业艰辛的她还是选择了与管理相关的专业——和振兴实业的使命相比，自己的爱好只能放置一边。

从高中一直到研究生，7年漫漫求学路，陈蕾最终顺利从英国帝国理工大学金融工程和风险管理专业毕业。

育才还得十年期

父亲自小的培养一直都没有磨灭女儿成长的任何可能性，不管是专业选择还是未来规划，甚至是否愿意回国接班，都尊重陈蕾内心真实的想法。

完成学业后，是在海外发展，还是回国传承民族实业？站在十字路口，陈蕾也陷入了命运的抉择，任何一个微小的举动，都会改写人生的轨迹。

接班人说

> 对于工作、对于人生的选择，收入待遇只是一个方面，更多地要考虑到工作的价值和对于人生带来的经验能有多少。虽然海外工作在当时那个年代看似比较光鲜，但是一个中国人想要在国外实现人生价值也并不容易，更何况祖国仍处在发展阶段，在国外历练了那么久之后还是需要有更多的人回归建设祖国。
>
> （陈蕾）

在家国情怀的感召和父辈言传身教的影响下，陈蕾决定追随父亲的脚步，于2010年10月回到中国，加入桐昆集团。

作为董事长的女儿，陈蕾没有任何特权，和所有初入职场的大学生一样从基层开始摸爬滚打。她先后在成品仓库、五金仓库、开票室、分公司财务部历练，任劳任怨，时常加班加点，只要有任务在身，始终把工作放在第一位。

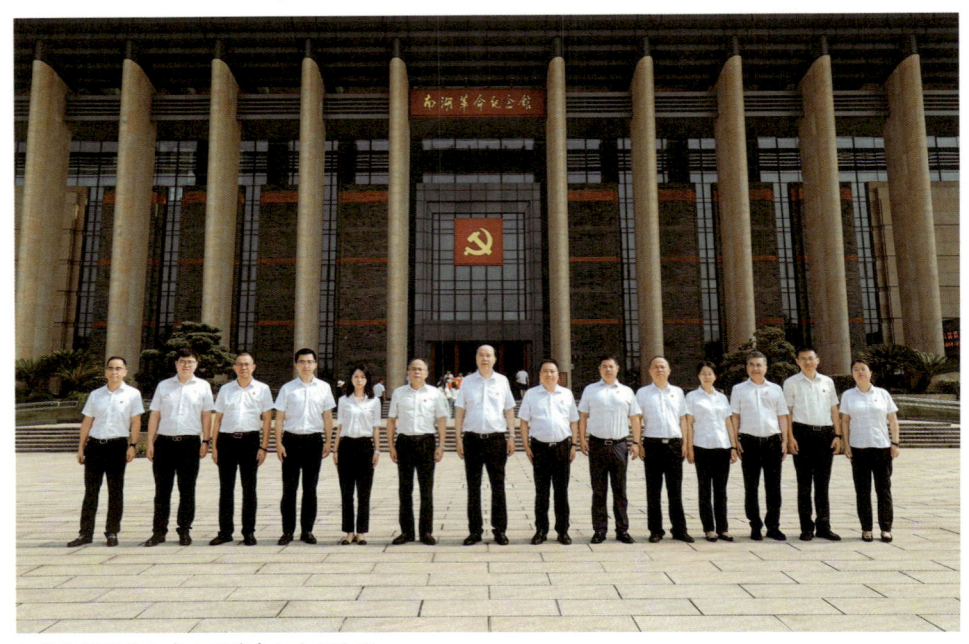

桐昆集团领导人在南湖革命纪念馆合影

经受过夏天的高温和艰苦车间环境的考验后，陈蕾通过基层锻炼更好地理解了桐昆集团的企业文化；也通过岗位的轮换，清晰了解了企业运作的整个流程，为接下来的工作奠定了扎实的基础。

在积累了一定的工作经验后，陈蕾调任董事长秘书，由陈士良亲自培养，开始由点到面，全面学习企业生产经营管理之道。

在陈蕾心目中，父亲既是可亲的长辈，又是可敬的老师，也是严厉的领导。跟随董事长学习，工作所涉及的广度、宽度和深度不断地提升，在给陈蕾提出能力挑战的同时，也让她有了更多的学习机会。

陈蕾将这段经历当作弥足珍贵的财富，始终铭记于心。

由于公司发展需要，陈蕾主动请缨前往香港开拓业务，希望能够在起步阶段积攒更多的工作经验。褪下"创二代"光环，陈蕾在香港和普通上班族一样，在渡轮上匆匆解决早饭，用一个三明治当中餐，赶着拥挤的地铁下班……一切都是从零开始。

香港的创业之路充满艰辛，陈蕾在四处碰壁中寻找机会，在千锤百炼中积累经验。陈蕾说，香港快节奏的工作，带来的不仅是个人工作的高效率，还有更宽阔的国际视野以及雷厉风行的性格。

磨剑十年，终有所成。香港业务基本成熟后，陈蕾于 2020 年回到桐乡，担任桐昆股份副董事长一职，正式深度参与企业的生产经营决策工作。

面对守业与创新的双重挑战，陈蕾的目标坚定而明确：不仅要守住父辈创造的财富，更要搭建新生代的"城堡"。在她的身上，既有着老一辈企业家艰苦创业的坚韧与果敢，也有新生代企业家守正创新的锐气和担当。

顺应时代潮流而行

2023 年 5 月 31 日，桐昆股份的股东大会圆满完成换届，陈蕾通过选举担任公司董事长一职，接过父亲陈士良手中的船舵。

作为承前启后的"80 后"，如何为已走过 40 余年风雨的传统企业注入新的活力？这是摆在陈蕾面前必须破解的问题，也是必须担负起的使命。

丰富的海外留学教育经历和香港工作背景，良好的风险管理能力、金融工程专业素养以及国际视野和开放思维，帮助陈蕾在经营企业时形成稳健且开放的风格，在不断筑牢企业发展基础的同时持续注入创新因子，带给企业发展新兴的现代化思路。

陈蕾勇于破除大多数人对制造业特别是化纤行业的固有印象，坚信"传统产业不等于低端产业"，带领桐昆牢牢把握创新要义，强化数十赋能，抢占竞争力制高点。桐昆集团成立数字化推进部，遵循"降低成本、提高效率、规范流程"三原则，推进数字化转型，带动传统产业"破茧成蝶"。集团打造中的"未来工厂"入选国家智能制造示范试点项目，并获浙江省制造业"云上企业"、数据管理百项优秀案例等一系列荣誉。

顺应绿色发展理念下行业变革潮流，陈蕾持续加码绿色改革创新举措，践行绿色低碳社会责任，打造"可利用、可再生、可循环"的绿色产业链，形成了桐昆集团独有、行业领先、国际先进的绿色发展体系。桐昆集团已有两家国家级"绿色工厂"、两家省级"绿色工厂"，是全省首家创建"无废集团"试点，并4次上榜工信部绿色制造名单。

陈蕾还积极倡导并参与各类公益慈善活动，牵头设立桐昆青蓝奖学金，为需要关爱和帮助的人送上温暖。

▶ 时代永远属于年轻人

弄潮喜浪高，追梦路正长。陈士良凭借着对事业的无限热爱和不断进取的精神，将桐乡化纤厂这艘曾搁浅于浙江近海的破旧小船拖出了浅滩，在商海这片不见血的战场上不断壮大成为一支装备精良的远洋舰队。

桐昆集团这艘巨轮的船舵已经移交到了陈蕾手上，在传承父辈"敢为人先"精神的同时，抢抓新一轮科技革命和产业变革的机遇，用自己的行动诠释"后浪"的精彩。

青出于蓝胜于蓝——创始人寄予厚望

对于以陈蕾为核心的决策团队和经营团队的搭建，陈士良满怀信心，也充满期待。

在陈士良看来，新团队成员管理经验丰富、知识结构全面、年龄结构合理，具备很强的战斗力。在2023年这个继往开来的关键节点上，桐昆集团涌现出了一批敢于担当、有激情、有冲劲的年轻领导，基本符合他对新团队提出的"勤奋工作、大胆工作、善于工作、快乐工作"的要求。

特别是陈蕾██，陈士良对其寄██望，认为她学习和领悟能力强，接受新知识快，敢于撕██在父辈功劳簿██享其成"的标签。低调务实的态度、拼搏奉献的精神、██严格的要求、██性鲜明的管理风格、更高的文化知识水平、更宽的国际战略视野、更强的改革创新精神……这些都是她的优势。

在陈蕾新团队的带领下，桐昆集团一定能够与时俱进，在提升式发展道路上疾驰，为行业技术水平的提升和地方经济的发展贡献应有之力。

长江后浪推前浪——原团队成员充分认可

桐昆集团现党委书记、原总裁许金祥高度肯定陈蕾的家国情怀，评价她以从事化纤事业为荣，始终把"行纤维之事、利国计民生"的使命牢记心头，致力于将化纤行业做大做强，更心系化纤产业上、中、下游产业链的健康协同发展，大力呼吁保护民生支柱产业。

在他的叙述中，陈蕾从车间一步步成长起来，这种敬业精神、拼搏精神、吃苦精神是难能可贵的。

"长江后浪推前浪，陈蕾这一代年轻人有知识、有专业、有干劲，我们老一辈把接力棒交给他们正当其时，把他们培养好、锻炼好，更好地传承事业，才能实现'打造百年桐昆'的目标。"

创新驱动求发展——新生代集体激情满怀

为实现"打造百年桐昆，实现永续经营"的宏伟愿景，在"创新是第一动力"的号角声中，以陈蕾为代表的新生代团队满怀激情，充满干劲，期盼大展拳脚，推动更高质量的生产运营和更高水平的对外开放，走好推进新质生产力形成、推动数字化转型和加快国际化发展三步棋。

以"创新"为核，做新质生产力开拓者。桐昆集团虽为传统产业，但要紧跟时代潮流，以科技创新为内核，以高质量发展为旨归。积极围绕新质生产力的发展要求，加大创新力度，以科技创新推动产业创新，以产业升级构筑新竞争优势，赢得发展主动权。

以"数智化"为翼，做智能制造先行者。在浩浩荡荡的数字化浪潮中，谁能抢占先机，谁就能决胜未来。桐昆集团数字化转型一期的"全局可视"基本已经完成，未来将围绕"全局可析"及"全局智能"由点到面及先尝试、评价评估再拓展的模式开展建设，真正实现让"▇▇"迭代为"▇▇"，使"智变"引起"质变"。

以"国际化"为帆，做"地瓜经济"的▇行者。为拉长、▇强、优化产业链，桐昆集团积极谋划通过"走出去"实现▇▇质量发展，▇▇▇▇产业的全球化和现代化，主动融入"国内国际双循环新发展格局"，进一步实现"全国布局、跨国布点、全产业链发展"。在践行"地瓜经济"的火热浪潮中，相信桐昆集团必定可以勇敢地走出去、坚定地走下去、成功地走回来。

楼船万里出东吴

　　在湖州中心区域青铜路与飞凤大桥交接处,一座双子塔楼拔地而起。

　　它高达288米,甫一建成便刷新了湖州的城市高度,成为当时长三角地区最高的双子塔建筑。

　　走进湖州,不可不看双子塔;遥望双子塔,不可不讲其建造者——大东吴集团有限公司(简称大东吴集团)的传奇故事。

▶ 起于青萍之末

如果把大东吴集团看成一艘超级航母，那么，吴仲清就是富有传奇色彩的第一任舰长。

这个只上了 50 天小学的"农民的儿子"，缔造了迎难而上、勇于吃苦、勇于挑战的"大东吴精神"。

"借鸡生蛋"拿下通信工程

自称"性格很强、胆子很大"的吴仲清，第一次表现出胆子大是 15 岁就跟着亲戚到外面做泥瓦工。在这之前，他都在家乡务农。因为年纪小，算半劳力，一天只挣 3 个工分。

湖州靠近苏南，经济模式也颇为相近。没过几年，吴仲清所在的大队办起工厂。他进了厂，从搬砖小工做起，"每天工资 1 块 8 毛钱，要交 1 块 5 毛钱到生产队，自己剩 3 毛钱生活费"。现在听来不可思议，但那时的 3 毛钱确实足够生活了。他结婚的时候，5 桌喜酒办下来，总共只花了 200 元。

在这家工厂，他最早入了建筑业的门。因为"做事认真、指挥性强"，他从一众工人里脱颖而出，当上副队长。"别人当时那么富，我家里这么穷，但我性格里有个特点，做事一定要比别人更强、更上进。"吴仲清说。

但工地像个小社会，一个人迅速冒尖，嫉恨中伤随之而来。他等来的不是重用，而是被迫离开工厂。

年近不惑，吴仲清却满心困惑。当时两个女儿正上初中，家里要用钱，他想来想去，租了一块 70 平方米的场地，决定自己创业。

创业初期，一个偶然的机会，让吴仲清发现了第一个机遇。21 世纪全球进入信息时代，我国通信产业进入大发展时期。湖州市计划用 3—5 年力争村村通电话，再用 10 年时间让光纤进大厦、进家庭。随着程控电话大普及，急需安装通信电缆的施工队伍。

于是，吴仲清注册了湖州通讯器材经营安装公司。1993 年，吴仲清的公司开始了通信项目施工，由于经营得法、质量过硬，当年就赚了 100 多万元，还建立了良好的信誉。1994 年 5 月，他正式组建成立湖州通讯建筑工程安装公司，当年度施工产值就超千万元，次年完成总产值 5000 万元。

一个搬砖小工出身的人要搞通信工程，电缆割接、光纤熔接、频比测试等技术人才从哪里来？吴仲清的思路是"借鸡生蛋""借梯上楼"。公司将一直在湖州市邮电局做临时工的何建新等一帮人招进来做公司的员工，因为他们既懂专业技术，又熟悉工作流程。

为了占领湖州市场，公司还收编了另一家施工队的两个队长和大部分职工，通信施工的力量快速得到壮大，成为湖州地区唯一一家拥有通信专业施工资质的队伍。经过两三年的努力，吴仲清的公司就成了湖州的通信工程施工龙头企业。

乘势而上进军房地产

1999年，随着湖州电网改造，空调开始进入寻常百姓家。湖州城原有的电力线路普遍容量不足，需要全面升级，超万伏的输电线路要从空中改到地下。

由于有通信工程的成功经验与良好声誉，吴仲清的公司取得了湖州电力部门的认可，承接湖州电力管道铺设业务以及电力地下工程建设项目。通信工程建筑加上电力线路工程建筑双管齐下，让公司迈上了产值亿元大关。

对于搞建筑工程的公司来说，投资开发房地产也是顺理成章的事。1998年，随着房地产热潮，大东吴集团房地产开发有限公司成立。

创始人说　原本想叫"东吴"，嵌有我的姓，也有东山再起的含义，但发现这个名字已经被注册掉了。有人建议我在前面加个"大"字，就这么注册下来了。

（吴仲清）

随着计家桥小区、紫云花园、仁皇山小区、新世纪花苑等一个个高品质房地产项目竣工，大东吴集团也尝到了巨额回报的甜头，2004年总产值超过10亿元。大东吴集团还承接了爱山广场、湖州高铁站台等有影响力的项目，同时也响应政府民生工程的号召，承担一些安置房和保障房的建设。这些项目大大提升了大东吴集团在社会上的知名度，获得了省市行业领导的肯定。

吴仲清虽然受到正规学校的教育不多，但对于学习的渴望从未停止，得益于在建筑领域日积月累的丰富实战经验，他在建筑施工方面逐渐成为一名专家。

吴仲清十分清楚人才对于企业发展壮大的重要性，千方百计引进和培养人才。

1994年，大东吴集团只有30位工程专业初级技术职称人员，房屋建筑工程只有四级资质，1995年升为三级资质，建筑装饰工程也达到三级资质；1997年，房屋建筑工程升为二级资质。1999年，公司规定：对持有证书的技术职称人员实行技术补贴。同时，工龄在3年以上并拥有技术职称的，经公司董事会讨论确认，可作为技术管理人员。有3年以上工龄的技术熟练工，可评为技术类人员。

"不管什么文凭，只要干得好就是人才。"吴仲清说，"在人才使用上，我们宁失一百万，不失一人才。"在工作会议上，吴仲清多次表示："财聚人散不是我的风格，财聚人取才是我的理念。"为此，吴仲清千方百计留住人才，发挥人才的作用。

首先是事业留人，大东吴集团事业快速发展确实为人才施展才能提供了巨大的平台。其次是待遇留人，开始时公司执行住房及股权奖励政策，从2007年开始改变为以薪酬为主的激励机制，对技术人才有很多奖励政策。再次是感情留人，公司对员工真心投入、细心关爱、诚心帮助，赢得了员工的心心相惜，绝大多数当初和吴仲清一起创业的人，直到今天依然在公司里发挥着重要作用，依然与企业新员工共同奋斗，不离不弃。

大东吴集团的员工工资性收入每年平均递增10%以上，公司每年还拿出资金为职工建造宿舍、办餐厅，办理养老保险。为支持员工提高学历和各类技能，公司每年投入600多万元专项资金用于优秀职工的培训和再教育。公司工会工作开展得有声有色，员工权益得到保障，关爱员工、尊重知识、尊重人才在大东吴集团蔚然成风。

2008年，大东吴集团房屋建筑工程、市政公用工程、建筑装饰工程和钢结构专业承包分别达到国家一级资质。到2023年年底，大东吴集团累计投资建设了约200万平方米建筑，其中，100万平方米用于生产办公，40万平方米建成住宅，60万平方米作为商贸酒店运营。

倾尽心血建造双子塔

大东吴集团的主业始终是建筑业，建造地标性的超高层建筑是那个时期建筑人的梦。

2009年上半年，湖州市中心的龙溪港地块流拍激起了吴仲清内心的建筑梦，开发建设地标性建筑东吴·国际广场的想法涌上心头。

同年 8 月底，大东吴集团成功拍下了该地块，投入巨资建设东吴·国际广场，在保留核心制造业的前提下大规模进军现代服务业，成功打造出 288 米高的双子楼，成为集酒店、商贸、公寓、写字楼于一体的地标性建筑，以高端大气面貌成为湖州一张全新的名片。

"要么不干，要干就好好干，要干得最好。""取消'合格工程'的概念，合格工程的标准太低，必须个个都是优良工程。"这是吴仲清在抓企业质量时的座右铭。而他这种视质量为生命，坚持铸就精品工程的理念，也为双子楼的顺利落成奠定了坚实基础。

吴仲清始终严把质量管理关，创建严格的管理手册和程序文件，并覆盖到集团旗下每个部门。在东吴·国际广场的建设过程中，为确保工程整体实施，保质、保量、按期完成，吴仲清把办公地点搬入了工地现场，和所有一线的工人一起在工地打拼。

整个工程建设周期长达 1000 多个日日夜夜，他坚持每天早上 6 点上班，晚上 6 点下班，不论天气有多恶劣，环境有多艰苦，一以贯之。2013 年 4 月，东吴·国际广场的地标性建筑双子塔顺利落成。

湖州城市地标——东吴·国际广场双子塔

这座在当时堪称长三角第一的双子高塔，承载着大东吴人转型升级、再创辉煌的梦想，既体现了企业的科技创新能力、现代化管理能力，又标志着企业强劲腾飞时代的到来，还为提升湖州服务业整体水平、增加城市吸引力发挥了重要作用。

▶ 东吴奋进之路

艰苦创业，逐步壮大（1992—2000年）

吴仲清是湖州市八里店镇谈家扇人，这是一个盛产能工巧匠的地方，出身贫寒家庭的子弟大多会选择当泥水工作为谋生的出路。吴仲清也是这样，16岁开始当泥瓦工，脏活累活抢着干，因技术精湛迅速脱颖而出，20岁出头就当上了主管生产的负责人。

1991年，吴仲清被迫离开工厂。在家待了40多天后，他决定在湖东小区租用场地筹建公司。

吴仲清具有十分敏锐的眼光，当他发现程控电话大普及急需安装通信电缆的施工队伍后，随即与同村青年孙田兴等组建湖州通讯器材经营安装公司，在1992年11月领取了营业执照。1993年6月，第一个通信项目施工，挖到了创业的第一桶金。

1994—1998年是公司发展的奠基阶段，除对市场开拓外，吴仲清还十分重视建筑业产业链的发展。为了加强成本控制和质量保证，使企业在市场竞争中掌握主动，吴仲清不断打造完备的产业链。

创始人说　建筑业是一个庞大而系统的产业链，涉及面很广，我们只有尽可能地发展相关产业，才能不受制于人，才能把经营成本降下来。

（吴仲清）

1996年8月，八里店镇政府推动股份制改革，吴仲清的公司改制成为股份制企业，同时更名为"湖州通讯电子建筑工程有限公司"，吴仲清当选为董事长兼总经理。1998年1月，浙江大东吴集团钢构有限公司成立，引进先进全自动数控轻钢生产流水线和全自动数控重铁生产流水线，实现建筑工程钢材料供给。1999年7月，浙江大东吴集团市政工程公司成立，具有市政公用工程施工总承包一级资质，主要从事城市道路、桥梁桥涵、公共广场、城市供水、排水管网、污水处理工程、城市垃圾处理工程等。

吴仲清的企业在突出主业、延伸产业链的发展战略下，业绩实现了爆发式增长，1996年、1997年、1998年增长速度分别为201%、129.7%、84.4%。2000年6月，公司更名为"浙江大东吴建设集团有限公司"。

转型开拓，全面发展（2001—2010年）

进入21世纪后，国家实行积极财政政策，为民营经济发展提供了良好的土壤，大东吴集团也深入实施纵向一体化和横向多元化战略。

2002年，大东吴集团开始申报国家一级资质建筑集团；2006年，湖州大东吴电梯工程有限公司成立；2008年，大东吴集团收购了浙江绿家木业有限公司。

至此，大东吴集团形成了涵盖科研、设计、施工、安装、装饰装潢、钢结构、商品混凝土、预制构件等相对完整的建筑产业链。

除建筑领域产业链延伸外，大东吴集团通过收购、兼并等方式，业务领域还拓展至医药、食品、汽配等行业。2001年，浙江大东吴汽车电机股份有限公司成立；2003年，收购了原隶属军队的湖州红延制药厂；2004年，浙江大东吴汽车维修有限公司成立；2005年，收购了湖州三九制药厂，同年成立了湖州大东吴豆制食品有限公司；2008年，湖州大东吴中港特种纺织品有限公司成立；2009年，大东吴宇澄实业有限公司（服装）成立。

21世纪的头10年，大东吴集团一路狂飙，总产值从2001年的4亿元增长到近54亿元，连续多年位列全国民企500强。

筑就地标，优化调整（2011—2015年）

随着我国经济的快速发展和科技水平的日新月异，建筑业在超高层大楼、长距离跨海大桥等高难度工程项目建设的水平已达世界一流。特别是北京奥运会的举办，使建筑业达到了一个全新的高度。

建筑业是大东吴集团的主营业务，经历了10多年的发展后，也同样渴望拥

总是奋斗在一线的吴仲清（右二）

有自己的标志性工程。怀揣着建筑梦，吴仲清下大决心拍下了湖州市中心地块，投巨资建设东吴·国际广场双子塔这一地标建筑。

吴仲清目光远大，不断增加投入。他经常说，看问题要看得远，不能只看棚子里。有人经常劝他"安耽点"，负担不要太重。他却坚定地说，要么不做，做就要做大做强，做出名堂来。

吴仲清认为，一个企业要在激烈的市场竞争中站稳脚跟，就要在领导层中更新观念，拓宽思路；就要增加企业投入，不断进行设备更新、技术创新；就要注重增强发展实力，扩大企业规模，提高市场占有率，抢占行业制高点；小打小闹或者低水平重复建设，只是在低档次产品徘徊，最终是短期行为。

他把东吴·国际广场的建设视为企业走向更高水平的发展契机，不仅带动了相关子公司的快速发展，还运用一系列国内领先的新技术，完成了 C70 高强混凝土成功试验、万方大体积混凝土一次浇筑，有力地促进了企业创新能力和现代化管理水平大幅提升。

除了主业上寻求技术突破外，对于工贸类产业则进行了结构优化，其中引人注目的是对产品结构低端、经营管理滞后的丝绸公司果断进行了调整。

2009 年以后，蚕茧收购价格一路走高，丝与茧价格严重倒挂造成了生产即亏损的局面。2012 年，大东吴集团停止了丝厂的生产，员工转岗。同样，由于缺乏有竞争力的产品和技术，集团旗下的药业有限公司营利不佳。2012年7月，集团将药业公司资产出售给了华圣医药。

大东吴集团及时开展了对多元化战略的反思，认为企业多元化经营战略可能存在资源配置过于分散、运作成本过大、产业选择误导、人才难以支撑等发展陷阱。

在这一轮企业内部产业结构调整中，集团还撤并了汽修、电梯等缺乏市场竞争力的公司；同时重视引进市场前景看好的新型产业项目，为下一阶段的转型升级埋下了伏笔。

提档升级，谋动未来（2016年至今）

大东吴集团坚定对非主营业务作出调整，进一步明确了主业和方向；同时，扎实推动企业制度完善、管理规范，构建了相对完善的预算管理、项目全过程管理、人事管理、办公流程管理等制度，加快了向现代企业转型进程。

为写好转型升级这篇文章，集团进行了科研、数字、人才等方面的创新。目前，集团下属共有5家高新技术企业、3家省级高企研发中心、1家市级高企研发中心、1家省级企业技术中心；累计拥有各类专利共计294项；撰写完成各类工法、QC成果112项（国家级9项）、BIM技术应用15项；主持或参编各类标准26项。

大东吴集团2016年成为湖州第一家建筑施工总承包特级资质企业，2018—2020年间打造了湖州第一个绿色建筑集成产业基地，2020年成为第一家获评国家高新技术企业的湖州本土建筑施工企业，拥有四星绿色工厂2家、三星绿色工厂1家、绿色建材产品2种、绿色产业园1家。

除了通过PKPM项目管理平台实现项目全过程信息化管理跟踪以外，2019年，集团还开始应用基于物联网、云计算、大数据等技术的"东吴云"BIM全生命周期智慧管理平台，达到建筑正向设计与协同管理，且能够通过二维码技术，做到项目现场安装的BIM可视化与构件的跟踪，实现了建筑全生命周期的信息化管理。

▶ 新生代的坚守

利落短发，一身剪裁得体的西装，谦逊中带着自信的吴淑英，在其雷厉风行的行事风格下，有着润物无声的美好情怀。

吴淑英说："我们企业以传统建筑施工为主业，这些钢筋混凝土都是冷冰冰的东西，我要用女性掌门人独有的魅力，让产品更加有温度和韧劲。"

她告诉团队，大东吴集团不能满足于成为一家传统的施工企业，要做一家真正的现代建筑企业。以缔造工艺品一般的情怀和要求，来打造每一座建筑，注重质量、环保、绿色和健康，赋予其内涵和温度。"把建筑做成'无言的诗、立体的画'，才能使我们的设计和品质得到更多人的认可。"

在红延药厂"练兵"

1977年，吴淑英出生在湖州。从小成绩优异的她，初三时通过考试进入湖州卫生学校，不满19岁便成为湖州市城区一名医务工作者。

按照这样的人生轨迹，她可以预见的未来生活应该是朝九晚五，过得平淡而安逸。然而年轻的吴淑英心里依然有一个大学梦，她努力工作，默默等待时机。

3年后，她的父亲吴仲清，彼时从事通信电力建筑行业的成功，给了她实现梦想的机会。

在父亲的支持下，吴淑英到上海一所大学的计算机专业求学。"大学时就是休息天在宿舍自学，同学帮我复习数学，要不然跟不上。"幸好在中专时，课余时间她学过相关知识，再加上向同宿舍的同学学习，她很快赶了上来，还获得了优秀毕业生荣誉。

"无论是医学还是计算机，这两个学科都逻辑严谨，对我帮助很大。"吴淑英说。

3年的学业完成后，吴淑英直接进入了父亲公司的审计部担任审计助理。在同事眼中，她是一个很能沉下心来的姑娘，领导分配的任务从来没有二话。在这个看似无足轻重而又枯燥的岗位上，吴淑英一待就是两年。

炎炎夏日，她守在工地上，一件件点单入库，要点整整几万件。但对于父亲的安排，她心领神会："审计岗位最能了解整个公司的真实情况。"带着这样的想法，吴淑英做起事来更有动力，也更有干劲。

2002年，刚结束产假回来上班的吴淑英面临真正的考验：父亲希望她接掌大东吴红延药厂（简称红延药厂），担任总经理一职。这家药厂的前身是一家老军企，有着困难国企的不少通病：人员老化、管理落后、科研乏力。而在当时，全国所有的药厂都要接受 GMP（良好生产规范）认证：由浙江省药品监督管理局组织评审专家对企业人员素质、厂房设施、生产环境、卫生状况和物料管理、生产管理、质量管理、销售管理等企业涉及的所有环节进行检查，评定是否达到规范要求。截至 2003 年 12 月 31 日，若制药企业的 GMP 改造还没有开展，最多只能经营到第二年 6 月 30 日。

红延药厂正面临生死存亡的考验！吴淑英深知要力挽狂澜是一个极其艰辛的过程，25 岁的她毅然决定倾尽心力放手一搏。自 2003 年接手后，吴淑英先后收购了两家制药企业，并进行了异地 GMP 改造和增添新设施设备，企业颇具规模，业绩蒸蒸日上，并于 2004 年、2006 年通过了国家的有关审批，顺利取得西药生产和中药生产的 GMP 证书。

和所有国企改制的故事一样，过程中有误解、有怀疑、有阻力。也许是为了向父亲证明自己，吴淑英坚持自己摸索，独立思考，有时甚至彻夜不眠。终于，她闯过了这一关，红延药厂在她的整治下走上了正轨。

"当时，我接手了这个工作，并赶上了整个行业从不规范向规范化发展的关键时期。企业需要符合严格的行业标准，比如厂房的洁净度和生产过程的标准化管理。"吴淑英回忆道。这一阶段，主管部门对新标准的严格要求，正好让她学到了完善的标准化管理方法。"药厂的标准化管理为企业的生产经营奠定了高标准和高要求的技术基础。"吴淑英说，这一经历使她在后来的企业管理中受益匪浅。

在红延药厂，吴淑英一待就是 6 年。

2009 年 1 月，吴淑英被任命为大东吴集团副总裁。8 月，东吴·国际广场项目启动，吴仲清决定全身心投入。集团的各项事务管理任务繁重，而在这个时间节点上，吴仲清已年近花甲，正在筹划交接班的事宜。此时，吴淑英已有多年在基层摸爬滚打的经历和亮眼的表现，获得公司上下特别是管理层的认可，具备成为集团掌门人的综合素质。就这样，在多重因素加持下，11 月，吴淑英正式出任大东吴集团总裁。

2012 年，35 岁的吴淑英接过父亲的管理"权杖"，成为大东吴集团副董事长兼总裁，不久后出任集团董事长。

大东吴集团的创业之路很艰辛，掌门人的交接却很顺利。"水到渠成，顺理成章。仿佛一切都是在有意无意之间完成了，犹如行云流水般的顺畅。"吴淑英说。

谈起当年历练"闯关"的岁月，吴淑英显得很平静。她说，这是人生的必经阶段。当年的她充满了干劲和激情，现在的她在此基础上又多了一分稳重，一步步走来，记忆犹新。

专注主业强管理

接班人说

大东吴集团的发展历程，既让我看到了民营经济发展的市场活力，也体会到了民营经济发展的艰难困苦。新生代企业家要继承老一辈艰苦奋斗的精神，坚守实业，守正创新，为社会创造更多财富；更要把年轻人的冲劲发挥出来，以创新为驱动，推动社会进步。

（吴淑英）

吴淑英正式接班之后，便一直反复思考一个问题：如何实现企业的高质量可持续发展？她给出的答案是：转型升级。

第一代企业家在赚到钱之后，通常会进行多元化发展，但不少企业在非擅长领域中的投资难以盈利。吴淑英接手大东吴集团之初，工作特别繁杂和忙碌，常常是上午忙着水泥砖块的事，中午要处理豆制品厂事宜，下午则要研究丝绸产品。她深感这不是长久之计。

面对盈利能力差甚至亏损的业务，她果断进行了整合。"我们必须不断聚焦主业，或者集中精力在几个大项目上，否则精力分散，难以应对。"吴淑英回忆。

除了业务整合，吴淑英还注重规范化和科学化管理。尽管父亲早年就已经开始了规范管理，但在她的主推下，规范管理跨上了新的台阶，实际操作实现了制度化、系统化和组织化。

在规范企业管理制度，特别是绩效考核方面，她花了很大精力。以前，在发年终奖时，集团考虑更多的是人情而不是绩效，这导致了不公平现象。吴淑英坚持制定了一套绩效考核方案，年初签订绩效协议，年底严格考核兑现。

"我记得有一年，有人因几个指标没有达标来求情，但我坚持不让步。"吴淑英说。从 2009 年开始推行这一制度，到 2010 年公司上下已经完全习惯了绩效考核，这一管理模式也得到了员工的认可。

为推动转型升级进一步落实，吴淑英进行了科研、数字、人才等方面的创新。

自 2010 年开始，大东吴集团全面规划信息化整体架构，每年不断完善，为数据共享、数字赋能做长远布局。目前，大东吴集团已完成"4+8+N"的搭建：横向四大平台（NC、OA、PKPM、BI）的统筹搭建在全集团应用；纵向八条业务线（财务资金、资产、人资、供应链、项目、客商、合同、科研）的协同应用；"N"个行业应用的叠加建设。通过运用互联网、云计算、大数据、5G、AI 等智能化技术，将数字化、智能化融入企业发展，既满足集团数据统筹管控，又满足分子企业个性化建设。

2018 年，大东吴集团成立技术研发中心，制定了《技术创新管理及考核办法》等多部配套管理制度，督促下属各公司开展技术研发投入。

"我正在思考，建立企业大学方案及培训渠道开发，希望能够探索出一条建筑行业人才培养的新模式新路径。"吴淑英说。目前，集团与同济大学合作建立了博士后工作站，与浙江大学、浙江省建筑科学设计研究院等国内知名院校、研究机构建立产学研合作，成立了大东吴建筑设计院和研究院。

与父辈一脉相承，一向注重自我学习提升的吴淑英，将企业员工培训培养的工作摆在重要位置，她组织 50 多名高管进浙江大学、北京大学接受 MBA 学习。她成立大东吴学院，组织开展了校长 EMBA（高级管理人员工商管理硕士）、ROE（股东权益报酬率）经营预算等企业外训，以及 BIM 技能竞赛等企业内训。

她以培训提升现代管理理念为主线，以建立现代企业管理为主轴，以推动生产现场"6S 精细化管理"为抓手，管理理念不断创新，管理模式不断输入现代元素，不仅提升了集团各级的科学管理水平，更促进了经营管理、经营效益的持续提高。

绿色装配谋定未来

浙江是建筑业大省，几年前，敏锐的吴淑英就已经预感到了建筑业转型发展的必要性。2017 年、2018 年先后启动了钢构产业园和绿色建筑集成产业基地两大绿色建筑基地，推动装配式建筑发展。

2021年5月,全省召开建筑业高质量发展大会,进一步明确了"推动浙江建筑业改革创新高质量发展"的具体要求,让吴淑英更加坚定了走绿色转型之路的目标。

吴淑英说,大东吴集团的绿色装配式建筑,通过"研发+设计+生产+建造+运维"一体化全产业链的整合,让建设建筑像造汽车一样进行工业化生产,最终实现现场湿作业、粉尘、垃圾减少90%,现场噪声、工人、措施减少70%,现场焊接减少60%,建造工期缩短50%,材料可循环利用率达到70%的绿色生产方式。

吴淑英在绿色建筑集成产业基地

从建筑类企业业务承接情况来看,2021年大东吴集团累计完成业务承接66亿元。其中,传统建筑业完成42亿元,两个装配式建筑公司完成24亿元,装配式建筑的业务承接量已经占到了36%,转型效果正式显现。

位于湖州市南浔区和孚镇的大东吴绿色建筑集成产业基地的核心区域——绿

色装配式建筑智造中心内,近500名工人分布在12万平方米的厂房里,进行绿色建筑构件生产和设备安装、调试。借助固定模台线等生产线的合理布局,使用更少工人就能完成多个构件的生产。

绿色装配式建筑智造中心主要用于生产绿色装配式建筑结构系统、楼面系统、外墙系统、内墙系统及预制楼梯、阳台等部品部件,年设计产能可以满足300万平方米绿色装配式建筑产品需求,可广泛应用于住宅、学校、写字楼、医院、酒店、工厂等场景下的绿色装配式建筑建设。

这是吴淑英在2018年至2020年间,打造的湖州第一个绿色建筑集成产业基地。"工厂生产积木,建筑业搭积木",这个比喻生动地传达了绿色装配式建筑的魅力。建筑基地内生产的每一个构件都有唯一身份编号,建筑工地只需要按照图纸将构件安装在特定位置即可。这一新型建造方式具有节能、高效、省水、省地、工期短等优点,其结构性能已得到欧美发达国家的充分证明。

初心写在行动上

作为大东吴集团的掌门人,吴淑英还有很多社会身份。她先后担任浙江省第十三届政协委员、浙江省女企业家协会常务副会长、浙江省新生代企业家联谊会副会长、湖州市女企业家协会会长等。

2018年3月,湖州市委统战部、市工商联和团市委共同发起,正式成立了"梧桐读书会",先后开展各类活动40余场,由吴淑英负责打理,以主题活动、分享交流、沙龙等形式帮助新生代企业家更好成长。

2019年7月,由她牵头成立湖州市首个省政协委员会客厅——新生代企业家政协委员会客厅。

作为会客厅"厅长",吴淑英坦言,她看到越来越多的"创二代""新生代"逐步成为经济发展的主角,肩负着未来。"新生代企业家需要的不仅是企业管理能力,还需要社会责任感,这是我建立这个会客厅的初衷。"她说。

会客厅采取微课堂、微讲座的形式,组织政协委员和界别群众及时了解党委、政府决策部署和经济社会发展情况;同时,积极开展建言献策、民主监督、反映社情民意等工作,充分发挥委员们的参政议政热情,创新推出一条民主协商的新路径、一个团结联谊的新平台。通过5年的运营,湖州新生代企业家政协委员会客厅获评浙江省政协五星级政协委员会客厅。

作为湖州市女企业家协会会长，她不断壮大队伍，吸纳更多优秀女性创业者和企业家加入，把协会的工作开展得有声有色。协会开展"四季致远""千人计划"等各类有特色的培训交流活动，助力女企业家提升综合能力。她整合各方资源，为会员企业实现更好发展穿针引线、铺路搭桥。她引导会员义利兼顾、见贤思齐，扛起女企业家的社会责任。

大东吴集团一直致力于慈善公益事业，在汶川地震、广元地质灾害等危急时刻挺身而出，提供急需的人、财、物支持，大东吴集团因此被授予"浙江省抗震救灾集体一等功"。

吴淑英继承了父亲的公益慈善精神，并不断发扬光大。近年，大东吴集团与4个经济欠发达村结对帮扶，为村庄建设道路、修理盘山灌水渠道、建设饮用自来水渠道等共支付80余万元。集团每年在年节时向双拥共建、社区共建、村企共建等共建地区送去慰问金和慰问品，已形成固定模式。

同时，吴淑英牵头成立了大东吴慈善基金，扬帆公益基金，大东吴慈善文化研究院，捐资助力创新育才慈善助教基金、助力"星语星愿"儿童关爱服务项目以及其他人道公益事业，在关心关爱农村"两癌"贫困妇女、孤独症儿童、军人军属，对口支援、东西部扶贫、圆梦计划等慈善项目里也都有大东吴集团积极奔忙的身影。2018年以来，大东吴集团累计为各类扶贫帮困项目捐赠5000余万元。

在吴淑英看来，社会职务不仅是荣誉，更是责任，所以她格外珍惜，并为此不遗余力。

新时代新征程，浙江省正朝着加快建设共同富裕示范区的目标奋勇前行。新生代企业家吴淑英带领着大东吴集团顺势而为，以数字化、信息化引领，加快技术创新和人才引育，把公司战略逐步调整为以钢结构和装配式建筑为主要方向，大力发展智能建造和建筑工业化，实现绿色高质量发展，企业核心竞争力显著增强。

道正业长——三花之道

传承是根的延续，是梦的追求。

40年前，张道才看到希望之光后毫不犹豫开启创业之路。20年前，张道才和他的团队在新能源汽车领域看到了未来的光。如今，张亚波和三花控股集团有限公司（简称三花集团）的新生代，在未来到来之时，又看到了何种新的光亮？

▶ 艰苦创业铸基石

1950年4月，张道才出生在绍兴新昌一个大山深处的小村庄。

1974年下半年，经公社农机厂厂长推荐，张道才成为农机厂的一名业务员。之后，他便只身一人远走陕西宝鸡、河南开封等地出差跑业务。那是张道才第一次出远门，为厂里谈下一个为制冷厂生产加工五金件的订单。

"江湖人"出身的厂长

1976年，在公社领导的支持下，张道才在老家细心坑村的灵龟庙办了一家五金加工厂。为了全力经营好这家小厂，张道才成了走南闯北的"江湖人"。可喜的是，短短几年时间，小厂的年利润居然做到了6000元，对一个穷山沟的小村庄来说，已经创造了一个不小的奇迹。

这算得上是张道才第一次积累创业经验，培养了对市场的敏感性，有了点名气。

1979年10月，张道才作为引进人才来到三花集团的前身——西郊农机厂（后改名新昌县西郊制冷配件厂），先从供销科科长做起，再到副厂长，主要负责跑市场。

1984年8月，张道才被任命为厂长，带领大家开始创业，制冷部件和热管理产业从此生根发芽。后来，1984年被定义为三花集团的创业元年。

有了厂长职务后，张道才如虎添翼，精神抖擞地唱起他的"三部曲"：狠抓内部管理，广揽科技人才，致力产品开发。

创业初期，新昌县西郊制冷配件厂还是一家"经营无产品，管理无人才，生产无设备"的"三无"乡镇小厂。而当时改革开放催生了"衣食住行"基础市场的发育，长途运输带动"马路饭店"红红火火，厨房冰箱、家用冰箱市场先后兴起。张道才从"天时、地利、人和"三个角度分析，确定了"为制冷主机厂做最佳配角"的定位，以开发冰箱的绞链等十几种机械件为主，先解决企业生存问题。

张道才抓职工素质提升，创办职工学校，开设初中文化补习班、机械制图、识图班和经营管理班等，还先后选送多名文化基础较好的职工进上海交通大学、华中工学院（现华中科技大学）、西安交通大学等高等院校培训进修，并建立长期的科研合作关系。

创始人说

> 作为山区小厂，加快发展必须依靠科技，走厂校挂钩、生产科研相结合的新路子，千方百计与上海交通大学形成联合体，一起研发新产品。
>
> （张道才）

1985年2月，浙江省新昌制冷配件总厂（简称制冷配件总厂）成立，厂长张道才和西郊乡政府签订了5年的联利计酬承包合同。为配合承包制，"厂内银行"应运而生，并实行会计核算、统计核算和业务核算等多种核算制度。

1987年起，制冷配件总厂在干燥过滤器、铜阀件、蒸发器、二位三通电磁阀和冰箱铰链等车间推行自创的目标管理承包责任制，对经济责任制充实深化，进行数字化、模拟货币化管理，把能够以货币计价的价值目标成本指标，纳入到承包经济责任制中。

"成本目标"管理成效显著：1985—1989年的第一个5年经营承包期中，制冷配件总厂的销售收入达到2902万元，年均580.4万元；利润574万元，年均114.8万元。

张道才决定再瞄准3个产品：冰箱二位三通换向阀、空调四通换向阀、汽车空调热力膨胀阀。这些产品都集中在制冷空调的大行业内，在自身条件具备时投入开发，制冷配件总厂由此走上专业化经营之路。

向国外市场进军

当时浙江省一位领导来厂里考察，提出实施专利保护和引入先进设备的建议。这促成1989年张道才第一次带队出国，考察了丹麦、德国和瑞士的先进企业，打开了国际化视野。

张道才出国考察回来后，决定全力以赴投入对二位三通电磁阀的继续攻关和量产，将原来粗糙的作坊式生产，改为现代化机械设备加工量产，打响二位三通电磁阀的攻坚战。制冷配件总厂的二位三通电磁阀替代了进口产品，使用在著名冰箱厂的出口机型上，并被列为"全国小型节能示范项目"，奠定了在全国家用冰箱配件行业中的地位。1993年，二位三通电磁阀成功投放市场，创造单品年利润超过千万元，成为企业的第一代拳头产品。

1991年，在没有外贸业务的情况下，制冷配件总厂就超前引进国际贸易本科

1989年6月,张道才、陈芝久、汪钦尧组成的考察组第一次出国学习考察

专业人才,并于次年设置外经科;又先后设立经营部外贸处、国际贸易部等对外业务部门,探索启动"向国际市场进军"战略。随着1993年首单出口日本,制冷配件总厂逐步实现营销走出去、制造和物流走出去、研发走出去,不断推进全球化和本地化的深度结合,服务客户需求。

20世纪90年代,张道才意识到"空调热"即将来临,着手布局研发空调截止阀和四通换向阀,汽车空调膨胀阀产品的研发随后也提上议程。他决定进一步贯彻依靠科技、依靠现代化管理的基本方针,更加重视试验与生产设备的建设。1996年,空调四通换向阀研发成功。1998年创造单品年利润超亿元,企业的第二代拳头产品正式形成。

在总结创业10年实践经验的基础上,张道才提出了"小商品,大市场,高科技,专业化"的经营战略,确立了向绿色低碳方向发展的定位,总结提出"管理、科技、人才"的企业文化内涵,倡导"迅速反应,立即行动"的企业作风和"精益求精,追求卓越"的企业精神,作为公司立业的根基。

▶ 从成本领先走向技术领先

1994年8月,经济全球化浪潮促成了中外合资的三花不二工机有限公司的成立。1994年10月19日,浙江三花集团有限公司成立,这是"三花集团"作为企业名称第一次出现在公众面前。自此，三花集团正式跃上历史舞台，外向型发展道路也迈出实质性步伐。

进入资本市场助力实业发展

三花集团开始考虑结合资本市场的力量，助力实业经营快速发展。2001年，三花集团对以截止阀为核心的制冷部件业务进行股份制改造，成立浙江三花股份有限公司（简称三花股份），准备IPO进入资本市场。这一年，三花集团的利润突破亿元大关。

2003年7月，国家工商行政管理局核准"浙江三花集团有限公司"变更为"三花控股集团有限公司"，同时核准以三花控股集团有限公司为核心，组建"三花控股集团"。集团的组建，一方面是业务下沉的需要，另一方面也是上市的必要步骤。

2005年6月7日，"三花股份"正式在深圳证券交易所上市，三花集团实现了实业经营与资本经营的结合，"股份制，集团化，外向型"发展路径初步成型。借助资本市场，三花集团以上市公司的更高标准要求自身，在行业并购、资产重组、业务拓展、全球布局等方面持续发力，推动企业向高质量发展不断升级。

与上市及组建三花控股集团同步筹备的，是2001年三花集团在杭州购买331亩土地，开始兴建三花杭州工业园。

反向并购美国公司，是三花集团成为制冷空调控制部件领域领跑者的"惊人一跃"。

1997年，三花集团的四通换向阀投放市场，想找这一产品的原创者美国兰柯公司（简称兰柯）合作，加快发展。而当时，兰柯刚刚进入中国市场，提出要收购三花集团的业务，报价高达3亿元，比三花集团所有资产加在一起还高了近10倍。

张道才分析，空调在中国未来发展潜力大，三花集团必须在这一领域参与竞争，拥有自主权，因此这桩并购没有谈成。随后，三花集团与兰柯开启全面竞争。三花集团狠抓以质量为中心的基础管理升级，不断提升产品的质量和成本竞争力。

通过十年磨一剑的沉淀，形势反转，三花集团在国内国际市场不断取得成功，兰柯则节节败退。最后兰柯表示，兰柯是行业内著名品牌，希望寻求行业内有实力有信誉的企业并购，使兰柯原有的品牌、质量和服务能够得以延续，对客户负责。2007年，三花集团完成了对兰柯的四通阀全球业务并购。这标志着三花集

2005年6月7日,"三花股份"上市,张道才(左)与浙江省第十届人大常委会副主任鲁松庭(时任)一同敲响深圳证券交易所开市宝钟

团成为制冷空调控制部件领域的全球"隐形冠军"。

张道才没有沉浸在国际并购成功的喜悦中,他看到三花集团只是以成本优势击败国际对手,在技术与品牌方面对照国际先进水平,仍然存在很大差距。同时,中国经过多年发展,人口红利、城镇化、低成本优势已经到了一个拐点,环境与资源约束日益显现,粗放型发展模式必然要向高质量发展模式转变。

张道才提出,三花集团要从"成本领先"向"技术领先"转型,并确定了节能低碳、智能化控制的产品开发定位,成立杭州三花研究院有限公司(简称三花研究院),从事行业内前瞻性的产品和技术研发,探索孵化新的战略性产业。

超前布局新能源汽车领域

21世纪初,随着中国加入世界贸易组织(WTO),乘用车市场开始进入井喷式发展。三花集团把握了汽车零部件产业本土化需求的机会,通过自主研发和推广,车用热力膨胀阀、单向阀、调温阀和贮液器等产品让三花集团在传统汽车空调领域保持了10年稳定增长。但与此同时,三花集团敏锐地感知到汽车产业将开始进行新一轮大变革，于是，瞄准汽车能源清洁化的发展趋势，提前布局新能源汽车热管理控制部件的研发。

2010年，三花集团制定了企业发展"五年规划"和"十年规划"，明确提出"世界和中国的经济、产业发展的大潮流是节能、低碳、环保；新能源汽车将成为未来世界发展的主潮流，整车结构电子化（智能化）、轻量化"等判断。

三花集团以新能源车用电子膨胀阀产品为先导，在全球行业内超前投入开发并获得成功。车用电子膨胀阀等产品的率先开发成功，使三花集团在新能源汽车零部件领域实现"弯道超车"，企业从二级供应商提升为一级供应商，直接面对汽车整车客户。不仅如此，三花集团还取得全球细分行业的先发优势，并向集成模块和系统解决方案升级，在技术上实现了从追赶模仿国外到创新领跑的转变，形成了多方面的行业领先优势。

2014年10月，三花集团迎来创业30周年庆典。"专注领先，创新超越"，集团站在全新起点，进行总结和展望、规划和布局，聚焦绿色低碳发展，向着高质量发展进发。

抓住新能源汽车空调和热管理系统的变革机遇，三花集团与多家主流新能源汽车厂形成了战略合作关系。2016年，以三花研究院为主要依托，清华大学汽车工程系（国家汽车安全与节能重点实验室）等6家单位联合建设的"纯电动汽车空调与热管理系统技术国家地方联合工程研究中心"正式揭牌，开展新型热泵空调和热管理循环系统及关键智控部件的研发，促进这一领域的创新突破，在国际产业竞争中抢占先机，谋求话语权。

2017年，鉴于车用电子膨胀阀为新能源汽车热管理领域作出重要的创新贡献，三花集团入选美国《汽车新闻》杂志PACE大奖。这一奖项被誉为"全球汽车部件行业内的奥斯卡金像奖"，颁授给那些"颠覆行业规则"的创新产品和技术，三花集团是第一家获此殊荣的中国汽车部件企业。2018年，三花集团"新能源汽车热管理系统"项目荣获中国工业大奖表彰奖，这是中国工业领域的最高奖项之一。

登高望远花开全球

三花集团聚焦电动汽车市场发展，稳固中国市场领先地位，大力开拓海外市场，争取头部车企的全球订单。随着新能源汽车全球销售的飞速增长，三花集团汽车零部件业务营收也快速增长。

2013 年，三花集团并购美国制造企业 R-Squared Puckett 公司和欧洲白电部件一线品牌亚威科集团，开始在北美和欧洲建设生产基地。2015 年后，根据对国际市场变化趋势的分析，三花集团加快了在海外建设制造基地和技术中心的步伐，坚定全球化，深耕本地化，建成了国内的绍兴新昌、绍兴滨海、杭州钱塘、安徽芜湖等六大制造基地，在国外的墨西哥、波兰、越南也建立了制造基地，同时建设杭州、新昌、慈溪三大国内研发中心和美国底特律、休斯敦及德国斯图加特三大海外技术中心，为全球客户提供更加快速、全面的现代化制造产品与综合服务，提升客户满意度。

历经 40 年的砥砺前行，三花集团从新昌这座小山城，走向国际大市场，一步步发展成为全球制冷家电、新能源汽车热管理领域的行业领军企业，并向储能热管理、工业自动化领域拓展。40 年来，三花集团始终致力于为全球客户提供高品质的产品和服务，市场在哪里，客户在哪里，三花就在哪里。

2023 年，三花集团实现全球销售 578 亿元，超过 30 类产品全球市场占有率领先，70% 的营业收入来自全球行业前 30 位的头部品牌客户。三花集团名列中国企业 500 强、中国民营企业 500 强、中国制造业 500 强、中国机械百强；荣获全国五一劳动奖状、全国质量奖等荣誉。

三花集团创始人、董事局主席张道才，先后荣获全国优秀企业家、中国经营管理大师、全国五一劳动奖章、浙江省劳动模范、浙江省终身领袖企业家等荣誉称号。

▶ 群星璀璨的新一代

可以说，三花集团的发展史，其实就是张道才的创业史。

张道才认为，企业要发展好，一靠产品，二靠人才，特别是领军带头的人才，其中人才是根本。早在张道才创业之初，他就已经考虑企业可持续发展和经营团队未来传承的问题，并着手布局和培养。

创始人说

企业是树，人才是根；根有多深，树有多盛。

（张道才）

选择最辛苦专业的张亚波

张道才在培养新经营团队中的首要考量,就是有利于三花集团事业的持续发展。张亚波是张道才的长子。张道才坦言,在同等优秀的条件下,肯定优先考虑自己的儿子。这既是人之常情,也是因为父子之间存在的天然信任与默契。这是老板与职业经理人的关系所无法比拟的,也是有利于企业传承的非常重要的条件。

张亚波心性坚毅、沉稳厚重、勤奋刻苦、事业心强,具备从事企业经营管理、推动企业持续发展的优秀品质。张道才回忆,在张亚波青少年时期,自己因忙于创业,父子之间交流并不多,但往往在关键阶段的关键节点上,他会给予指导。比如张亚波上大学填志愿问父亲的意见,张道才就跟儿子详谈了一次,让他想清楚未来的道路,并一起分析国内几个大城市的优势。最后,张亚波选择了上海交通大学机械制造工艺与设备专业。

父亲曾经对儿子能否吃苦有过疑虑,张亚波就问当时公司里的大学生:"大学里什么专业最辛苦?"得到的回答是"机械专业"。于是他下决心填报了这个专业,以此来挑战考验自己。4年大学生涯,张亚波不仅拿到了机械专业的毕业证书,还拿到了低温技术专业的双学位,为参与公司工作奠定了专业知识基础。

大学毕业后,张亚波先到一家贸易公司做设备销售,在一个相对陌生的环境中锻炼。然后他又到三花集团的国际贸易部做业务员,从事铁储液器等汽车空调部品的销售,从基层开始,熟悉产品和业务。作为公司创始人的长子,张亚波是可以到公司高管餐厅用餐的,但他每天中午拿着饭盒,到员工食堂去排队打饭。

1998年,三花集团设立上海三花电气有限公司,拓展汽车零部件业务,张亚波被调到上海担任总经理助理,后来出任副总经理,具体负责公司筹建和销售,经受了比较全面的市场营销和企业运营历练。张亚波回忆,在上海公司任上,每天早上一醒过来,就会想到今天公司运营有多少开销,必须要到哪里去跑业务挣回来。他对这段经历印象特别深刻。

2000年年底,上海公司已运转正常。张亚波奉调回到新昌,担任集团副总裁,进入公司经营班子,与父亲张道才和其他班子成员一起共事,分管国际贸易部和营业系统的工作。2001年,三花股份成立,开始启动上市筹备,张亚波兼任拟上市公司的董事长。2003年起,他担任核心企业浙江三花制冷集团有限公司总经理,负责三花主业制冷空调控制元器件产业的经营管理。2007年,公司推进技术领先战略转型,张亚波专任三花控股集团副总裁,牵头展开全球市场调研,谋划公司对新产业与产品的并购进入。2009年年底，张亚波再回到三花股份专任总经理，在实践中成长为三花集团新一代经营团队的核心，赢得了大家的尊敬。

2015年起，张亚波担任三花控股集团总裁，全面负责集团日常经营管理，团结和凝聚公司上下，主导推进组织与管理变革、国际行业并购与全球化布局建设、商用制冷业务独立发展，热泵与储能、工控自动化业务战略拓展等重大项目，主导支持新能源汽车热管理业务的全球化发展。

2016年以来，张亚波还先后当选为全国工商联第十三届执委，第十四届全国人大代表、浙江省青联副主席、青年企业家协会会长、浙江省商会副会长。

张道才和张亚波平时沟通很频繁，大都集中在三花集团的经营与发展方面，他们交流思想，形成共识。

接班人说

> 有时候，我和父亲对某一件事的看法也会有不一致，这很正常。毕竟是两代人，有不同的知识结构和考量重点，只要互相包容和理解，求同存异，最终都能形成共识。因为我们的情怀和目标是相同的：打造"百年三花"。
>
> （张亚波）

张道才的次子张少波，负责集团金融投资与房产业务的经营，也是三花集团新经营团队的重要成员。在张道才看来，他有两个儿子，而三花集团就相当于自己的小女儿。张道才说，做父亲的对小女儿往往会更加宠爱和关心。而张亚波和张少波也把三花集团当作自己的妹妹，作为兄长，负有一份看护照料的责任。

张道才对新经营团队的工作很放心，很多时候一些重要会议都不去参加，宁可多留点时间给自己。他觉得多年打拼，都是为企业、为员工、为社会而奋斗，到了晚年，应该要多些自由宽松了。反倒是张亚波经常向父亲汇报公司经营发展情况，一些重大问题还要专门请示，并且跟父亲说"三花集团也是你的孩子，你总不能不管"。张道才有着创业的经验和对市场的敏感性，同时时间和状态也比较宽松，可以深入思考企业长远发展的一些战略问题，所以会与张亚波和新经营团队成员展开探讨，提供在经营中可供参考的意见。

精诚合作的经营团队

新一代经营团队中，负责不同产业经营和战略研发的成员，都是与三花集团一同奋斗多年，经历了考验和锻炼，培养和成长起来的"大将"。

王大勇，担任三花智能控制股份有限公司的总裁，负责家用制冷空调控制部件产业的经营，同时负责对厨房电器部件业务、工控气动部件业务的战略拓展。

1992 年，王大勇大学毕业被分配到宁波一家国有企业，听同学说起三花集团重视人才，主动写信自荐，由此加入三花集团。他先是在工厂质量管理办公室，因为一份计划总结写得出色，被张道才发现并调到当时的厂办，先后担任厂长秘书、总经办主任，经手过内部质量、财务、人事等条线的管理工作。1997 年，年仅 30 岁的王大勇进入公司经营班子，1998 年和另一位技术骨干史初良搭班，攻关四通换向阀，啃下了硬骨头，解决了冷媒泄漏的不良问题。后来他分管制造管理和汽车空调部件业务的发展，把汽车空调部件业务营收从 200 多万元做到了 8 亿元。他在精细化管理方面很有心得，2015 年起负责集团旗下最大的家用制冷业务的发展，成效显著。

史初良，担任绍兴三花汽车热管理科技有限公司董事长，是三花控股集团的首席技术官和三花研究院院长。作为上海交大的优秀毕业生，史初良先是在一家国企工作，1991 年加入三花集团，从车用储液器、空调气液分离器等具体产品项目做起，再攻关四通换向阀项目，都做出了成绩。1997 年，史初良风华正茂，被提拔进入公司经营班子，先后担任副总工程师、总工程师。2010 年，史初良担任三花研究院院长，负责暖通空调部件、太阳能光热发电项目的发展，最后聚焦到新能源汽车热管理业务的发展。他从技术负责人转型做总经理，推进战略研发项目的产业化，将这块业务营收从 8 亿多元做到 80 多亿元。

史初良为人淡泊名利，包容担当，追求进步，很能团结人、凝聚人，从研发到产业，都带出了一支强有力的队伍，引进和培养了多方面的优秀人才，现在又回头去做战略项目研发，为三花集团的新发展开疆辟土。

陈雨忠、倪晓明，也都是在 20 世纪 90 年代初大学毕业就加入三花集团的，经过 30 多年磨炼，已成为新经营团队的主要成员。

陈雨忠是研发出身，以技术见长，喜欢挑战和创新，好胜心强，做过电子膨胀阀等重要产品开发的总工程师。2015 年后，他担任商用制冷空调控制部件业务总经理，推进这块高成长业务的发展，将业务营收从 1 亿多元做到近 30 亿元。

倪晓明则是国际贸易专业毕业，很有想法，平时话不多，但做事很踏实。从 1992 年做出口业务开始，再发展到海外营销网络和制造基地建设，在三花集团走向全球市场的过程中，倪晓明可以说是一个奠基者。2009 年后，倪晓明单独负责微通道换热器业务的经营，也将营收做到了近 20 亿元。

还有其他成员，在张道才创业期间作为经营班子的一员，分工负责不同的运营管理工作，得到锻炼成长。张道才也全力支持新经营团队的工作，他认为，企业经营就像一台大戏，需要不同的角色一起配合，汇聚起功底深厚的各类名家，才能上演优秀的经典剧目。企业传承也是如此，要考虑不同角色和能力的搭配组合，形成优势互补的良好效果。

▶ 企业传承的实践感悟

张道才依据创业和发展的实践经历，总结了关于企业传承的若干思考。

一是一切从有利于企业持续发展的角度出发。张道才作为三花集团第一代创业者的带头人，对企业传承的规划和接班团队的培养，目的是有利于三花集团事业的持续发展，所以唯德是举、唯才是举，一切出以公心。他认为，只有这样才能得到公司高层发自内心的理解和信任，全心全意支持新经营团队特别是核心成员的成长。

二是及早考虑和着手培养传承人。20 世纪 90 年代末，张道才就开始考察和培养未来新经营团队的成员。因为一位具备经营管理能力的人才，从被识别到成长起来，一般要 10—15 年的时间，所以要及早谋划和早行动，不能等到传承问题到了眼前，才去考虑对策。

张道才认为，企业的经营负责人要有胸怀和远见，在自己还年富力强的时候就着手考虑自己未来被接替的问题，同时也要有实际条件和实践场景，做好对优秀年轻人才的"传帮带"，既指导传授关键经验，也及早暴露潜在问题并排除隐患，从而提升新经营团队的综合能力和发展潜质。

大企业的经营，既需要有好的带头人，也需要有一个完整的团队。企业传承，不是传给某一个人，而是传给一个团队。因此在及早规划的基础上，要根据新经营团队中不同成员的特点，讲究培养方法和策略，言传身教，多岗位历练，充分授权，留出容错的弹性空间，在公司发展中促进他们的磨合，形成新团队互相信任、包容和坦诚的氛围。

三是打造好发展平台，建设好激励机制。营造良好的创新企业文化，做到"事业留人、利益留人、氛围留人"。

创始人说

> 优秀的经营管理人才都有很高的事业追求，要实现自己的人生价值来回报社会，所以绝不满足于对自己个人的名利追求，更愿意全力奋斗来推动和实现事业的发展。
>
> （张道才）

新经营团队中的主要成员一心扑在事业上，在物质待遇方面，张道才觉得自己要替他们考虑到，在股权激励、期权激励方面优先倾斜，激励他们将三花集团作为自己的人生事业来奋斗，不要为个人家庭的生活问题分心。

在张道才看来，企业文化的核心，就是创始团队在企业发展中沉淀积累的创业实践、战略经营思想和奋斗拼搏精神。创始人所想、所做、所倡导的，就会形成企业文化最核心的部分，所以做企业也是做人。在日常交流思考和讨论处理问题时，张道才经常将创新发展、奋斗拼搏、包容信任和永不满足的理念，与新经营团队的成员们分享，互相影响，形成公司高层"舒心放心、愿意说话、能够说话"的氛围。这样做对企业核心文化理念的传承也产生了积极的影响。

三花集团的新生代正在茁壮成长。他们有理想、有本领、有担当，继往开来、敢于创新、勇挑大梁。

他们看到了什么？星辰闪耀，未来可期！正是这份底气，让他们能够把目光放得更远。既是"回看来时路"，更是"抬头谋未来"，通过瞄准新增长点、拓宽新赛道，积极寻找企业升级和发展的"新解法"。

三花集团的未来，是一家企业的未来，也是新一代创业者的未来，更是企业家精神传承的未来。

亚厦，选择完美 ▶

起于曹娥江畔，立于钱塘江岸，当年从浙江上虞蹒跚起步的乡镇企业，已经是分公司辐射全国各大区域的中国建筑装饰业领航者。

三十多载光阴流转，浙江亚厦装饰股份有限公司（简称亚厦集团）的企业规模和工程业绩早已不同往日，父辈的创业蹒跚，子辈的创新向上，共同见证了亚厦集团前行的精神源泉——匠心，始终如一。

▶ "欣欣"向荣

从当年的木匠学徒到如今的业界领军人物，几十年来，亚厦集团创始人丁欣欣一直秉持对工程质量和品质的苛刻追求，从一个木匠起步，打造出一个商业传奇。

"半路出家"的少年木匠

少年时期的丁欣欣个子颇高，身材却特别瘦削。10岁出头，懂事的他便跟着大人务农，16岁时被送去学木匠手艺。

木匠是百工之首，做一个好木匠并不容易，除了心灵手巧，还要有沉得下来的耐心和纤毫必察的细心。虽然年轻，初入行的丁欣欣却显示出与年龄不符的成熟与沉稳，对师傅也十分敬重。

他知道，学好一门手艺没有捷径，只有日复一日的努力练习和刻苦钻研。从设计到用料、加工，从出货到安装，每道工序他都一丝不苟。

凭着一股要学好手艺的执着和勤学苦练，丁欣欣的技艺突飞猛进。然而，原本需要3年学成的木艺学徒生涯，却在第二年因故辍止。彼时的丁欣欣已掌握了不少技艺，唯独缺少实践操作的经验。

创始人说

> 既然我都已经学到这么多技艺了，那怎么不能回家自己在实践中摸索积累经验呢？
>
> （丁欣欣）

不服输的丁欣欣没有因此放弃成为一名木匠，他决定从为章镇人打家具做起。背着工具包的他每日穿梭在十里八乡，一开始经验不足，出错时便主动赔偿木料，为了在规定时间内完成工作就加班加点。

"早上5时我就爬起来赶工，当天做完，晚上十一二点摸黑赶回家，有时候路上要经过一条羊肠小道，两边还都是坟墓，我就一边走一边咳嗽给自己壮壮胆。"

时间一久，丁欣欣逐渐练就了一手好木活儿，加上他有极强的责任心、钻研精神和诚信靠谱的人品，树立了极佳的口碑，成了远近闻名的木匠师傅。人们提起他总是赞不绝口:"丁师傅那可真是一把好手!"

以家具创业,以装饰创牌

尽管回头客络绎不绝,还有不少人慕名而来想拜他为师,但埋头钻研的丁欣欣并没有满足于当下的成绩,他看到了时代发展趋势下传统家具的短板。

丁欣欣位于上虞章镇的老厂房

1984年,他放弃了已经日渐成熟的"根据地"章镇,只身来到杭州投身新式家具行业,由老板变身打工仔,从师傅变成学徒,边学边做。

次年,丁欣欣看准市场开放的好时机,回乡创办了新光家具厂,准备大干一场。他聚集了章镇本地最优秀的工匠,通过制作家具开始了创业之路。但由于经营经验不足,选址过于偏远,长时间山路运输导致木料和家具受损,市场难以打开,3年苦心经营后,无奈关闭了家具厂。

丁欣欣没有因此气馁,总结其中的经验教训,再次回到杭州承包家具制作,逐渐积累了自己的口碑,便开始积极承接商场、酒店的部分木制品订单。

20世纪90年代,哪怕在"建筑之乡"上虞,也没多少人对建筑业中的冷门行业——装饰业有概念。但木匠出身的丁欣欣以敏锐的发展眼光,瞄准了发展的方向。

1989年,丁欣欣用辛苦攒下的2万多元注册了上虞县工艺装潢家具厂。

凭着积累的人脉、声誉和精湛的木工手艺，他从定制家具做起，陆续负责商场、招待所等的商品货柜、铝合金门窗及一般装饰装修，将业务由家具打造扩展到装饰领域，浙江装饰行业的第一块金字招牌初具雏形。

创业初期，他身兼多职，既是施工人员，也是业务员，每天早出晚归，一天有12小时都在外面跑。哪里有在建的大楼他如数家珍，哪里有可合作的业务他一刻不耽搁去联系……渐渐地，从几百元到几万元，从乡村到县城，业务越做越大，很快就在业内站稳了脚跟。

砸掉柱子，守住根本

年少当学徒时便受到工匠精神熏陶的丁欣欣，早已在内心深深烙下精益求精、追求卓越的信念。历经多年奋斗和积累，"匠于心，行正道，成大器"也成了他的人生信条。

当承接了杭州市四星级酒店余杭大厦的装修工程后，丁欣欣时常前往现场视察。即将竣工时的一次现场视察过程中，丁欣欣发现大厅石柱并未呈现最佳效果。

此时项目现场的施工作业已接近尾声，如果对此视若无睹继续施工，丁欣欣很难说服自己就这样向客户交差了事；而要是选择此时砸掉这6根柱子，也不是一件容易的事情，不仅工期可能延误，昂贵的造价对这项工程更是难以负担的成本。面对两难选择，项目经理劝慰丁欣欣："柱子的效果还是不错的，只是没有达到最佳而已，而且先前业主方来视察的时候，也对我们的施工质量表示了认可。"

但丁欣欣不肯，他找来重锤，当众亲自砸掉了柱子。

不管是创业之初几百元的小工程，还是后来几亿元的大型工程项目，丁欣欣都一视同仁。正是对质量的严格把关，使得亚厦集团的客户满意度和忠诚度都很高，往往做完一个工程，还能带回来不少其他工程项目。

创始人说

我一直强调，哪怕是不赚钱，我们也不能动摇"以质量立业"的信念。这么多年来，亚厦集团一直追求并且始终坚持的只有两个字，那就是"质量"，这是亚厦集团生存、发展的命脉。

（丁欣欣）

"亚厦，选择完美。"当丁欣欣把这句话写进亚厦集团的企业理念之中时，便注定选择了一条与众不同的发展道路。

▶ 大厦不是一天建成的

敬业、精益、专注、创新，追求极致的完美主义者气质，贯穿着丁欣欣的整个创业生涯，也是亚厦集团精神之魂。

几代亚厦人，在孜孜以求中展示天赋，用"道器合一"的匠心匠魂成就了今天亚厦集团行业质量领航者的地位。

创业！走出绍兴去

1993 年是中国改革开放的重要节点，对亚厦集团也是一个重要的转折点。这一年，作为亚厦集团前身的上虞县工艺装潢家具厂变更注册为上虞市装饰实业有限公司；也是这一年，亚厦集团迎来发展史上里程碑式的转折，承建了第一家四星级宾馆——嵊州宾馆。

此时，长三角区域的装饰行业刚刚起步，从业主到施工企业大多尚未树立起设计意识，但丁欣欣已经有了坚持的理念：做一个好的工程一定要有好的设计。

"竞标嵊州宾馆的装饰项目时，我特地邀请了中国美术学院的设计大师亲自操刀。其他公司拿着一本两本的设计稿，我们的设计稿甚至多到要用小推车送到竞标现场。"提起当时震撼在场所有人的这一幕，丁欣欣很是骄傲。

丁欣欣的公司凭借出众设计毫无悬念地中标了嵊州宾馆项目，这也给亚厦集团的发展奠定了基础。此后，公司参与了众多重要项目的建设，包括绍兴嵊州大厦、上虞商业大楼、上虞建设银行等，涵盖了绍兴市的多个著名建筑物和商业地标。

随着经营经验的积累和口碑的不断传播，再加上丁欣欣超前的决策和营销能力，公司逐渐发展成为集室内外建筑装饰设计、施工于一体的综合性企业，承接工程的数量和产值一路飙升。

于是，丁欣欣开始将公司的业务拓展至绍兴市外，一跃成为浙江省建筑装饰行业的排头兵。

1996 年，丁欣欣极具前瞻性地组建亚厦装饰集团有限公司，并投资建设了幕墙、家具、石材三大加工生产基地。同年，公司专门成立了设计研究所。这个研究所为公司的项目提供了更具前瞻性和创新性的设计方案，使得亚厦集团在设计领域更上一层楼。

"做一项工程，创一块牌子，拓一方市场"，这是丁欣欣的理念，也是亚厦集团在行业中取得巨大成功的秘诀。亚厦集团率先推行生产工厂化、加工配套化、装配现场化的模式，一体化产业服务支撑模式，使得亚厦集团在产品制造和项目实施过程中更加高效和灵活，也有效提升了企业在业界的地位。

1997 年，亚厦集团取得了装饰设计甲级资质，成为浙江省唯一一家取得设计、施工双甲级资质的装饰企业。

1998 年，亚厦集团凭借年承接 2 亿多元的业务量，一跃成为浙江省建筑装饰行业的领军企业。

创牌！迈向全中国

亚厦集团的卓越表现不仅体现在项目的施工质量上，还在于其在全国建筑装饰行业评价活动中的出色成绩。2002 年，在首次公布的中国建筑装饰百强企业名单中，亚厦集团一鸣惊人，位居第二，成为唯一总部设在县级市的装饰企业。之后，亚厦集团一直保持着行业百强企业的地位，不断巩固和提升企业在行业内的地位，至今蝉联该荣誉已有 22 年。

"立足长三角，辐射全中国"是亚厦集团的战略发展蓝图。2004 年，亚厦集团正式进军北京市场，参与北京人民大会堂项目的竞标。尽管这场竞争非常激烈，为了在一周内完成标书编写工作，团队成员废寝忘食，办公室彻夜灯火通明，一直奋战到开标日前夜。

经过团队的共同努力，最终迎来的是中标喜讯，这让所有人都兴奋不已。项目的成功中标，不仅为亚厦集团打开了北京市场的大门，吸引了更多国家级项目主动邀约亚厦集团参与投标，更鼓舞了团队士气，增强了迎接更多更新挑战的信心。

继北京人民大会堂项目之后，亚厦集团又受邀参加了北京首都国际机场国家元首专机楼装饰工程的设计和施工，并于 2007 年 6 月竣工。精湛的施工工艺和完美的视觉效果获得中国民航局、公安部、北京奥组委以及国内建筑装饰行业专家们的一致赞许。该工程在当时成功创造了国内建筑装饰业室内高端装修施工的新高度，引起了整个行业的极大关注。

迅速崛起的亚厦集团，更加专注于高端星级酒店、大型公共建筑、高档住宅的精装修。除了奥运重点工程外，还先后承接了上海世博中心、上海浦东国际机场、中国三峡博物馆、中国财政博物馆、中国海洋石油总公司办公大楼等国内知名大型公共建筑，树立了亚厦集团在中国建筑装饰行业的一线品牌地位和高端品牌形象。

亚厦集团站到了世界面前，用品质展示中华大国之美。

创新！勇在潮头立

作为亚厦集团的领导者，丁欣欣展现出敏锐的思维和开放的眼界，他紧紧抓住企业发展的每一个契机，为企业的进步和发展作出了积极贡献。

从2006年亚太经济合作组织（APEC）工商领导人峰会，到2007年中装协会长会议，再到第二届中俄经济工商界高峰论坛等，通过积极参与国际性经济活动和行业交流会议，亚厦集团的国际视野和市场资源不断拓展，展现了在国际舞台上的自信与活力，为企业的跨越式发展注入新的活力。

与此同时，为提高企业管理成熟度，亚厦集团开始以形成自我驱动的改进方法为重点，正式导入卓越绩效管理模式。企业建立了自我评价机制，做到管理的持续改进，在2007年率先获得"上虞市市长质量奖"这一政府颁发的殊荣。

作为行业领军企业，亚厦集团积极推动行业规范的建设，以专业力量为行业搭建坚实的发展框架。2008年，亚厦集团参与编制了中国环境标志建筑装饰装修标准。2009年，成立浙江亚厦产业园发展有限公司，夯实"后场加工，前场施工"的装饰产业化模式，被评为"全国建筑装饰行业产业化实验基地"。2010年，获批中国建筑装饰行业首家高新技术企业，进一步彰显了亚厦集团在技术创新和高新技术应用方面的领先地位。

2010年3月23日，亚厦集团正式在深交所挂牌上市，成为国内建筑装饰行业第3家上市企业。这标志着企业发展实现了巨大的跨越，吹响了腾飞的号角。

创始人说

上市并不是企业的最终目的，上市是为了促进企业的优质高速发展。

（丁欣欣）

2010年3月23日，丁欣欣（左一）与多位领导共同为亚厦集团上市敲钟

　　上市当年，亚厦集团的订单、营业收入、净利润等各项主要经济指标都实现了可喜的增长，企业发展非常迅猛。此后，亚厦集团步入快速发展轨道，业务领域全面开花，真正打开了全国市场，实现了"立足浙江、面向长三角、拓展全国"的战略目标。

　　随着相继承接四季、万豪、希尔顿、凯悦、喜来登、洲际、索菲特、香格里拉等多个世界著名酒店管理集团旗下的五星级酒店精装修工程，以及上海浦东国际机场等知名大型公建项目，亚厦集团在中国建筑装饰行业的一线品牌地位不断得到巩固，成为专注于高档酒店、大型公共建筑、高档公寓精装修的行业引领者。

　　亚厦集团以令人瞩目的成绩和荣誉，展现了在行业的领先地位和优秀业绩，多次获得地方政府和行业机构的表彰；2014年荣获"浙江省最具社会责任感企业"，并成为中国装饰行业唯一登上"2015亚太最佳上市公司50强"榜单的企业。丁欣欣也担任了绍兴市第六届人大代表，获得全国住房和城乡建设系统劳动模范的荣誉。

当时，市场竞争日益激烈，全国范围内的市场开拓成为亚厦集团持续发展的重要战略。亚厦集团在环渤海湾、长三角、珠三角经济区等多个国内核心经济区进行布局，与众多知名企业建立了长期合作关系。为了更好地服务客户，亚厦集团设立的分公司已辐射全国各大区域，广泛的地域布局能够迅速响应客户需求，提供及时、高效的服务。

亚厦集团勇于创新、敢于实践，坚守装饰主业，充分发挥资本市场优势进行创新并购，着手架构"一体化大装饰"蓝海战略，完成了一系列并购举措，不仅扩大了业务规模，还实现了资源共享和技术互补，为亚厦集团在大型公共建筑装修、高端星级酒店、高档住宅精装修和建筑智能化工程等细分市场的全国领先地位打下了坚实的基础，有力提升了企业综合竞争力和行业地位。

"思变图强"贯穿了亚厦集团的整个发展史。秉承着传承与创新的理念，亚厦集团迈向了一个全新的时代。不断探索发展新路子、新模式，不断寻求新的增长点和驱动力，让亚厦集团拥有了更趋稳健、更富理性、更具备推进战略和自我完善的能力。在创新变革的路上，亚厦集团以"让客户的等待变成期待"为己任，开始了高质量转型的发展之路。

建筑装饰工业化是实现碳达峰、碳中和目标的关键路径，是产业升级的必然方向。2012年起，亚厦集团开始着手研发工业化装配式内装技术。随着大数据、信息化的广泛应用与高效落地，智能制造的不断升级与持续优化，工业化产品经历7次迭代，实现了技术升级和体系革新，亚厦集团的探索也成为推动行业跨越式新发展的重要路径。

凭借科学规范的管理模式及企业经营的突出表现，亚厦集团荣膺2019年浙江省人民政府质量奖，成为建筑装饰行业唯一获此殊荣的企业。这一奖项是浙江省质量领域的最高荣誉，对全省各行业的经营、品质管理具有示范引领作用。荣誉的背后承载着无数汗水与付出，荣誉背后是亚厦人不懈努力、追求卓越的象征。

▶ 接班，儿子的责任

2019年5月，亚厦集团进行了第五届董事会及监事会换届选举工作，会议一致选举丁泽成担任新一届董事会董事长。

丁泽成认为，传承"传"的是精神，"承"的是价值观。他选择从基层做起，经历公司多个核心部门的历练，成功完成了对公司的接管。这一年他30岁，是当时浙江A股最年轻的上市公司董事长。

正所谓"条条大路通罗马"，左右徘徊、停滞不前才是失败的真正原因。在接过接力棒后，年轻的接班人坚定地说，"只要出发，就能到达"。

第一反应是拒绝

丁泽成的童年和父母创业经历重叠在一起，耳濡目染了创业的艰辛。创业初期，父母大部分时间都在厂里，很晚才能回家，实在抽不出太多时间照顾他。从一年级到三年级，他寄住在邻居和老师家里，四年级开始住校。

虽然父母陪伴不多，但关心和爱护并不缺乏。工作繁忙的母亲会特地花一下午的时间为他精心做一桌丰盛的晚饭，这细微的举动让他对父母、对创业有了更多理解。

高中的一次暑假，父亲带着丁泽成一起去清华上MBA课程。虽然课程对当时的他来说过于深奥，却激发了他对商业的兴趣。

> **接班人说**　直觉告诉我应该从商，我到现在还能记得当时课程中的一些内容，并不断用来反思自己的管理方式。
>
> （丁泽成）

2010年，丁泽成高中毕业，告别父母，独自去美国读书，在美国，他同时进修管理和金融两个学位。

也是直到这一年，他从报纸上看到亚厦集团在深交所上市的新闻，才得知父母一手打造的企业，已是国内建筑装饰行业的翘楚。

随着视野的开阔和思想的成熟，在美国求学的丁泽成与父母交流也多起来，对父母创办的企业有了更深刻的认知，也第一次萌发了"接班"的意识。不过，在父亲第一次提出让他接班的要求时，丁泽成的第一反应是拒绝，还向父亲推荐了别的人选。

在丁泽成身上，能看到很多新生代浙商的标志性元素：出生于改革开放初期，拥有良好的教育背景，思维活跃。但具备这些因素，并不意味着就能顺利接手父辈留下的基业。

到底能不能帮到父母，能不能接住这份家业？是自己闯荡一片天地，还是为家族事业做一些力所能及的事情？从父亲第一次提出让丁泽成接班，到他自己真正点头同意，足足用了 3 个月。

最终，父亲的一句话坚定了他回来接班的决心，"这是你作为儿子的责任"。

2014 年，学成归国的丁泽成正式入职亚厦集团。

"年糕战略会"

如何通过卓越领导力的塑造，真正获得企业元老、员工等的支持和肯定，并带领企业走向新高度，成为摆在新生代浙商面前的难题。

入职以后，聚光灯照射在丁泽成的身上，所有人都在期待他的表现。幸运的是，他交出了一份成绩亮眼的答卷。

最开始，丁泽成分管人力资源部门。他潜心摸索公司管理体系，疏通堵点痛点，推进团队工作有效开展，让分管的部门工作大有起色。后来，他主动参与公司筹划的并购项目，提前半年做了一份完整的商业计划书，却始终不提起，等父亲提到要收购一个新的互联网业务时，才将计划书拿出来展示，并做了一场精彩的内部"路演"。后来，这个战略投资项目，也成为亚厦集团有史以来投资过的最优质的项目。

大概就是这个时候，父亲对他的工作能力有了初步认可。

2017 年，丁泽成全面接管亚厦集团的工作。此时，最大挑战来自与高管团队的磨合。

至今，媒体还津津乐道丁泽成的"年糕战略会"，每周一次战略会，十几位高管一边吃着年糕当作晚餐，一边探讨公司发展方向。整个沟通过程中，丁泽成把自己定位为控场的主持人，几乎不参与交流，所以整个团队越来越活跃，思考也越来越同频，会议开得越来越顺。

丁泽成为此还专门聘请了第三方团队，第三方团队不仅帮他训练了自己的团

丁泽成代表行业在浙江省人民大会堂作高质量发展汇报

队，而且他们一直提出反面观点，也变相帮团队统一了思想。

8个月的"年糕战略会"，让大家对公司发展战略、方向高度统一，更重要的是达成价值趋同、认知一致的共识。新的团队重新组建，新的公司战略就此形成。

接班不仅是个人的成长和成熟，也是企业变革和发展的契机。全面接管工作后，丁泽成逐步完善组织结构与人力资源管理，锚准企业数字化改革方向，基于企业价值重构业务流程，重置研发中心等部门，建立以市场为导向的管理体系。

一系列卓有成效的创新举措，为企业带来了新的活力。随着对业务及发展的深入理解，这位信心满怀的新生代企业家为亚厦集团带来了许多新的发展理念。

谈及顺利接班，丁泽成说，除了自身努力，更有"天时"与"人和"。"天时"是指他回国的时机。2014年，在全球共享经济快速增长、国内互联网创新蓬勃发展的背景下，国内掀起"大众创业、万众创新"风潮，创新变革成为社会主流，人们对新想法的接受度很高。"人和"则是"父母在很多关键点上都给予强有力的支持"。

2019年正式掌舵集团后，丁泽成提出了"让客户的等待变成期待"这一全新理念，他通过一系列制度变革、管理创新，不仅身体力行地诠释了"创业创新、勇于奋斗"的新生代浙商精神，同时也提供了新生代浙商成长的生动样本。

替代传统的持续发力

2018—2023 年，在经济下行压力持续加大和新冠疫情冲击等背景下，亚厦集团营收持续超百亿元，呈稳健增长之势。杭州亚运会主体育馆、杭州萧山国际机场、北京大兴机场、北京环球影城等项目的完美落地，均展示了亚厦集团作为建筑装饰行业龙头企业的强劲实力。

绿色转型发展是行业的共识，丁泽成对企业的转型发展有着自己的独特看法。他认为企业的绿色转型之路绝非千篇一律，不鼓励企业不加区别地一窝蜂搞技术研发，而应是各有分工、各尽其责。领军企业、大型企业要发挥集成创新、组织平台、资金实力的优势，起到研发引领作用，勇于承担沉没成本和风险，体现行业担当和社会担当；中小企业则应该积极应用绿色新技术和新材料，实现绿色低碳经济效益和社会效益。

"工业化装配式装修是行业的发展方向，我们也会持续发力这一领域。"丁泽成说。所谓"工业化装配式装修"，可以简单地想象成乐高积木搭建或者汽车的工业化生产过程。把施工复杂、性能要求高的内装部品在工厂整体化加工，最终出厂的构配件运输到现场完成组装。

与传统建筑装饰的现场作业相比，工业化装配式装修具备工期短、污染低、质量高、维修易等优势，符合当下的绿色建筑发展要求，而且有助于破解行业发展面临的环境污染、人工缺失、健康危害和质量不稳等主要难题，助推产业升级。

亚厦集团是行业中最早布局建筑装饰工业化发展的公司之一，十年如一日地潜心研发，累计投入超过 20 亿元。在疫情项目援建中，工业化装配式技术发挥了重要作用，安装工期较传统装修缩短三分之二。同时，装配式装修业务也成为亚厦集团营收增长的新势能。

引领未来的"浙江建造"

"以质量品牌赢得市场，以敬业诚信赢得口碑，以求真务实的工作作风和锲而不舍的开拓精神赢得企业发展"，这不仅是亚厦人所经历的艰辛而自豪的创业发展之路，也是亚厦集团企业文化的核心。

从企业规模上看，亚厦集团连续 22 年蝉联中国建筑装饰行业"榜眼"位置；从工程业绩上看，亚厦集团接连承接多个国际会议主场馆，并承建西安丝路国际会议中心、宁波国际会议中心、广州白云会展中心、重庆广阳岛会议中心等项目。

这些见证"大国装饰"成长的标志性精品工程，是亚厦集团匠心的最好佐证，也是"品质亚厦"的生动展示。

在丁泽成的眼中，当前行业正以前所未有的速度、深度和广度，向工业化、绿色化、智能化方向迈进。这一巨大变革为绿色建筑和智能建筑领域带来了无限的想象空间与突破可能："我们正站在一个时代的转折点上，面对行业的深刻变革，亚厦必须拿出更强的责任感、使命感和紧迫感，以装配式和数字化为双翼，加快发展新质生产力，打造出一条新型工业化的发展道路，推动整个行业实现跨越式新发展。"

丁泽成态度坚决："亚厦集团将不仅自身积极应用装配式技术，还将逐步把这项技术开放给整个行业和社会，让更多人受益。"他表示，亚厦集团将紧跟国家发展战略步伐，继续在装配式内装领域深耕细作，不断优化企业结构，整合各方资源，深入进行技术创新和场景探索，以实际行动助力绿色减碳、高质量发展等国策的落地生根。

对数字化转型发展，丁泽成同样寄予厚望："亚厦集团正在积极构建的新装饰智慧数据系统，将信息技术与业务深度融合，覆盖工业智造、数字孪生、智能驱动等多个板块。我们已建立专业的开发团队，利用数字化系统贯穿项目全生命周期的管理与运营，实现管理的可视化、标准化、精细化，让数据真正成为推动企业发展的强大生产力。"目前，亚厦集团已初步完成产业的数字化升级，成为引领行业发展的排头兵。

展望未来，丁泽成信心满满地表示："亚厦集团将继续以创新驱动发展，以科技引领未来，努力成为绿色建筑和智能建筑领域的领军企业。我们将携手行业伙伴，共同推动中国建筑业的绿色化、智能化、工业化进程，为实现'浙江建造'的高质量发展贡献新生代浙商的智慧和力量。"

寿仙谷生　天地人和

　　"您知道武义有什么吗？"随口问一个浙江人，大多会回答："温泉、牛头山、寿仙谷。"浙江寿仙谷医药股份有限公司（简称寿仙谷），已经成了当地一张金名片。

　　"非遗""上市公司""灵芝和孢子粉的代名词"，其中任何一样名头都极为出彩，当它们汇聚成一点的时候，会发出怎样的光芒？而这种聚合又是如何引起、如何经久不息的呢？

▶ 仙草人生，人间仙草

近半个世纪前，李明焱跟着父亲攀登"浙中第一高山"牛头山，冀望采集到野生灵芝和野生铁皮石斛时，应该没有想到，自己将振兴曾祖和祖父创下的家业，并在更广阔的食用菌与有机国药领域大显身手。

・传承祖业

武义李氏是中医世家。

祖上从哪一代开始行医，就连李氏后人也说不上来了。族谱上记载，始迁祖李宾生"幼得父传，善医，有奇术，尤长滋阴健脾"，更有传说，他带着4个儿子逃荒到武义的杨思岭时，一路靠为人治病才没饿死。

有迹可循的是，李明焱的曾祖父李志尚是方圆数十里的民间郎中，人称"志尚仙"。"某某仙"是武义人对郎中的尊称，暗含了对其能妙手回春、起死回生的期盼。

李志尚之子李金祖11岁始学习中医药，李志尚令其先学采药、炮制、卖药，继而诊病拟方。晚年时，李志尚多次与李金祖商量要在县城租屋开药店。可惜老人去世太早，未能在生前实现愿望。

为将李氏医药发扬光大，李金祖于清宣统元年（1909年）在县城下街创立"寿仙谷药号"。

李金祖育有四子二女，20世纪40年代初，四子李海洪接掌寿仙谷药号，成为第三代传承人。1952年，由于历史原因，寿仙谷药号歇业，李海洪回家务农，但技艺并没丢。家乡七村八寨的村民还是会找他看病，武义县城甚至如永康、缙云等地也时常有人慕名前来寻医问药。

第四代传承人是李海洪家的"老五"李明焱。按照李海洪的说法，"这孩子，耐得住"。"耐得住"，从古至今都是一个褒义词，通常用于夸赞能做大事的人。

从七八岁起，李明焱就主动参与家务劳动，拔草、砍柴、采药连轴转，十二三岁就边读书边参加生产队劳动。他说，这种劳动教育，是人生最刻骨铭心也是最能启迪创造力的存在。

在武义县车苏村李明焱的老家房子二楼，至今还可以看到一件红漆八门大衣橱，这是20世纪60年代到80年代武义一带结婚必备的家具，八扇门上，都会画上书画以寄托美好愿望。但与众不同，这个大衣橱上刻着的是李明焱自撰的一首诗："天德本为人之理，忠孝则自古留名，酒色素误事之因，量大者福禄弥深。"

李明焱说，在很长一段时间里，每天睡前醒后，他都会看一眼、读一遍这首自作诗，可见中华传统文化对李明焱影响之深。

出海取经

1979年，李明焱中学毕业时，正是中国风起浪涌的时代。大作家徐迟的报告文学《哥德巴赫猜想》，激发了许多时代青年的科学热情。李明焱也开始了他的灵芝、银耳、茯苓栽培试验——这是来自祖辈的中药传承，也是面向未来的使命。

正是时机得当，中国食药用菌的现代栽培革命在这个时段正如火如荼。李明焱有意无意间闯进了这场革命，成为中国食药用菌现代栽培的引领者和奠基人之一。

1982年，李明焱师从福建的姚淑先学习袋料银耳室内栽培，获得成功。1984年，李明焱模仿银耳栽培方法，尝试袋料香菇栽培。

这是一个以前从来没有人涉及过的领域。但李明焱想，既然银耳可以袋料栽培，香菇是否可以呢？从菌种学分类，它们都属木腐菌类。扩种、备料、灭菌、接种、培养，李明焱一次性试种的规模就是3000只菌筒。菌筒发菌很顺利，可该出菇时节就是不出菇。李明焱紧张了，反复查阅资料，写信向同行专家请教，但没能解决。

由于栽培银耳需要场地，李明焱不得不把长不出香菇的3000只菌筒，从室内移至田中，搭棚盖膜先保藏起来。谁知过了一个冬天，他已经丝毫不寄希望的菌筒上竟然长出了一只又一只圆圆的香菇！

几经努力，李明焱在全国范围内率先试验成功"香菇野外露天搭棚栽培"，1986年该成果被列入"国家星火计划"推广实施。曾经是"山珍"之一的香菇，从此进入寻常百姓家。

1989年，李明焱获评全国星火带头人。次年，时任武义县科委真菌研究所所长的李明焱被国家科委选送到日本学习现代农业。

回国后，李明焱成功选育"武香1号"高温香菇品牌，突破香菇高温季节栽培技术，实现了香菇的周年栽培、四季供应。这一技术被推广到全国各地，最终形成了千亿元产值的产业。我们现在在全国各地随时都能吃上鲜香菇，李明焱功莫大焉。

李明焱被选派前往日本国际农业技术交流中心学习

  荣誉随之而来。2000年，李明焱成为享受国务院特殊贡献津贴专家；2005年，李明焱被授予全国劳动模范称号；2008年，李明焱的"香菇育种新技术的建立与新品种的选育"项目成果，荣获国家科学技术进步奖二等奖；2010年，李明焱荣获"全国食用菌行业突出贡献奖"，当选为中国食用菌协会副会长。

  至此，年轻的李明焱可以说是功成名就，但他并没有选择在功劳簿上停歇。

  到日本进修，虽让李明焱学习到了很多新知识，却也在他的心间烙下了一道深刻的痛楚。

  这种痛楚铭心刻骨，也催生了1997年"寿仙谷药号"的恢复，激发了李明焱夫妇立志"打造有机国药第一品牌"，打造灵芝、铁皮石斛、"浙八味"等名贵珍稀中药材全产业链的探索创新。

  多年以后，李明焱还反复对寿仙谷的高管们说："20世纪90年代初，日本已经进入现代农业、有机农业阶段，中国却还正在大力推广使用化肥农药激素。"

创始人说

中药是中国的国粹，但日本的汉方药却占据了中药市场的85%，我们中国的只占屈辱的5%。

（李明焱）

科技兴企

1992年,中国掀起了一轮创业潮。

此时还在体制内的李明焱夫妇,妻子朱惠照首先申请下海,并于1994年创办武义县金星食用菌有限公司,挂靠企业所在地金星村集体。1997年企业改制为民营体制;次年,李明焱成功下海,将企业名字改回了寿仙谷——浙江寿仙谷医药股份有限公司。

先于李明焱下海创业的朱惠照,1964年11月出生在武义县泉溪镇蜡烛山村。在5个兄弟姐妹中,她排行第四,生性文静,不喜多言。

朱惠照的父亲是村里的党支部书记,对子女的要求非常严格。朱惠照从小就养成了爱劳动的习惯,野外放牛、拔猪草,挑着担子走村串户卖豆腐,每一项活儿都做得很出色,时常受到父母称赞。

朱惠照和李明焱于1986年结婚。同年,朱惠照同李明焱一起承担"香菇袋料野外栽培"项目技术实施工作。

1990年,李明焱夫妇被武义县科委招聘去组建武义县食用菌研究所,负责全县食用菌技术的推广与指导。两年后,朱惠照参加华东师范大学成人教育学院食用菌专业学习;此后数年间,拿下了经济师、农艺师和副研究员的职称。

朱惠照下海创办的武义县金星食用菌有限公司,是一家内联千家万户、外接国际大市场的生产、商贸实体,主要从事食用菌的收购和出口业务。

寿仙谷成立后,朱惠照仍然是董事长,与李明焱在企业运营和科研探索两方面的分工各有侧重。

在长期的科研技术推广和企业运营中,勇于开拓、勤于学习的朱惠照,先后荣获全国食用菌行业先进个人、全国三八红旗手、十佳浙商女杰等荣誉称号,并被授予国家科学技术进步奖二等奖等10多项科技奖励。

中国的第一代企业家大多是在艰苦环境中靠自己的毅力和胆识打拼出来的,他们对机会的察觉和把控能力特别强大,总能乘势迎难而上。但对李明焱和朱惠照夫妇来说,还要加上以科技助力兴企,力争踏上行业巅峰。

药材好,药才好!李明焱坚定地认为,中药材药效的关键在品种,他将目光首先投向了珍稀名贵中药灵芝和铁皮石斛。

中国虽然是最早开发和利用灵芝的国家,但是在20世纪90年代,中国并没有自主的灵芝种质资源。

李明焱带领科研人员，跋涉于浙江、福建、江西等7个省份，在长江中下游最适宜赤灵芝生长的地区采集到22株野生灵芝种质。历经9年无数次的人工系统选育试验，于2001年成功选育"仙芝1号"——国内第一个经省级以上品种审定委员会审定的灵芝新品种，打破了长期以来中国灵芝品种要从日本、韩国引进的尴尬局面，并在有效成分粗多糖、总三萜的含量方面，比"日芝"与"韩芝"分别高出31.03%和39.04%，在孢子粉产量上也要远超于前者。

数年后，他的团队又通过航天搭载诱变等综合高效育种技术成功选育"仙芝2号"，这个新品种的粗多糖、总三萜含量，分别比"仙芝1号"提高11%和21%左右。"仙芝3号"在产量上则有了大幅度提升。

从铁皮石斛资源入手，通过无数次生物育种与仿野生生长环境研究与实践，李明焱和科研团队成功选育了"仙斛1号""仙斛2号""仙斛3号"3个新品种。

经权威部门测定，"仙斛1号"的多糖含量为47.1%，远超《国家药典》25%的标准；"仙斛2号"的多糖含量更是高达58%，是标准含量的两倍多。

除此之外，从"武香1号"开始，李明焱20多年内选育了西红花新品种"番红1号""番红2号"，杭白菊新品种"寿菊1号"。

在20世纪90年代，李明焱多次跟好朋友讲起他心中的偶像袁隆平。两个人有一个非常奇妙的交会点，袁隆平是武义县的荣誉市民，而李明焱则是武义县土生土长的科学工作者，因此两个人曾不止一次相会并握手。

如今，在食药用菌领域，有许多人将李明焱称为"菌界袁隆平"。

▶ 立足百年，面向百年

寿仙谷药号成立于清宣统元年（1909年），至今已逾百年。

有人说，寿仙谷这个名字好，特别适合药号。但其实绝大多数人都不知道它的真正内涵。寿仙谷是一个寓义健康长寿的名字，对应的是"天、地、人"。寿，代表人——人人都有对长生不老的渴望；仙，代表天——天仙无所不能，可以长生不老，可以满足人们的各种愿望；谷，代表地——谷地是厚德载物，让人健康快乐生活的理想乐园。

有了"天地人和"，就有了天地之间的阴阳平衡，就有了人类的健康长寿，幸福快乐。

从内核来说，寿仙谷最大的特色在于它的企业文化和质量管理模式。寿仙谷的企业文化为"道生万物，天地人和"。寿仙谷之道，即中华优秀传统文化德、仁、智、信，以此为行为准则，以"天地人和"为追求目标。

"道生一"，"一"就是寿仙谷祖训"重德觅上药、诚善济世人"，以及对它加以诠释的寿仙谷诚善文化：凡食品药品，维系民众生命健康，事比天大，不容丝毫轻怠。寿仙谷遵循"天、地、人"和合之道，秉承祖训，汲传统古医药精华，创当今高精尖科技，坚守非上等品不得上市的原则，潜心研究，精心制造货真价实、安全高效为上品。

"一生二"，"二"即是企业宗旨和企业目标。寿仙谷的企业宗旨是"开发天然有机产品，为民众的健康、美丽、长寿服务"，企业目标是"打造有机国药第一品牌"。宗旨和目标都是寿仙谷掌门人李明焱制订的，至今未作改动。李明焱说："中药讲'道地'。道地药材的本质在于天然无污染、高品质高效用，但道地缺乏数据标准，所以在安全性上我们就引用有机概念。"

寿仙谷的企业经营理念是"厚生重德，萃精惠民"。这其中包括三部分内容：一是以人为本。公司每一个人都是平凡的，而平凡的人组成了一个非凡的团队。在这个团队里，每个成员恪守规章，齐心协力，通力合作，和睦热情，奋力拼搏。二是以科技为先导。寿仙谷用现代生物技术来繁育珍稀名贵药材和药食用菌，既保护了濒危物种，又为人类的健康提供了优质的药物和菌物，今后将继续用最新的科技为健康产品注入新的内涵。三是以产品质量为生命。从原料到包装的每一道工序，"寿仙谷"品牌保证每一个产品都是绿色的，有机、高效、安全的是真材实料真工艺，能为民众带来健康、美丽和长寿的产品。

寿仙谷的质量管理模式被概括为"一链二体三全九化"。

依靠"道生万物，天地人和"企业文化和"一链二体三全九化"质量管理模式，寿仙谷公司先后承担了70多项国家、省、市重大科技项目；培育出10个拥有自主知识产权的名贵珍稀中药材新品种，基地与产品在国内率先通过中国、欧盟、美国、日本四重有机产品认证及生态原产地产品认证，实行全产业链质量控制、身份可追溯制度。

截至2023年年底，寿仙谷已获授权专利108项，其中发明专利46项；获国家、省、市科技奖37项。其中"灵芝孢子粉第三代去壁提纯技术"荣获全国科技创新成果奖；寿仙谷牌灵芝系列产品荣获"中国灵芝十大品牌""浙产名药"，

寿仙谷"一链二体三全九化"模式

通过了浙江制造"品字标"认证；寿仙谷铁皮石斛荣获"中国好石斛"荣誉称号，通过了浙江制造"品字标"认证。

寿仙谷还主持和参与制定国际、国家、地方、行业、团体标准93项。

2011年，寿仙谷药号被国家商务部认定为中华老字号企业。2016年，寿仙谷去壁专利技术成果和产品荣获第46届日内瓦国际发明展金奖。2018年12月，由寿仙谷主导制定的《中医药—灵芝》ISO国际标准发布。

2019年2月，由寿仙谷主导制定的《中医药—铁皮石斛》ISO国际标准发布。寿仙谷成为中国主导制定国际标准的唯一企业。2018年，寿仙谷获评浙江省文明单位。2019年，寿仙谷党委被授予浙江省先进基层党组织荣誉称号。2023年，寿仙谷荣获浙江省五一劳动奖状。2020年，寿仙谷获浙江省政府标准创新奖，2022年再次获同项奖励。2021年，寿仙谷获浙江省政府质量奖，成为浙江省中医药全产业链企业中首家获奖企业。2023年，寿仙谷获浙江省科学技术进步奖一等奖，被列入浙江省"未来工厂"试点企业。

始创于1909年的寿仙谷已经走过了第一个百年，第二个百年如何发展？也许寿仙谷公司制定的2035远景目标可以给我们一个最好的说明，这就是："打造世界灵芝领导品牌""打造国际领先灵芝产业基地""打造世界灵芝高质量产品"，为民众健康、美丽、长寿服务。

守正创新,双星熠熠

对于一家老字号来说,传承保护是基础,守正创新是方向。

李明焱的儿子李振皓和李振宇,小时候生活在老家车苏村。爷爷李海洪经常拿着家传医书给两个小家伙讲中医药知识,他们虽然听得似懂非懂,但中医药文化的种子却已经播进了心田,日后成长为参天大树。

李振皓和李振宇从中学时代就表现出不同的天赋和兴趣,一个钟情理科,一个喜欢文科。这也为日后对寿仙谷"双子星"的分工奠定了基础。

李振皓从浙江大学药物分析专业博士后出站后,回到寿仙谷进行药物研发工作,如今担任寿仙谷副董事长、寿仙谷植物药研究院院长,为国家级非遗项目"武义寿仙谷中药炮制技艺"第五代传承人,主要负责公司产学研合作和产品研发。李振宇作为寿仙谷总经理,主要负责公司运营和智慧营销。

寿仙谷始终坚持以匠心精神传承创新中医药文化,兄弟俩正是新一代的领头羊和践行者。两个人各自发挥所学之长,共同致力于寿仙谷长远可持续发展大业。

科研路上的开创者

> **接班人说**
>
> 我非常幸运,从小就接受了中药炮制技艺及传统医药文化传承的熏陶。在读本科阶段,就有机会参与公司的科研工作,对所学的专业有了更为直观的认识;在研究生阶段,我在导师的指导下,通过参与国家、国际合作项目,对中医药产业、药物研发和先进技术都有了深刻的认识。
>
> (李振皓)

受过良好教育的李振皓,讲得一口流利的英语,这为公司赢得《ISO 21315:2018 中医药—灵芝》《ISO 21370:2019 中医药—铁皮石斛》两部 ISO 国际标准的制定权起到了不小的助力。

2020 年 9 月,由张伯礼院士牵头,寿仙谷与天津中医药大学组分中药国家重点实验室、浙江大学药学院药物信息学研究所合作共建"张伯礼智慧健康创新实验室",围绕循证医学、智能制造、智慧中药、协同免疫等研究方向,研创数字健康产业关键技术，突破医药健康产业共性瓶颈问题。实验室日常工作主持就落在了李振皓肩上。

李振皓的好伙伴杨继鸿博士说："我们在浙大共度求学岁月并一起承担在寿仙谷工作后的科研任务。李博士不仅求真务实，而且追求卓越，这正是秉持了浙大人的优良作风。他是一个富有认知力、执行力和心力的人，在学习中成长、在成长中进步，用踏踏实实的干劲完成每一项事务，并且在遇到困难时能保持淡定，用勇气和魄力克服困难。"

李振皓在工作中

李振皓为儿子取名李良方。"良方"一词，出自唐代柳宗元《与李翰林建书》："所欲者补气丰血，强筋骨，辅心力，有与此宜者，更致数物。忽得良方偕至，益喜。"

在中药全产业链关键技术研究及产品开发等工作中，李振皓紧紧围绕中药产业高质量发展的重大需求，通过理论创新、技术突破及推广应用，带领寿仙谷科研团队构建了多链融合驱动的中药全产业链发展新模式，突破了灵芝、铁皮石斛等珍稀名贵中药育种、种植、精深加工、质量控制、标准化等方面的关键技术瓶颈；参与攻克灵芝孢子粉去壁技术，开启了灵芝孢子粉高效利用的新时代。他的科技创新成就，为推动传统医药的传承创新，助力中药产业走向世界、转型升级和高质量发展起到了重要作用。

李振皓兼任 ISO/TC249（国际标准化组织／中医药技术委员会）委员、中国食用菌协会副会长、中国中药协会中药材种子种苗专委会副主委、中华中医药学会中药制药工程分会委员、浙江省药学会中药与天然药物专委会青年委员会副主委、浙江省营养学营养与保健食品专委会副主委、《中国现代应用药学》青年编委等。

高品质的把关人

高质量发展是国家发展的大趋势，中医药行业也需要高质量发展。对于这一点，同为寿仙谷第五代传承人的李振宇，从英国留学归国的第一时间就非常清楚。要想在父辈的光芒下，带领身处大健康产业的老字号寿仙谷实现嬗变，把好品质关就是一切战略的前提。

传承精华，守正创新。李振宇不惜花费大量时间与精力，围绕安全、高效、稳定、可控全产业链的质量保障，从产品的品种选育、药材栽培，再到生产深加工、市场销售管理，对全程质量可追溯控制体系进行完善，确保寿仙谷产品生态有机、安全有效、稳定可控，最大限度地确保消费者手中的中药和保健系列产品的高品质。

坚持品质优先，是李振宇对于寿仙谷品牌传统的坚守，而数字化转型升级则是他为寿仙谷带来的嬗变。寿仙谷以数字化转型为抓手，搭建起了一套"智慧农场＋智慧工厂＋智慧市场"的产业协同应用体系。在"智慧农场"，寿仙谷引入以色列的先进智能化农业技术，通过自主研发数字化设备，结合图像识别和人工智能技术，为700多个数字化大棚实现数字串联，将灵芝表型的收集效率提升了20至30倍。在"智慧工厂"，寿仙谷运用数字孪生等先进技术，在排产、设备、制造、安全、仓储等方面实现了数字化管理，通过生产线的智能化改造，使产能提升1倍，人工节省80%。通过"智慧市场"的数字赋能，寿仙谷建立了一个全面精准掌握全国市场销售态势的"一网统管"体系，不但盘活了销售市场，还利用大数据网络对客户健康状态进行追踪，结合最新临床研究成果，通过专属定制形式，为客户提供更专业的健康指导意见。

在李振宇的带领下，数字化已经融入寿仙谷经营的各个领域，无论是对源头中药育种还是产品生产深加工，或是对产品销售和售后服务等各个环节，都提供了极大助益。

李振宇也为企业融入"90后"特有的活力。2023年4月，他带队先后拜访了文莱、印尼、新加坡以及卢森堡等国家驻华大使馆，他希望能够通过这样的方式将中医药带到全世界。

走进大使馆、助力杭州亚运会、携手年轻人喜爱的游泳运动员傅园慧、支持攀登珠峰活动……李振宇正在用年轻人喜闻乐见的新潮方式和跨界运营，推广寿仙谷品牌，推动传统中医药产业走入年轻群体，从而为寿仙谷开拓出一个更加广阔的市场。

如今李振宇同父亲李明焱一起管理公司，在投身于民族医药健康产业创新发展的同时，积极推进乡村振兴和中药材产业的高质量发展，发挥寿仙谷"标准制定＋品种选育＋有机栽培＋优质原料＋精深加工＋高质量产品＋药养文旅"的一产、二产、三产深度融合的全产业链优势，构建产业带富、项目生富、平台帮富、乡村共富的模式，为当地民生事业发展和促进共同富裕作出了重大贡献。

2018年、2020年，由李振宇参与的项目获评"浙江省标准创新贡献奖"。2023年，李振宇荣获"全国乡村振兴青年先锋"表彰，并获评浙江省企业管理对标提升成绩突出个人、浙商青年榜样、浙江省老字号年度新锐人物等荣誉。

2023年11月，由李明焱、李振皓、李振宇等主导完成的科研项目"灵芝全产业链高品质加工关键技术及产业化"荣获浙江省科学技术进步奖一等奖。

在他的规划中，未来寿仙谷将全面打造成一个集"互联网＋大健康、大平台、大数据、大服务"为一体的中医药全产业链高质量发展体系。

接班人说　　我希望已经有110多年历史的寿仙谷，能够在我们的手上更加发扬光大，成为一个大家都信赖的中医药品牌。

（李振宇）

与一些"企二代"留学后不回国或者回国但不从事父辈的行业不同，李振宇自认是个传统的人。很多"企二代"不愿意回到父母身边，一方面跟父母教育是否放任有关，另一个更重要的方面是自己的兴趣。李振宇觉得寿仙谷所从事的事业，是为人的健康服务，是积德的，而且也有经济回报，这样的行业本身就很难得。此外，工作同时也能和家人在一起，时间相对自由，这些都是接班的好处。如果自己喜欢、能适应，也是很好的生活状态。

也许是医药行业的特性使然，虽然随着时代发展，寿仙谷也引入了电商、私域等营销手段，但核心依然是一个特别重视传承。

目前寿仙谷的核心领导层中，除了几个"80后、90后"外，主要还是"60后、70后"的老将。核心管理层的稳定，保证了寿仙谷没有因子女接班进程而发生动荡。

在李振宇眼中，父亲不管是精神上还是身体上的忍耐力都特别强。父亲30多岁时已经拿了很多国家级奖项，自己现在也到了这个年纪，却感觉还差得很远。虽然母亲总鼓励他要"青出于蓝而胜于蓝"，但他觉得要超越父亲太难了，能让公司继续稳健地发展下去就很好。

李振宇目前的角色更多是分担者，父亲依然活跃在日常决策中，自己则是将父亲的想法落地实施，营销中心就是他在父亲的指导下一起建立的。父子俩虽然不在一个城市，但每天都要交流工作。李振宇说起父亲时充满敬意：

父亲像所有的老一辈企业家一样，将工作视为爱好，没有一天休息。就算是过年坐在饭桌上，父亲谈论的也依旧是工作。对父亲来说，度假反而是一种折磨，只有讲起工作的时候是侃侃而谈的。

有一次，我们一家出去度假，他整天在手机上处理工作消息，完全没有度假的样子。连我妻子都抱怨道："以后再也不跟你爸一起旅游了！"

3年前的一天上午，父亲在出差路上出了车祸，虽然感觉胸部隐隐作痛，但没当一回事，离开事故现场就直接到了基地，直到两天后觉得疼痛难忍去医院，才知道肋骨骨折了，他依然没有住院，一直绑着绷带坚持工作。父亲说，他闲不得，也许工作会让他忘记疼痛。

父亲是一个要求严格的人，眼里容不得沙子，地上有一点垃圾、墙上一块砖破损都逃不过他的法眼，甚至一份5分钟的发言稿，父亲也要花50分钟字斟句酌地修改。他常说："严谨是科学研究者的第一素养。"

虽然当父亲的部下真的挺辛苦，但是成长也很快。那些父亲亲手带过的人，在公司里能承担的角色往往和别人不一样。

未来的寿仙谷

"当前，世界和国家总体经济形势面临不确定性因素，但国家高质量发展的战略不会变，人民群众对高品质生活的追求不会变。养生保健需求日益旺盛的趋势不会变；疫情仍未平息，新的疾病谱还在产生，中医药提高免疫力、增强抵抗力人的作用正日益为人民群众包括年轻一代所认知。我们相信未来的中医药事业前景广阔，寿仙谷人的使命路远而任重。"李振宇在2024年度寿仙谷工作报告大会上说。

未来，寿仙谷将坚持依托"健康中国"战略，锚定"打造有机国药第一品牌，打造世界灵芝领导品牌，树百年寿仙谷"的发展目标，锐意进取，不断前行。为实现这个目标，李振宇确立了并正在实施2035远景目标和企业内的"十四五"规划，通过"信息化引领""信息化先行"战略、"生产智能化""管理数字化""销售云端化"路径，建设寿仙谷"未来农场""未来工厂""未来科技""未来市场"。

今天，寿仙谷有机国药基地已突破万亩，寿仙谷智慧健康工业园区、健康产业园也相继建设完成。寿仙谷"未来工厂"将充分运用5G、人工智能、大数据、工业互联网、三维动画等新一代信息技术，建立"智能设计、智能设备、智能生产、智能物流、智能仓储、智能订单、智能决策"全链条，并打造高效协同的全生命周期的创新型制造模式。从先进装备、先进检测、工业互联、数据中台、企业大脑等层面实施数字化改造，提升产品质量、降低能耗物耗，为实现企业精细化管理、智能化决策提供支撑。寿仙谷非遗传承项目武义古城寿仙谷国医国药馆重建工作已结顶，并将与寿仙谷智慧健康产业园工业旅游一起，联合打造寿仙谷4A级中医药灵芝文化旅游景区。筹建中的杭州寿仙谷数智中心已完成土地招标，将以最快速度完成项目的规划建设，最大限度地集聚科技、人才、信息资源，为企业长远可持续发展打好坚实基础。

双童不做"家里的企业"

楼东来觉得，近3年是他跟父亲相处最舒服的一段时间。他们至少一周会通一次电话，交换一下彼此公司的新动态，并给出一些建议；接班的事情很少再被提及。

如今，义乌市双童日用品有限公司（简称双童）在经理人团队的打理下发展平稳。当年，因为楼仲平提拔"外人"当总经理，而被看作"离经叛道"的传承计划，经过10年验证后，终于变成了外人羡慕的双赢模式。

▶ 从"末代货郎"到"吸管大王"

"七山二水一分田",土地贫瘠是浙中小域义乌的典型地貌特征,但骨子里敢拼敢闯的义乌人并没有因资源禀赋不足而怨天尤人。他们挑着货郎担、手摇拨浪鼓走南闯北,做起了"鸡毛换糖"(指小商贩用红糖、针头线脑等价格低廉的物品,换取居民家中的鸡毛等废品以谋取微利)的小生意。

从货郎担开启创业人生,尝遍人生艰辛苦楚,楼仲平前后经历了20多个行当,最终创建双童,并在30年间竭尽心力让这家企业成为"隐形冠军企业"。

跌宕人生结缘吸管

人有无限可能。

这句话是楼仲平常常用作给创业者分享经验时的开篇语,概括了他40多年的创业生涯。

1965年,楼仲平出生在一个土生土长的义乌家庭。父母要养活6个子女,生活异常穷苦拮据。1978年,不足14岁的楼仲平未上完初中即辍学,扛着一副比他身子还高的扁担,跟着父亲和哥哥去江西弋阳"鸡毛换糖"。

因为不甘于只满足温饱,所以青年时期的楼仲平始终在不停地折腾,起起伏伏十几年:摆过地摊,放过氢气球,倒卖过雨衣,贩卖过牙刷,还在1984年春节到景德镇搞了有奖销售,结果亏了个精光。走投无路下,楼仲平只好回家搞养殖,结果又意外触电,差一点死在稻田里。

但他不歇气,跟随当时义乌的创业大军,扛着一袋袋小百货,坐着绿皮火车,把义乌小商品送到大江南北。

前后折腾了20多个行当后,楼仲平终于选择回到家乡,在义乌市场摆摊经营。

楼仲平跌宕的创业史见证了义乌市场的发展、转变,宣扬浙商精神的电视剧《鸡毛飞上天》男主角的部分原型,就源于他当年的创业经历。

1992年2月,楼仲平在义乌第四代小商品市场——篁园市场上申请摊位开始经营,由于缺乏进货渠道,初期只能以代销的方式经营塑料制品。楼仲平从塑料制品专业街拿货,在自己的摊位上放置了几十家工厂的几百种样品,以此赚取部分利润。

楼仲平作为末代货郎代表出现在《鸡毛飞上天》海报封面

楼仲平守在摊位上接单，他妻子踩着三轮车送货。摆摊之初，生意难做，一整天不开张是常有的事情；有次从早到晚只卖了50只塑料小碗，成本9分钱一只，他卖1毛钱，一趟货送出去只赚了5毛钱。但楼仲平觉得，那个时候吃顿饭就1块钱，5毛钱也能填饱半个肚子，慢慢地也就这样坚持下来了。

由于品种丰富多样，很多客户在他摊位上开单进货，到了下半年，楼仲平的生意逐渐有了起色，成为市场上的佼佼者。

在那个时期，义乌本地有几家生产吸管的企业，看到楼仲平摊位上塑料吸管的生意好、客户多，就陆续将他们自己生产的吸管让楼仲平代为销售，他由此半只脚迈入了这个行业，也积累了一部分自己的客户。

到了1993年，考虑到塑料制品代销生意同质化竞争越来越严重，楼仲平决定自己办厂搞塑料吸管的加工生产。正好一个生产吸管的企业老板想买一套进口的全自动吸管生产线，并希望把手上的半自动设备卖掉。楼仲平当机立断，花了5万元买下这套旧的吸管半自动生产设备。

1994年4月5日，楼仲平29岁，他的吸管加工厂开业了。

灵光一闪认证"双童"

一根吸管,这种低、小、散、弱的产品极难做出花头,但楼仲平不甘于此,他曾多次在媒体采访时说道:"创业就像投娘胎,既然选择了就不抱怨。"

办厂初期,楼仲平在摸索中关注到同行产品的一丝异常:江浙和广东一带吸管工厂所生产的吸管包装袋,图案几乎都一个样,袋子上都有两个小孩头像的图案,只是包装袋上标注的厂名、地址和电话不一样。

发现这个细节后,他带着一包吸管到工商局商广科咨询。科长简单查看后,认为这个标记的图案应该是商标,告诉他存在仿冒的嫌疑。楼仲平不死心,还是坚持支付了 300 元的查询费,要求到杭州的省局去查询。

两周后,楼仲平接到科长打来的电话,告诉他这个商标的图案还没人注册,可以带上 2000 元来注册。注册时,基于商标图案中两个儿童的头像标记,楼仲平夫妻遂定下"双童"作为商标的中文名称。

在申请商标的过程中,楼仲平偶然在一家复印社看到一台电脑,能写字、能画画、能打印,还能和远在千里外的人联系,这在当时来看简直太神奇了!他花了 1 万元"天价"买了台电脑,又花了 3 万元插了 9 根电线杆、扯上 2.5 公里长的电话线,把网络从乡政府接到自己家,开始在线上寻找客户。在国内吸管厂商中,双童是最早用互联网连接上国外客户的,这也是双童腾飞的关键一步。

有了外贸订单,双童的产品需求陡然增加,开始兼并收购小工厂。在大部分人眼里,吸管只能按吨、箱、大包卖,利润以厘和分来计算,在双童最初的 10 年,正是沿着这样的思路,以量取胜,不断扩大规模,以规模换效益。

"小客户战略"超车

发展初期,双童主要采用"OEM"(贴牌生产)出口,产能的业务完全集中

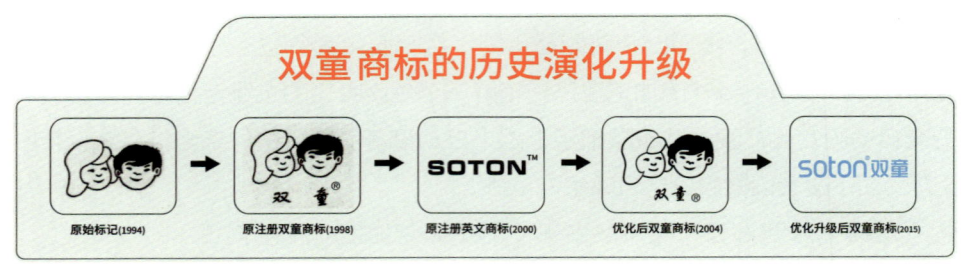

双童商标的历史演化升级

在几个国际大买家手上。在以量取胜的道路上，楼仲平却发现竞争者的身影越来越多，2003年甚至还发展到外商拿着巨额订单，让中国厂商互相压价，最终利润薄得像纸一样。

楼仲平坐不住了："一个大客户的一个订单可以让我们生产4个月，但他们利用订单让中国同行大打价格战的做法实在让我们无法忍受。"这也让优质小客户和国内市场的订单生产受到严重挤压。

经过企业内部的激烈讨论，楼仲平顶住利润率逐年下降的压力，狠下心来开始放弃大客户，一个个手握巨额订单的大客户被拒之门外，连大名鼎鼎的沃尔玛也不例外。

双童的顾客在哪里？顾客需要什么样的商品和服务？吸管真的只能用来喝饮料吗？……从决定放弃大客户的第一天开始，楼仲平脑海中就始终盘旋着这些看似有明显答案的追问，这也促使双童团队打开了认知边界。

从2003年开始，双童转而主攻日本和欧盟市场的小客户，并腾出部分产能，实施国内外市场"两条腿走路"的品牌培育工程，与咖啡厅、酒店等小客户合作，为他们提供个性化的定制型产品，通过10年时间开拓出与同行企业完全错位的创新产品和消费渠道。

创始人说

> 十几年前双童只有一两种吸管，现在有300多种，这都是为了满足小客户的多元化需求而创新研发的。
>
> （楼仲平）

在双童的中国吸管博物馆，陈列着各种造型的艺术吸管，有载着风车的玩具吸管、帮助小孩吃药的功能吸管、情侣共用共吸的爱心吸管、吃水果的强力吸管、可以做眼镜框的体验吸管，甚至有可以当零食吃的淀粉吸管和大米吸管等，挖掘出无数未被满足的顾客需求。

其间，双童积累的吸管专利总数已超过150项，其中发明专利5项，双童所占的吸管有效专利是全球吸管有效专利总数的一半以上。部分专利一经开发成功，就可以获得更高的溢价，其中2006年开发的一款可在关节处折出各种花型的艺术吸管，在2009年实现量产后占据了公司常规吸管产品总产值的四分之一左右。

楼仲平曾骄傲地对媒体说："全世界没有比我们做了20多年吸管的员工更懂

吸管了，全球范围内最好的吸管研发团队和专家一定在双童。"

他持续发动企业所有员工参与产品创新与研发，逐渐让大家形成"改变一点点，持续积累，最终颠覆"的创新观念。成立专门的研发小组来征集产品的创意，运用员工的思维征集、信息筛选、概念形成、图纸设计、申请专利、商业开发、价值评估、模具设计、不断改进，一直到创新产品的包装设计、商业推广等所有环节全部由该小组分工完成，产品一经开发销售，便会给予相应的提成激励。同时，公司与北京工商大学、北京服装设计学院、浙江师范大学等大专院校和专业机构开展长期的创意开发合作，来源于院校学生天马行空的创意灵感给企业的产品开发注入了源源不断的思维活力。

供给侧改革这一措施卓有成效，双童的客户由单一的国际集团采购转变为80%占比的国内超市、咖啡馆、餐饮店、酒店等中小型消费客户群，双童也牢牢掌握了吸管行业发展的话语权和经营主动权。

到2009年，双童全面转向"小客户"战略，拥有1.2万个小客户。

▶ 吸管行业的世界冠军

1994年，楼仲平买下旧的半自动吸管生产机器，由此他的吸管厂开业了。在义乌福田租用的两间民房，就是义乌市双童日用品有限公司的前身。

此时他的吸管厂只是个体经营户，依托义乌市场的"前店后厂"模式，把生产的吸管用三轮车拉到小商品摊位上销售，依托其积累的客户资源优势，开启了经营的第一步。

不断超越自我

楼仲平的吸管生意开局不错，两间民房逐渐不够用了。1996年年底，楼仲平将吸管厂搬迁至自建的5层民房，成立了义乌市稠州塑胶吸管厂。也就一年多时间，自己的5层房子又不够用了，不得不开始租用邻居的房子作为车间、仓库和员工寝室。

经历快速发展和积累，义乌市稠州塑胶吸管厂逐渐超越了义乌同行，处于行业领先地位，因此楼仲平于2000年7月3日成立义乌市双童日用品有限公司。

随着连续几年每年营业额翻番，双童很快成了全球头部企业。2002年顶峰时，美国 5 家大客户的订单占了双童百分之八九十的营业额。

在不懈努力下，楼仲平争取到了义乌北苑路 378 号的 18 亩工业用地，双童终于有了自己的厂房。楼仲平开始空前重视团队建设、品牌打造、产品品质等，精细化管理规范得以初步形成，全球最大饮用吸管生产企业的行业地位得以确立。

但从 2003 年起，全球吸管产能过剩，美国市场的大客户不断压价，双童的盈利空间被压缩殆尽。楼仲平不得不放弃美国大客户市场，而选择服务日本、欧盟以及中国高端市场的众多中小客户。正是这些客户的个性化需求倒逼双童不断创新，如今再次占据产业链顶端，年产值达 3 亿元，占据全球市场份额的四分之一。楼仲平提出的"小客户原则"创新发展模式逐渐受到社会关注，先后被中国案例库、中小学和 MBA 教材收录引用。2006 年，央视还拍摄了专题纪录片《吸管传奇》，向世人介绍双童的崛起之路。

2005 年起，双童开始专攻吸管专利，加大创新力度，短短三四年就占据了全球三分之二的吸管专利。楼仲平在义乌国际商贸城和高速公路出入口打出广告——"吸管不仅仅用来喝饮料"，潜台词是要打造消费者愿意付费的吸管，使其进入玩具店、母婴店、超市等购物场景。

2011 年，双童品牌成为"中国驰名商标"，这对于一个小得几乎让人很难注意到的产品来说，实属不易。

2013 年，巴西一家客户为抢抓 2014 年巴西世界杯风口，希望双童做一款足球吸管，当他看到展厅内一款空心小排球套在吸管上的产品后，当即下单 20 个货柜。新产品只需将排球换成足球，净利润就达到了近 900 万元，而一个货柜的普通饮料吸管净利润不过几千元。此后几年间，双童的创新产品利润贡献比超过 60%。

领跑标准化之路

一根吸管在外人看来，薄薄的管壁，两头中空，简单得不能再简单，毫无技术含量可言。然而双童却拥有了 100 多项专利，并且主导着全球吸管行业的标准制定。

标准化之路始于 1997 年年初。当时，上海八佰伴超市到双童采购吸管，由于超市采用电子结算系统结账，采购方要求在吸管的包装上印刷"商品条码"，而申请条码的前提需要企业有产品标准。

说干就干的楼仲平立马查阅资料，了解技术流程，并向义乌市技术监督局借来水泥厂的产品标准文本作为借鉴格式。

1998年4月，由双童起草的《聚丙烯饮用吸管》企业标准正式获准发布，成为当时中国吸管行业最早发布的产品标准。

十年磨一剑，2008年，以楼仲平为首的双童团队代表中国向位于瑞士的ISO国际标委会提交《聚丙烯饮用吸管规范》国际标准的起草申请，4年后获得三分之二成员国投票通过，中国作为发起国自动获得主席国地位。

2012年开始，本项标准的研讨会先后在巴塞罗那、瑞典、苏州、夏威夷、新德里等地召开。在推进过程中，个别国家代表对中国标准的属地原则提出异议，建议参照日本的标准，并片面认为其标准更先进。而实际上日本标准是几十年前的老标准，中国标准反而具有更强的时效性和先进性。于是后续几年，双童代表团持续与对方沟通，终于说服其同意采用中国标准的属地原则。

2016年6月，双童花了8年时间、辗转多个国家后起草制定的吸管行业第一个ISO国际标准《聚丙烯饮用吸管规范》，终于成功向全球162个国家和地区正式发布，为中国争取了行业话语权。

率先研发环保产品

吸管行业在许多人看来是不起眼的，但楼仲平钻研颇深，致力于推动吸管产业进步，让一次性产品告别"白色污染"。

早在2006年年初，楼仲平就意识到，在未来倡导环保的趋势下塑料制品必然会受影响，所以提前组织开展基础材料研究和应用工作，研发出绿色环保的PLA（聚乳酸）生物质可降解吸管。这种产品主要原料是玉米淀粉，被丢弃后，在堆肥条件下45天就可以分解为水和二氧化碳，不污染环境，有效避免了吸管产品使用后带来的污染问题。

2010年，双童再次站在产业未来发展的高度，在生物质可降解吸管还没有形成大量销售的前提下，提前推进《聚乳酸冷饮吸管》国家标准的起草和编制工作，并于2014年5月在全国发布。

在之后的10多年时间里，双童将"让一次性产品告别白色污染"作为未来发展的使命，相继开发出麦秆吸管、芦苇吸管、竹子吸管、木质吸管、纸质吸管和可直接食用的淀粉吸管等可降解环保吸管产品，有效减轻了塑料产品给地球环境带来的沉重压力。

2020年1月1日,《关于进一步加强塑料污染治理的意见》发布,双童聚乳酸可降解吸管一个月的销售额便超过了过往十几年的总和,环保吸管产品的订单络绎不绝,这些无一不验证了楼仲平未雨绸缪的正确性。

"人本经营"赢得人心

楼仲平出身贫苦,经历了很多常人难以想象的艰辛,因此在经营企业后,他希望能够改善更多员工的生活。

企业发展初期都是租用他人场地进行生产,到了2002年,为了建造自己的厂房,楼仲平学习先进的节能降耗经营理念,并带回义乌全方位贯彻于"绿色工厂"的建造。

结合义乌地区水资源较为短缺的实际,双童先后投入2000多万元在新建厂区建成雨水收集系统、废水处理系统、中水回用系统、余热水循环回收系统、垃圾分拣减量化系统、屋顶生态绿化系统(厂区海绵城市模式)和厂区森林生态调节系统等绿色环保、节能降耗的绿色工厂设施。建成后的厂区基本符合联合国倡导的"碳中和"经营模式,成为江浙一带民营企业中最早实施"碳中和、零排放"的制造企业,也是义乌市域内首家获得工信部"国家级绿色工厂"的企业。

义乌就业人口大多是外来务工人员,楼仲平关注到员工在工作之外把"家"当成最大的牵挂。双童把"家文化"作为连接员工的着力点,投入3000多万元建设了三星级员工宿舍、星级员工餐厅、员工洗衣房、员工超市、员工娱乐室、员工篮球场、员工健身区、员工学习吧等一系列生活设施,鼓励有条件的员工把配偶、老人和小孩接到公司居住,最大程度解决后顾之忧。这些以人为本的经营理念,也正是双童独特的魅力所在。

楼仲平提出"以小博大,成就另一种高度"的企业座右铭,即用博大的胸怀把一件事情做好做到极致。

将一个低、小、散的小商品通过创新做到全球产业链顶端,他个人也被授予诸多荣誉:全国优秀创业导师、浙江省优秀企业家、全国食品直接接触材料及制品标准化技术委员会委员、浙江大学隐形冠军国际研究中心委员……

鼓励员工创业

2016 年前后，由于全球接连出台的禁塑令，吸管使用量不断下滑，同时创新产品红利期退潮，可挖掘的创新空间几乎没有了，双童似乎已经碰到了行业"天花板"。楼仲平坐不住了，到处去听商业课，希望从中寻找接下来的发展方向。

经过学习，楼仲平鼓励员工大胆建立创业体，明确要求员工不要死守在小小的吸管上，每个经营体应当拓展吸管以外的空间，双童的"自主创业裂变机制"由此形成。如果员工团体引进产品年销量超 1000 万元，他就全额出资为团队成立一家公司，团队最多可拿 49% 的股份。不过，楼仲平也事先约法三章：不做重资产，只做轻资产。

2018 年，在公司工作 20 多年的张国俊牵头创立的第二创业体，9 个月创造 1500 万元营收，当年 7 月义乌市双童进出口有限公司成立，同年第三创业体创立。如今，两个创业体都跳出吸管领域，主营刀、叉、盘子等一次性产品，更好满足客户的多样需求，其中第二创业体聚焦日本市场，第三创业体则主攻欧美市场。

2020 年 6 月，义乌市双童文化传媒有限公司成立，这是内部孵化的第五创业体；2021 年 11 月，双童商学院成立，两年就成为义乌当地几十家商学院中的头部学院。

5 年内，双童裂变出 15 家员工创业体公司和 21 个员工自主经营体板块，涉及可降解购物袋、文创、培训等领域，并创造数百万元至数千万元不等的年营收。30 多位员工成为创业体公司股东，企业和员工实现共同成长、共同富裕。

"短短五六年的时间，双童再造了两个'双童'的产值。"楼仲平不无骄傲地说。正是因为创业体的强劲增长，在义乌基于亩产税收设立的 A 类企业排名中，双童不断蹿升，2019 年位列第 102 名，到 2022 年已跃升至第 32 位。

2024 年，是双童的而立之年，也是双童的丰收之年：首次跻身纳税千万元以上工业企业之列，获得浙江省隐形冠军企业荣誉称号。

三十载春秋，筚路蓝缕，风雨兼程。双童在触达产业"天花板"的危机后，毅然选择转型，完成传统制造业向创业生态平台的华丽转身。

▶ 一个关乎未来的抉择

楼仲平或许是 20 世纪 90 年代下海创业的企业家中，最早开始考虑企业传承问题的人之一。早在 2011 年，他就将"解决企业二代传承"写进了双童的第二个五年发展规划，那年他 46 岁。

儿子不接"老人"不退

至少在 10 年前，已经成为"吸管大王"的楼仲平就已经意识到儿子楼东来并无接班之意。

"你从英国回来之后，是要跟着我干，还是你自己另有打算？"楼仲平问儿子。2012 年，17 岁的楼东来出国读书前，全家开了一次家庭会议，也是第一次正式将接班问题摆上台面。

"我自己出去创业。"楼东来答道。

对于答案，楼仲平早已心中有数，这只不过是一次正面的确认。

自 1994 年建厂后，楼仲平一家就住在公司。直到 2012 年，全家才从办公楼 8 层搬到义乌市内的社区。但这十几年中，楼仲平从未见姐弟俩主动说到工厂里去看一下，"希望带他去开个会，他从来都是很反对的，办公室他都不来"。

楼东来记得，"小时候只要我爸一问'你们谁要接班'，我和我姐拔腿就跑"。

楼仲平发现，双童的管理层已经显现出与时代不符的滞后性。这些管理者是创业初期招揽来的一批具有国企管理经验的老员工，平均年龄比楼仲平大 10 岁左右，他们不太会运用智能手机、电脑，工作效率不高。

楼仲平这个 1995 年就用上了电脑的"时代先锋"，可接受不了这样无法同频的思想鸿沟。他主动跟老一代的管理层谈话，"总是要年轻人上来的，我们也吃不消了，力不从心"。这些跟着楼仲平一起打天下的"老一代"也认识到这件事的重要性，频频回应"有道理，快行动"。于是，楼仲平将"再造经理人"一并写进了企业规划。

但当年轻管理者上任时，新老团队间却爆发了冲突。楼仲平本希望通过更加平和的方式来摆平这场较量，他一边请新团队吃饭，一边又请老团队谈心，不断地平衡。但事情的发展超出了他的预期，只撤换一个车间主任就引发了罢工，整整 3 天，上班铃声响过后，全厂几百名工人没有一人上班。已经老化的组织导致

2011年下半年双童的人员流动率比平时高出几十倍，这在当时，在制造业都是很不寻常的。

更糟糕的结果出现在2012年，从1月到11月，双童的总销售额下降17.5%，这是从来没有过的。更寒心的是有一天，他看到一辆拉着双童核心设备配件的车开进了竞争对手的工厂。那时他才恍然大悟，自己被"老臣"背叛了——当时的骨干人员将双童的核心技术偷卖给了对方。

"要么出去，要么下去，你们这些人一个都不留。"从2012年年底开始，楼仲平开始大清理，"与每个人都要谈，与每个人都要进行博弈，每个人都希望获得更多的补贴"。

直到2013年10月，楼仲平才送走最后一位"老人"，以李二桥为首的"85后"管理团队被提拔上任。

父子间的最优解

李二桥被提拔为总经理时，楼东来正在伦敦大学读大一，选了个与父亲意愿差之千里的专业——生物化学工程。倒也不是喜欢这个专业，主要就是他不想让父亲如愿。

2015年，李二桥（左）正式受聘为双童总经理

"我爸当时非要我本科读管理或者金融专业，我当时的想法就是要选一个差距比较大一点的。"一段时间里，他俩几乎生疏得不像父子。

儿子不愿接班的理由可以说出千条万条，但归根结底只有一条——不想跟父母在一起。6岁时，楼东来就被父母送到了杭州的寄宿学校，一直读到初中，其间半个月回家一次。之后他考入义乌最好的高中，读了两年后，楼东来前往英国，在伦敦待了7年。当年"创一代"的子女们成长路径大多相同，父母忙于蒸蒸日上的事业，无暇照料家庭；子女从小便被送往条件较好的寄宿学校，之后出国，最后都会遇到接班上的较量。

楼东来很感激家庭的丰厚资源赋予了他更多选择的机会，但在接班这件事情上，他还是会觉得对子女有一定的不公平。

创始人说

> 你把小孩送出国，开阔了他的眼界，让他接受了更好的教育，见识到了外面所有的东西，但你最终的目的是把他抓回义乌来，然后要跟一些可能不同频的人工作一辈子，我觉得这对小孩来说也不合理。
>
> （楼仲平）

2019年，楼东来从英国毕业回义乌后曾在双童的第三创业体工作过一年。其间他将产品品类从单一的吸管拓展到十几种，包括跟吸管相关的一次性产品，给客户提供一站式采购体验，离开时，营业额超千万元。

2021年，楼东来带着从双童赚来的第一桶金，与两名同学在上海成立了一家外贸公司，出口医疗物资与一次性消费品。2023年，公司的营业额做到了4000万元。

当自己开始创业后，楼东来才逐渐对父亲产生了更多的认同，"有关于经营、人际相处或一些管理方面的问题，如果刚好聊到，就会觉得确实答案是书上没有的，他讲出来或者是我在现实中看到他是怎么处理的，自己该怎么做就会更加具象化一些"。而上海到义乌，高铁一个半小时，不远不近的物理距离，也维持了他与父亲之间更融洽的相处状态。

"组织关系三原则"

上任总经理那年,李二桥30岁,已经在双童工作了14年,到2024年这个时间已经拉长到了23年。按照楼东来的说法,"他一半的人生都在双童"。而对李二桥来说,他跟双童早就是"命运共同体"了。

李二桥16岁进入双童,在那之前学了一年计算机操作。20世纪之初,在国内,尤其是制造业工厂中,能够熟练操作计算机的人十分稀缺,所以李二桥在做了几个月普工后就成了统计员。2005年,楼仲平正在编写吸管国家标准,"需要一个人跟在我后面大量地书写,大量地整理资料,大量地在实验室做实验。李二桥那个时候是班长,他当过统计员,电脑用得好,当然落入我的法眼"。于是,李二桥被破格提拔为质检主任。

2013年,李二桥被任命为常务副总经理后,为给年轻团队打开局面,楼仲平将企业内的尤其是处于管理层的家族直系亲属全部"请"了出去。他要过的第一关就是说服老婆,楼仲平说:"子女没意见,但老婆肯定是有想法的。但她对子女接班也不抱希望,这个过程当中必须要有人来接替我,替我承担一部分,对吧?最后她也是理解的。"

这也是他后来所明确的"组织关系三原则":子女不接班;有血缘关系的直系亲属不得进入管理层;可以是家族企业,但不能成为"家里的企业"。

当选择了经理人接班这条路后,楼仲平拿出壮士断腕的决心与勇气,为年轻团队打开了升迁通道。此后两年,双童吸管的销量在年轻团队的运营下实现了大幅增长。

现在,楼仲平致力于双童商学院的发展。楼仲平本人作为双童商学院最大的IP,要频繁外出讲学,内容从自组织创业裂变到企业传承。

"成立商学院一定程度上也是满足了我的'私心',我有地方去了,可以离开董事长职位,当好一个老师。如果没有商学院,我跟李二桥永远处在从属关系,我这一辈子当董事长也到顶了,李二桥总经理和下面的副总经理也到顶了。"

李二桥在上任总经理时,演讲表态"争取早点退休,楼总是45岁的时候提出二代传承的问题,我也不能超过楼总,争取45岁之前退下来,把位置让出来"。

按照双童的规定,每位总经理的任期最多不能超过15年。但15年依旧漫长,"我们下面这一批优秀的人员愿不愿意再熬个15年?看不到希望的15年,这个时候怎么办?"李二桥跟着楼仲平到外面学习,在结合阿米巴、小组制、自主经营等经营模式后，将双童"进化"为一个创业共享平台，并在此基础上创建了自主制创业裂变机制。

2024年是李二桥担任总经理的第9年，即将进入最后一届任期，他已经开始着手培养下一代接班人了。

接班人说　　我会花5年的时间去带下一位接班人，有可能不需要5年，但也有可能带得不成功，那就要重新带一个人。我们要留下充足的时间，不能等到自己快干不动了，再去思考企业如何传承。

（李二桥）

共建共享，基业长青

由于自主制创业裂变机制的强大助推，在2018年至2023年的5年时间内，双童可以说打破产业"天花板"后实现高速增长。如今，双童吸管业务经营体仍在新增、扩张，原有的销售经营体内部也开始裂变，孵化出一个个新业务板块，双童创业生态越来越丰富多元。

双童有一批有冲劲、有梦想的年轻人，把他们的梦想和企业的未来连接起来，圈定几个"种子选手"然后坚定地往前推。

楼仲平说："目前又有十几名员工有创业想法，双童一直是鼓励的，因为我就是从'草根'成长起来的。我理解他们，理解每个人的梦想，理解每个人的追求，看到他们眼中有光的时候是我最幸福的时刻。"

现在已经有100多人参与双童企业内部创业，几乎占了全公司人数的六分之一，共同富裕的愿景正在逐步清晰。

从把一根小小的吸管做到极致，再到创造出一家工贸一体、孵化创业的平台公司，双童实现了一个个"不可能"，而楼仲平也正在将这种生生不息的机制带给更多和双童相似的中小企业。

通过第五创业体双童商学院的赋能辅导，目前已经有近10家企业，如尚岛宜家、巧姨等在公司内部复制了像双童一样完整的创业共享平台，让更多人看到了自主制创业裂变机制的科学性，推动双童共同富裕新模式形成示范效应。"我希望双童带着员工创业，共同成长，共同富裕。更重要的是，我希望用自己45

首届双童全国创业者创新大会现场

年的创业经历，帮助更多创业公司打破瓶颈，发展'第二曲线'。双童自主创业裂变机制不只是一定程度上解决了双童的问题，也给处在迷茫中的中小企业，特别是传统企业的组织创新提供思路，比如，传统企业在高成本地域如何生存？如何持续发展？如何保持活力？"2023年举办的首届双童全国创业者创新大会上，楼仲平对台下上千名企业家、创业者激情飞扬地说道。

现在，双童的创业生态中又迎来了新鲜血液。在公司行政楼4楼，正在装修的一整层办公空间，为接下来的创业孵化项目作充足的场地准备。

"哪怕会有空着的，我们也要给大家看到双童的决心。"楼仲平希望打造无数个自组织集群，用创业体矩阵来对抗组织失控和僵化，帮助更多员工实现财富自由。

如果这些创业体发展得好，还可以往下继续裂变，自组织继续孵化自组织，形成新的"自组织集群"，形成各个创业体裂变后的"自中心"和"多中心"，从而形成双童多层架构的创业矩阵，一代又一代，生生不息……

永不止步　恒心必达

　　采访是在一家咖啡馆进行的。此时（2024年），潘军卫已经64岁了。在过去的15年里，他已经很少出现在公司。当同代企业家还在规划交班愿景时，他早已将浙江恒达新材料股份有限公司（简称恒达新材）的事业交给下一代，转身奔赴青海开辟新战场多年。

　　互信、洒脱，在新老两代的有序传承中，恒达永不止步。

▶ 追逐朝阳

潘军卫的眼光和步伐，从未受到行业的局限。在他身上，好像能看到时代的层层印记，看到一部改革开放后温州企业家敢闯敢拼的"活历史"。

10 年初创，3 次转轨

1987 年，潘军卫 27 岁，已经是温州瓯海县日用品公司采购部的副部长。当时温州的制造业相对比较薄弱，不少日用品靠外来货源。他跑遍全国后发现，许多产品适应当地市场需求，企业却受限于计划指标而不能采购，白白错失了良机。

站在"无街不市，无巷不贩，无户不商"的温州街头，每时每刻感受着经济脉搏在跳动，潘军卫决定辞职下海。

第一笔生意，他从南京一家公司采购了四车折叠钢椅。没有钱付，他对供应科科长说："给我一个月时间，我会来付款！"这家公司之前与他有过业务往来，科长相信他的人品，答应发货。

不久，四车折叠钢椅销售一空。还完货款，还剩 1 万多元利润，这成了潘军卫创业的资本。他的生意越做越红火，一两年间，市场和销路不断扩大。往往一车货运到，不到一天时间便全部卖光，几乎没有库存。

1988 年，当家具生意正风生水起时，潘军卫却将这块业务交到弟弟手中，自己只当股东。他已经瞄准了服装市场。

长久以来，服装是温州的支柱产业之一。20 世纪 80 年代，随着妙果寺服装批发市场、黄龙商贸城服装面辅料市场、清明桥西装一条街渐次兴起，温州服装产业链初步形成，甚至引发了全国学温州的热潮。潘军卫判定，服装市场利润空间更大。

入行第二年，他便碰上了机会。早年，他的妻子在木杓巷开了一家服装店，熟悉行业，他们通过亲戚得知，江苏常熟一家针织厂出现外贸危机，陷入停顿。这家针织厂的设备水平在全国尚算先进。那时虚岁正 30 的潘军卫"胆量也大"，与亲戚一起将厂子承包下来，后来他俩成了多年的合伙人。"承包期 3 年，我保证厂里 17 台进口设备每天开足马力，但只能为我一家加工。"

此时，效益好的经营户为了增加产品辨识度、避免市场无序竞争，开始为门店取名、贴商标，潘军卫也创立了"梦依人"品牌，属于品牌意识较早觉醒的那一批商人。

从 1991 年到 1995 年，温州相继成立了 2000 多家服装企业。潘军卫发现，这个行业讲的是"款式为王"，款式设计得好，才能吸引来客户，否则便无人问津，这要求企业源源不断开发新的设计风格，想长期发展也很不容易。

这时，合伙人找他一起考察市场前景更广阔的烟包行业。

打样速度全国第一

1997 年进入烟包行业，是潘军卫的第三条创业赛道。

成立浙江立可达包装材料有限公司（简称立可达）时，他与合伙人考察了两个项目，一是烟用拆封金拉线，二是包装滤嘴的水松纸。近到省内、远到广州，他们走访了很多家业内名企。

到衢州龙游一家生产水松纸的中外合资企业考察后，他们感觉竞争压力颇大，便决定先从金拉线入手，租下 3000 多平方米厂房，又投资了 1000 多万元买设备，做服装赚到的第一桶金几乎都投了进去。最困难时，潘军卫抵押了自己的房子。

打磨一年后，1998 年在长沙举办的全国烟草会议上，他们生产的金拉线正式推向市场。参会回来时，潘军卫有些郁闷了，此行竟然花光了他带的所有钱。次日回温州，落地机场时口袋空空，还是厂里业务员请他吃了一顿饭。但这次会议也打开了金拉线的销路，订单源源而来。

也是在这时，潘军卫的经营理念渐渐成熟，他提出了"三七概念"：70% 的利润回馈社会、回报客户、激励员工；30% 留给自己。

简单的一条金拉线，他也要有所创新，"应当打破所有辅助材料行业原有的想法，在材料中嫁接和创新"。于是，立可达在金拉线中印入荧光粉，起到防伪效果，不少烟草公司都相当认同。

1999 年，随着业务量渐渐稳定，他打算介入水松纸项目，"当时全国烟草行业的金拉线项目市场大概 2 亿多元，水松纸市场有二三十亿元，相当于 10 倍容量"。

他请来北京印刷厂的技术人员，研发水松纸。他认为："同行业的人，会有思维局限性，总停留在传统理念上。我请其他行业的人进来，会迸发出很多新想法，对水松纸做改良。"在他看来，所有产品都应当"跳出行业看行业"，始终在自己的行业中，很难实现突破和实现自我发展。

在水松纸领域，立可达完成了几项突破。

当时，普通水松纸的价格为 2 万元 1 吨，进口水松纸的价格则高达 28 万元 1 吨。立可达研发出替代进口水松纸的产品，出厂价为 12 万元 1 吨。此举意义不止于此，水松纸行业原本有二三十亿元产值，新产品问世意味着行业产值有 6 倍乃至更大的扩充可能，这是质的腾飞。

从一家默默无闻的烟草配套企业到全国知名的大企业，立可达还创下了两个纪录：打样永远免费；打样速度全国第一。

当时市面上水松纸厂打样费普遍是 3 万元，潘军卫决定不赚这笔钱，并且样品只要到厂里，承诺 3 天寄出试样。样品交给上海驻温州办事处的员工后，马上寄到上海制版，当天晚上由航班空运回厂，争分夺秒为客户服务。他还花十几万元进口了一台电雕设备以确保质量。

短短 4 年间，立可达的产值每年翻一番。此时，潘军卫又往前跨了一步。

外行不管内行

闯荡烟包行业的 4 年里，产值年年跃升，也让潘军卫看到了烟草行业的"天花板"。

> **创始人说**
> 要选择朝阳行业，如果没有增长性，每年都是存量博弈的话，最后只能陷入价格竞争，大家都会很累。
> （潘军卫）

理念使然，2001 年，他决定投资创立浙江恒达纸业有限公司（简称恒达纸业）。看似不断转行，但他有把握，"行业的触角都能触得到"。从经营金拉线到水松纸，他都在跟烟草公司打交道，其间他发现，纸类市场更为广阔。

龙游亚伦造纸厂是浙江省三大造纸厂之一，当时正在进行改制，既有市场又有成熟的技术。关键的是，龙游水资源丰富，这对造纸厂来说不可或缺。

恒达纸业起步之初，投资 5000 多万元，先上了一条生产线。潘军卫说自己"瞄准'自我消化'。立可达是很大的练兵市场，我们自己就有需求，不断磨炼成熟，获得更大的市场认可"。投产一年，公司便盈利 1000 多万元。这条生产线做了一年多后，基本成熟了。

对于恒达纸业，潘军卫的定位很清晰，自己只做投资人，他请来原亚伦造纸厂的总经理挂帅。"我把经营者跟投资人分得很清楚，实行总经理经营负责制，每年我只看报表和指标，其他都不管。"

在他看来，外行管内行，一定会出事！"疑人不用，用人不疑"，这是他的原则。

2003年，恒达纸业一口气上了两条生产线，投资1亿多元。但碰上金融萎缩、银行抽贷，公司经历了一个痛苦阶段，直到2005年走上正轨才缓过来。

也是这一年，潘军卫主导在上海松江新桥征购了48亩工业用地，成立上海君伟盛装饰材料有限公司，专门做壁纸生产线。他还高薪聘来一位国外博士，研发汽车薄膜项目。

这个决策不可谓不超前，自从中国加入WTO后，经济上行，产品都向着高档升级，这两个行业都很切合市场。

▶ 恒达三部曲

起步：2002—2004年

2002年，恒达纸业成立，到2004年，基本上完成了3条生产线的建设工作。

2002年公司成立时建设的精神堡垒——纸韵雕塑

成立之初，恒达纸业便提出了"绿色、安全、环保"的发展战略，生产符合食品安全标准的产品。恒达纸业为烟草行业生产水松纸，参照欧美的质量标准，因此，从一开始便为恒达纸业打下了坚实的技术基础，树立起卫生安全观念。

随着规模越做越大，寻求突破的需求也提上日程。从2004年开始，通过市场考察，恒达纸业逐渐开始业务转型。

奔跑：2004—2010年

2004年，恒达纸业的触角进入医疗大健康行业，开始研发纸质医疗包装产品。潘军卫开展市场调研后发现，当时的医疗包装材料还以塑料为主流，纸类包装几乎全部依赖进口，准入门槛很高，这也意味着市场的空白。

恒达纸业与当时的国内龙头企业合作，共同投产研发。历经一年半左右的反复测验与质量把关，2005年，医疗包装原纸产品开始投放市场，恒达纸业与奥美医疗用品股份有限公司建立合作关系，产品打破了过去国内该产品全部依赖进口的情况。

坚持"绿色，安全，环保"的初心，恒达纸业通过国内外市场考察，又延伸触达了食品包装领域。有了生产纸质医疗包装产品的基础，2006年，食品包装原纸产品便顺利研发，投放市场。2007年，恒达纸业与德盟集团展开合作，产品进入肯德基等大型国际快餐连锁企业供应链，打破了国外食品包装原纸企业垄断地位。

为打开中高端市场，恒达纸业在产品研发水准、产品质量改进和服务响应速度上精益求精，以满足终端客户需求；并相继通过ISO9001质量体系、ISO14001环境管理体系及QS（质量安全）认证，在国内同行业中领先。

与此同时，公司全面升级内部管理，对标国际一流企业，推行"6S"模式进行精细化管理，保证各个操作流程合规合理和产品质量稳定。

在以医疗、食品产品系列为主的产品结构形成后，2009年，恒达纸业把战略定位于成为国内医疗和食品一次性包装原纸领先企业。

回望恒达新材的发展历程，这一阶段是至关重要的，为整个公司后来的发展奠定了基础。

恒川新材一角

跨越：2010年至今

　　进入2010年，恒达纸业继续深耕医疗和食品一次性包装原纸领域，产能逐渐提高，品类日益丰富，从单一产品到研发系列产品，丰富了产品线，业务规模和竞争地位不断提升，对标国际一流水准。

　　恒达纸业注重技术创新的先导作用，通过不断的技术改造和创新，实现产品升级换代。2011年，恒达纸业生产的白色食品级抗水防油纸获得国家火炬计划项目证书。

　　伴随限塑令不断升级、品牌商和消费者环保意识不断增强，围绕"以纸代塑"的变革在各个行业发生，市场不断扩大，对企业的产能和规模提出了更高的要求。

　　2012年，恒达纸业特种纸技改项目投产。2016年成立的子公司浙江恒川新材料有限公司（简称恒川新材），专注于包装新材料技术的研发、机制纸、深加工纸的制造和销售，纸浆的销售，造纸技术的开发咨询服务以及货物进出口业务。

　　恒达纸业成立恒川新材后，进入快速发展通道。随着产能全面铺开，公司的产品替代进口产品的份额越来越高，奠定了国内同行中的龙头企业与风向标地位。

2018年，恒达纸业成立了特种纸省级高新技术企业研究开发中心，与多所高校紧密合作，拥有多名业内知名专家、教授作为专项技术顾问。

2019年，恒达纸业作为主要起草单位，主导制定了《医用透析原纸》和《食品包装用白色防油纸》的"浙江制造"团体标准，2020年，恒达纸业的高性能抗水防油型食品用纸制备关键技术及产业化项目获得中国轻工业联合会科学技术进步奖二等奖，并牵头承担科技部"科技助力经济2020"重点专项。

同年，子公司恒川新材承担浙江省经信厅的"浙江省制造业高质量发展产业链协同创新"项目，并与广州海关技术中心、星巴克企业管理（中国）有限公司等8家单位联合起草了《食品接触用一次性纸吸管》的行业团体标准。

据统计，2021年，恒达纸业医疗透析纸产量占全国医疗透析纸产量的比例为22.24%，食品包装原纸产量占全国非容器食品包装原纸产量的比例为12.71%，市场份额均处于行业前列。客户主要分布在浙江、江苏、上海、广东、安徽、福建、湖北等地，在全国已经搭建起较为成熟的销售布局和信息沟通渠道。

2015年完成股改后，公司更名为"浙江恒达新材料股份有限公司"。2023年8月，恒达新材在深交所创业板成功上市，标志着企业走向更高的平台，迎来高质量发展的第四阶段。

▶ 快速往前冲

潘昌接任恒达新材董事长，已经有15年。

一般来说，继承人初入企业，往往要经历"带三年、帮三年、看三年"，可潘昌只和父亲做了三四个月同事。

快速放手、快速担当，这或许是条最"大胆"的二代成长之路。

高一"实习生"

潘昌上学时，父母创业正忙，"学习基本靠自己，他们很少送我上学，偶尔关心一下成绩"。

跟同龄人相比，潘昌独立很早。2000年，报名中学组织的夏令营去澳大利亚时，他还不满14岁，在澳洲的二十几天，生活上的事情全靠自己。

他看到世界之大，有太多新鲜事物值得尝试，对英语的兴趣也由此开始。"我的英语成绩突飞猛进,第二年,报了去埃及和土耳其的半自由行,英语沟通全是我自己搞定。"

当同学们还在上补习班的时候,潘昌已经"工作"了。

高一暑假,父亲给他找了份没有工资的实习工作。半个月间,他每天坐公交车"上下班",跟着同事开会、调研。实习结束,父亲发给他800元"工资",这是他挣到的第一笔钱。

回头看,潘昌觉得父子俩有种兄弟般的平等感,他回忆说,"从小到现在我爸都很尊重我的决定,我不管干什么他都支持"。

从潘昌记事起,父亲从未对他发火。"发火有什么用?"在潘军卫看来,用怒火扼杀孩子的创造力、磨灭孩子的个性,或许是最得不偿失的事。

他唯一坚持的是让潘昌学会游泳。温州野河多,他怕孩子遇上危险。到了游泳馆,教练带着潜水,将潘昌呛得不行,他回家说,能学本事的事情很多,游泳不学行不行?"不行,一定要学。最后他能游到1000米,我说'可以了'。"潘军卫说,让孩子有独立思考能力、有保护自己的本领,才是真正授人以渔。

周末有空时,父子俩的休闲方式是骑摩托车到河边野钓,谈天说地,说一些为人处世的方法。父亲说的大道理不多,但潘昌感觉得到父亲"比较正派",很重承诺。"这方面我受他影响蛮大的,承诺的事一定要做到。"

一切皆有传承。潘军卫是家里四兄弟中的长兄,很早就很独立。"我父亲话不多,让各人只管去做自己的事情,实际上影响了我的性格。我感觉不用每天管教,人也能自理,管得再多可能也未必有效果。"潘军卫说,"对人真诚,对事守住底线,不占便宜,这就足够了。"他一次次目睹当兵退伍的父亲从不溜须拍马,当医生的母亲下班后接到电话马上出诊,这些观念自然就形成了。

背起父亲的责任

2005年,潘昌到香港理工大学读物流和工程管理专业。因为家里办企业,他对经济和管理天然地感兴趣。大学四年,他几乎每个假期都在国内外实习,临近毕业时,已经收到了香港一家大公司的录用通知。

"开始的想法是先历练几年,再看情况",但毕业考试那天下午,当潘昌走出考场时,母亲却在电话里对他说:"你先回来,你爸腿摔断了。"为了让他安心顺利毕业,家里有一段时间没告诉他。

当晚 11 时，他飞回了温州。

父亲因腿伤行动不便，潘昌当起司机，每天接送、陪同父亲上班和应酬。有一次在上海，请朋友吃饭的餐厅没有电梯，潘昌背起父亲上二楼。"背起我爸的那一个瞬间，我感觉原来他那么轻。曾经在我心目中，老爸是非常伟岸的形象，没有他搞不定的事情，他怎么这么瘦了？"

短短十几级楼梯，不到一分钟时间的心理震动，现在想来还会让潘昌起鸡皮疙瘩，"那一刻忽然觉得自己要独当一面了，应该为家里担当起来"。那一天，堪称真正意义上的成年礼。他回绝了香港企业的邀请，进入恒达纸业，同步接手了上海的公司事务。

在潘军卫看来，让儿子回来传承事业顺理成章。他认为，人和企业都有阶段性，越早进入企业、共同成长，越能走得更好更远。"让他慢慢进入行业，发展起来后形成独立思考，规划他自己想做的产业。"

"互利双赢，为股东创造效益，为客户提供最好的产品。君子爱财取之有道，先守好经商之道。"定下几条底线后，他将名下股份都交到了儿子手里，连签字权都彻底移交，"给他自主权"。

"我们两人的交流很简单，"潘军卫说，"我相信他有自己的判断，由他说了算。哪怕摔跟斗就当交学费了。"

两代人身上，体现着不同时代影响下的不同特质。潘军卫在判断时"相对感性，感觉大方向正确便行动，然后才考虑技术、市场和其他细节"，而下一代经历了国际化的教育和视野，对事物的判断相对理性和审慎，正好形成互补。

多年间，父子俩就像朋友一样沟通，如今，事业、生活中的问题，他反而会来找儿子分析，听取建议。

在潘昌看来，与老一代"兜里只有 100 块钱，却敢做 1000 块钱的生意"的冒险精神相比，这个时代需要更加审慎的掌舵人。一次聊天时，他跟父亲开玩笑道："在你那个年代，我肯定没法成功；在现在这个时代，您还得悠着点儿。"

蹚过商界河流

2009 年 12 月，潘昌正式担任上海意立得投资管理有限公司执行董事兼总经理。

父亲跟他仅仅共事了三四个月，临近过年时，潘军卫跟公司高管正式交代：

"以后你们有什么事全部找潘昌！"过了年，父亲便将名下所有股份都转给了他，不常去公司了。2010年6月起，潘昌正式担任恒达纸业的执行董事。

"那段时间非常忙，每个星期都是温州、上海、龙游三地跑。"潘昌记得，汽车里程数每月都有1万多公里，一个月最多要做两次保养，4s店店员打趣说，这公里数都赶得上专职开出租车的了。

这时候，恒达纸业的职业经理人团队已经高度成熟，企业经营得井井有条，他得以将更多精力放在上海，在壁纸与薄膜项目中投入了很多心血。他慢慢进入工作状态后，父亲安排了一位师傅带他，师傅主管销售和产品开发，他主要管生产。

从2009年到2012年，是潘昌从懵懂到成熟、快速成长的阶段。毕业两三年后，一次参加同学聚会时，他蓦然发现，老同学们好像还在找工作、准备考研，自己所接触的已经跟同龄人很不一样了。

但随着个人能力越来越强，当公司里所有人事事都来请示他时，潘昌却坐不住了，他鼓励公司每个人多提想法，哪怕跟自己的思路不同，只要没有逻辑上的

潘昌（右）与总经理姜文龙参加公司成立10周年植树活动

"硬伤"，便鼓励他们去尝试。

接班人说

> 我不希望自己是公司的能力"天花板"，这样对企业不利。每个人都有自己的价值观和思维角度，这也意味着每个人作决定都是片面的。
>
> （潘昌）

"我觉得，企业每个阶段都有需要突破的方面，突破之后可能再上一个新台阶。"向前冲了十几年，当恒达纸业"略显疲惫"时，2015年，潘昌决定中止上海的壁纸与薄膜项目，集中精力主导公司的股改和挂牌新三板事宜。

但当第一笔融资进来后，他又面临抉择。当时公司亟须扩大产能，是立项新建还是直接收购一家公司？潘昌与总经理商量，大家都在全力冲刺，公司处于高速发展期，但立项新建的周期太长，而直接收购，能够快速启动。2016年，全资子公司恒川新材成立，快速投产，成为恒达新材融资上市的核心部分。

为自己鼓掌

2023年8月22日，深交所大铜钟下，当潘昌敲响上市的钟声时，现场一片沸腾和掌声。"当然很高兴，但这时候结果都已经定了，我感到最激动的时刻还是在过评审会的时候。"

2022年5月27日，因为新冠疫情的影响，恒达新材上市的评审会是在线上完成的，但气氛紧张与线下相比毫不逊色。这天早晨8时，潘昌就到公司了。9时开始，他和总经理两人进入会议室等待连线评审会，手机都不能带进去。

等待是最难熬的，没有手机和钟表，连时间流逝了多久都感到模糊。可能等了一个多小时，评审会才正式开始。评审委员问了三四十分钟，内部开会讨论后，说："恭喜恒达新材顺利过会。"

走出会议室，办公室主任、财务总监、董秘全都等在门外，焦急不已。门一推开，潘昌说："我们过了。"同事听到这句话全都欢呼起来，拍照留念，企业群里像过年了一样，红包和祝福满天飞。

那一刻，潘昌反而没有特别大的情绪波动。回家路上，他独自开着车，渐渐感觉到如释重负，忍不住笑起来。一个红绿灯停车间隙，他给自己鼓了鼓掌。

随后，他便带着公司高管奔赴北京、上海、深圳路演，向投资者介绍公司的产品优势、市场地位和发展前景，以赢得更多投资机构支持。从早晨9时开始，潘昌他们平均一天要举行七八场路演，结束后还要复盘，有时梦里都在演讲。

恒达新材上市后，成为龙游首家登陆资本市场的造纸企业。

"人生最高的境界就是做你自己喜欢的事情，在实现自我价值的过程中也能挣到钱。"从工作到现在，潘昌深爱着这个行业，现在，他正带领恒达新材在大道上前行，"以纸代塑，来做更环保的产品，这是件很酷的事情"。

▶ 新的启程

2023年8月的成功上市，标志着恒达新材迈入了新的发展阶段。随着资本市场的开放，资金瓶颈得到了解决，为公司的未来发展打开了新的空间。在这个关键时刻，为了确保公司朝着更高的平台发展，制定新的规划尤为重要。

"上市之后，持续将医疗和食品拳头产品做大做强，对标国际一流企业，打造国际知名品牌，这是我们的长期规划。"潘昌说。

以上市为起点，恒达新材将规划着重于3个关键方面：全球化、规模化和品牌保护。恒达新材将致力于成为一家真正意义上的全球化公司，将产品推向国际市场，并将进一步扩大规模化效应，提升竞争力，努力保持和巩固现有品牌的优势地位。

全球化方面，可以预见，随着全世界的环保压力逐步增大，绿色包装的需求将更加旺盛。恒达新材坚持绿色包装引领美好生活的理念，积极探索和适应全球化市场的发展趋势，积极应对全球产业链重塑的挑战。以建立在杭州的恒川（杭州）纸业有限公司为桥头堡，恒达新材已经向国际市场迈出了第一步。在未来，公司将继续扩大国际贸易规模，逐步提高国外贸易的比重，以适应全球化市场的需求。

在规模化方面，恒达新材继续深耕新技术领域，如可降解纸包装材料，将利用植物纤维的优势，推动绿色包装技术的发展，以满足市场对环保产品的需求。

在品牌保护方面，恒达新材将保持对品牌的高度关注和保护，继续坚持以医疗包装为主导的市场定位，保持中高端市场地位。

除以上三方面外，恒达新材还将积极参与制定行业标准，并致力于解决供应链短板问题，加强国内生产能力，以提高应对突发事件的能力。恒达新材重视创新，将引进更多专业人才，加强与高校的合作，共同开发研发新产品，并将继续加大教育基金和乡村建设等投入，为社会作出更多贡献。

恒达新材一直以客户为导向，致力于研发和生产高质量产品，在巩固好国内市场的基础上，面对竞争国际化，勇于开拓创新，敢于接受挑战，努力让中国制造走向全球，让中国创造在国际舞台上闪闪发光。

爱在爱仕达

2024年4月10日上午9时，爱仕达股份有限公司（简称爱仕达）创始人陈合林走进位于温岭的8号压铸工厂。

跟随他一起来的有30多位公司核心人员，包括厂长和技术、工艺、设备各条线的负责人。陈合林的儿子、爱仕达总经理陈文君也在现场。

同样是这一天的上海，爱仕达副总经理、陈合林女儿陈灵巧约了几位法律界人士一起用餐，花了两小时打磨公司文件。她知道，法律、财务等方面先进的管理方式，是现代公司发展必不可少的。她说："我们已经不是小作坊了，一切方式都要符合规定。"

▶ 传奇的"东方锅王"

陈合林手持话筒,边巡视边大声和工厂员工不停地交流。厂房内声音嘈杂,他走走停停,指指点点,看到需要改进的问题时表情严肃,声音也大了起来,在场的人员都认真聆听,唯恐漏掉了关键词。

8 号压铸工厂面积虽然不大,但涉及的投资很多。陈合林转了两个小时,专拣边边角角,一项一项地检查成本、工艺、效率等问题,当场提出落实责任人和整改时间。他在这里盯了一个星期,要看到理想的效果才会放心离开。

陈合林已经很久没在工厂待这么多时间了。他告诉大家:"新厂到了非常重要的关头,现在要梳理企业的内部管理问题,拿出具体措施,一步步落实整改。"

位于台州温岭东部新区占地 645 亩的这家智能工厂,是爱仕达的第五个厂区。

睡浴室的厂长

1978 年,素有工业传统的江浙一带,冒出了上千个星星点点的小工业作坊。在浙江萧山,鲁冠球创办的农机厂已经悄悄走过了 10 个年头;在温州,"螺丝大王"刘大源正风光无限,刚装起柳市第一部电话;而在温岭市箬横镇西浦村,22 岁的"小铜匠"陈合林交上管理费,将家当搬进西浦大队农机五金修配厂开始创业。此时的陈合林还不知道"不粘锅"为何物,更不知道未来自己会是众人口中的"东方锅王"。

从温岭到上海,如今高铁只要 3 个小时;但 40 多年前,陈合林带着干粮和水,过宁波、转杭州、进上海,花了整整 24 个小时。

他从上海押车回来,一路翻山越岭,货车拉的是五金原料。接手工厂后,陈合林不再生产螺丝,而是看准了皮箱包角、铰链,还有樟木箱锁市场,这些都需要五金原料。但那时候,物资还是按计划调配的,原料大多分配给国营企业,私人根本买不到。不过陈合林有办法。早几年当铜匠的时候他就知道,上海市北京东路是有名的"五金机电一条街",他打算去那里碰碰运气。带上鱼干、虾米之类土特产,他一趟趟跑上海,很快就打听到,五金交易所里的正品原料严控限量,但二等品可以买到。上海产品质量极好,二等品其实也和正品差不多。

都说浙江商人"白天当老板,晚上睡地板",陈合林睡的不是地板,而是浴室或地下室。他记得,上海复兴路那家旅馆的地下室,睡一晚只要 3 块钱;浴室更便宜，熬到夜里 12 时后进去，花 1 块 5 毛钱可以睡到早晨 7 时。

跑得勤了，他跟五金街上的不少人成了朋友，也打通了门路，能长期大量买到五金原料。这些不光足够自用，还供应了整个温州市场，甚至卖到了宁波。

原料来源不成问题了，但用量这么大，长期一算不是小成本。陈合林想，不如自己生产原材料。他本就懂技术，又请来几位专家一起开模具，购置了先进的生产设备，建起原料生产线，工厂规模一下子上了个台阶。

还有一个因素促使他下决心自己生产原料，就是物流运营手续办理麻烦且成本太高。彼时以统购统销的流通体制为主导，货物流通多少吨、多少辆车都受到明确限制。陈合林每月都要从上海运一两车的货到浙江，想拿到指标非常难，而且根本不够用。当时的检查站非常严格，被检查者需要持货物通行指标证耐心等待检查。一次在浙江嘉善检查站，陈合林等了 12 个小时，靠吃苹果、西红柿、饼干充饥。他忽然闪过一个念头：将来一定要到这里办厂！

1985 年，温岭出台了一项引进农民、引进人才的政策，陈合林由此迈出第一

陈合林（右二）将工厂迁至温岭大合山，开始生产炊具

步，将工厂搬到温岭大合山，更名为温岭县金属制品厂，开始生产炊具。

又过了 25 年，当他将商业版图扩展到嘉兴时，他的企业已经是全品类生活电器行业中的龙头企业了。

"我对这地方有感情，"陈合林说，"30 多年前，在这里吃过苦、流过汗，让我印象深刻，也让我有了在嘉善办厂的念头。"话虽如此，但后来他选择在嘉善成立浙江爱仕达生活电器有限公司，并不是感情用事。在这里办厂，可以打通上海、浙江的交通，降低营运成本，同时也可以广纳上海人才，一举两得。

民企第一口不粘锅

"陶瓷专线改造项目加快进度。"上午 11 时，巡视到智能工厂的 1 号不粘锅高温漆工厂时，陈合林提出明确要求。

如今，有"东方锅王"之称的陈合林，曾制造了中国民营企业的第一口不粘锅，他或许是国内最熟悉不粘锅的人之一。

早在 20 世纪 80 年代末，他在北京的批发市场上第一次看到国外的不粘锅时，立即留了心，认为这是未来的趋势，却苦于对技术、材质摸不着头脑，带着遗憾而回。

北京活跃着很多温岭人，他们拎着塑料桶、搪瓷面盆换粮票、香烟票。其中有个生意人，也发现了不粘锅的商机，还打听到贵阳有个军工厂能生产，便带了现金赶到贵阳。住了半个月后，他虽然联系上两个军工厂里管贸易和采购的温岭老乡，可只买到了少量样品。回来后他越想越不甘心。因是同乡，他打听到陈合林有家金属制品厂："不粘锅你能不能生产？我订 10 万只！"

如何做出"鸡蛋打下去不粘"的一口锅，陈合林毫无头绪。为了突破，他也决定去一趟贵阳。

在宾馆里住了 7 天，他跟那位同乡的军工厂贸易员吃了两顿饭，但生产和贸易是两回事，老乡也对材料、技术一无所知。直到联系上采购员，他才知道，不粘锅所用的氟涂料：一种是从美国、瑞士进口的，价格昂贵；另一种是国内大型化学品工厂的国产氟涂料，价格相对便宜。

一段时间后，采购员到上海采购，带着陈合林找到了生产不粘锅氟涂料的公司。材料虽然有了但没技术，他依然开不了工。还是那位采购员帮忙牵头，联系到贵阳军工厂有位技术老练的总工，正好被派驻宁波。陈合林立即找到这位总工，那人已经不从事相关工作了，便将很多经验都告诉了他。一来二去，两人成了朋友。这时很流行"星期天工程师"，总工也趁着星期天，到他厂里指导技术生产。

1991年冬天，第一口民营企业生产的不粘锅横空出世。

随后，不粘锅迅速形成规模化生产，公司年产值快速增加到300多万元，引得新华社记者千里迢迢来采访拍摄。1993年，陈合林与香港杰尔逊公司签订合资协议，成立了浙江台州东方金属制品有限公司。

当时，面对国内不粘锅厂的激烈竞争，陈合林带领员工苦练"内功"，按照"我们必须更加努力"的厂训，闯出了一片新的天地，"东方牌"不粘锅打了一场不败之仗。在陈合林看来，竞争归竞争，但"这些人都是我的朋友"。

短短一年后，企业搬到温岭市太平镇（现太平街道）东湖工业区内，次年更名为浙江台州爱仕达电器有限公司。"爱天下、达万家"的美好寓意，伴随着不粘锅线、压力锅线、硬质氧化线和小家电线4条流水线，传进千家万户。

一口气并购6家国有企业

巡厂时，看着如今全自动化的不粘锅生产车间，不知道陈合林心头会涌过怎样的感想。或许他什么也来不及想，当下，才是最重要的。

在食堂匆匆吃过午饭，下午1时半，陈合林走进1号不粘锅工厂。除了上午的人马，湖北工厂的几名总监也赶过来跟随巡厂。

湖北工厂始建于1999年。这年是中华人民共和国成立50周年，美国《财富》杂志的主题也很符合人们的期待："让世界认识中国，让中国认识世界。"在层出不穷的大事件中，爱仕达收购安陆市国有纱窗厂的举动，依然在武汉乃至湖北引起震荡，创下当地第一家民企收购国企的纪录。

将纱窗厂改制为安陆压力锅厂后，陈合林一鼓作气，又相继并购了安陆市国有铝厂、国有钢厂等5家大小国企，解决了2000多名下岗职工和湖北农民工的就业问题。

如今，从格局上看，湖北安陆像是稳定的大后方，已经成为爱仕达内销产品生产基地。湖北的生产和技术骨干经常到温岭总部学习、交流、工作。

国际出口的历史性跨越

爱仕达从只生产不粘锅到增加生产压力锅，发生于1997年。

那年的压力锅市场需求高涨，恰逢红双喜公司压力锅品牌对外诚招贴牌厂家，陈合林便找上门去，迅速与对方达成合作协议，为红双喜贴牌3年，单个标3元，效益非常好，促成爱仕达和红双喜的双赢。

与此同时，爱仕达也掌握了压力锅核心技术，次年正式进军压力锅市场，生产的六保险压力锅成为国内当时保险系数最高的压力锅。

20世纪末，"中国制造"刚刚发力，而陈合林已经先人一步了。1999年中国进出口商品交易会上，经合作伙伴介绍拿到几笔外销的订单后，陈合林看到了国际市场的前景，马上飞往美国芝加哥参加国际展会。这次展会上，爱仕达引起了世界炊具巨头纽威尔公司的注意，受陈合林邀请，纽威尔公司派人来到爱仕达考察，并抛出合作条件：一个月内拿出样品！

要知道，即便是当时美国的炊具企业，也需要3个月。陈合林咬牙答应，后面28天，他和两名技术人员吃睡在机器旁，没日没夜地干。最后一天，样品真的拿出来了。

爱仕达与纽威尔公司的长期合作就此达成，同时也带来了爱仕达出口额的迅猛增长，从原本的年销售额几百万美元到后来的3000多万美元，完成了历史的跨越。

打开国际大门后，如何改善国内销售模式迫在眉睫。面对商业模式不一、产品不一、政策不一，陈合林提出了"两条腿走路"策略，成立KA（Key Account）部和经销商部。这一策略取得了成效，在进驻首创国际大卖场模式的家乐福后，爱仕达不粘锅在非食品类商品中的销量连续8年排名第一。

进入新千年，爱仕达继续高速发展。2004年，"爱仕达"荣获中国驰名商标美誉。2007年，爱仕达被认定为国家高新技术企业。2015年，爱仕达名列"中国最有价值品牌500强"。

与此同时，两个年轻人，陈合林的儿子陈文君和女儿陈灵巧也在成长，他们在父辈们殷切的目光下，勇敢地走上了新的人生舞台。

▶ 摸爬滚打中成长

在陈文君看来，父亲特别能吃苦，精力比年轻人更旺盛，创新想法层出不穷，而陈合林也说，"我是最能吃苦的人"。

与年轻一代相比,老一代浙商"非常务实,吃苦耐劳",习惯了严格要求一切,关注很多细节。陈合林说自己是追求完美的处女座,打磨一口锅,细致到关注玻璃盖上金属边的去留。

他的成功密码藏在他"真正是摸爬滚打出来的"前半生。

西浦小铜匠

1956年,陈合林出生在温岭县箬横镇一户贫穷农家。

对于当时农村的大多数人来说,最好的出路就是做一个合格的农民,能够熟练地使用农具。因此,陈合林中专上的是农机班,那年中专第一次设立这个专业,每个乡镇挑一名精英学生去学习。学校离家有十几公里,他两周回家一趟,没有公交车,全靠步行,回学校时还得挑着米,每顿到食堂蒸饭吃。那时他一天只有5分钱伙食费,均匀分配到三餐,早晨花1分钱买咸菜汤,中午、晚上各买2分钱的菜。

上学回来,他一有空就干农活,夏天割稻、挑小秧苗,汗水不要命地淌。他还去过海涂搞围垦,他是1.6米的小个子,肩挑人扛围海造田,不知道是怎么扛下来的。

陈合林的老家,也是他最早起步的地方

在农机班，他学会了柴油机、电动机、拖拉机这些机械的使用和修理。通常来说，毕业后，等待他的是分配到农机站去搞技术。但没有人介绍进不去。于是乡里安排他去疏通河道，不到一年，又让他当民办教师。

"我觉得没意思，学技术很不容易，当孩子王总觉得没有用武之地。"更何况，父亲也建议："你可以去做学徒。"

跟其他老一辈的农民不同，陈合林父亲是个小商贩，很早便在家里开食品店，卖绿豆面，陈合林的商业思维或许继承自父亲。

于是，陈合林到附近的高龙乡当铜匠学徒。学徒没有工资，还要帮师父做些家务，但他学得很认真。一般来说，学徒3年才能出师，而陈合林2年就出了师。1975年，他在西浦村公路边开了家自行车行，兼修农机。当然，做铜匠活还是他的看家本领。

夜奔柳市

"从做铜匠开始，我开始有点市场意识了。"陈合林不仅管修理，还卖东西。很多温岭人在北京、上海收废铜料卖给他，除了自用，这些铜件被他大量卖到柳市镇。

柳市位于温岭邻县乐清，是当时全国民营经济发展最迅猛的地方之一。今天的"温州模式"已经被定为"敢为人先"，成为标杆，但在改革开放之前，一切都在冰面下涌动。

陈合林开车行这一年，柳市刚发生了一件震动当地的大事。

农民陈维松兄弟的茗东五金电器制配厂收到一笔35万元汇款，惊动了当地政府，结果全体职工被关"学习班"，工厂被关停。尽管如此，依然有无数的地下小厂秘密生产各种配件。

陈合林骑着自行车，驮着装满电线、铜件、五金配件的麻袋，趁着夜色翻山，目的地是百公里外的柳市。为了加快速度，他骑的是28吋的自行车，而没有选更适合自己身材的26吋自行车，尽管如此，到柳市一趟也要6到8个小时。

到那里后他很快发现，卖铜件赚钱快，一块钱收来转手就能卖四五块钱，还因此认识了很多柳市做电器生意的朋友。

上家下厂

1977年,陈合林与林菊香结婚。刚嫁过来,林菊香便跟随陈合林推着自行车、挑着担子吆喝做生意。

陈合林做铜匠时,村里还没通电,更没有鼓风机设备,冶铜全靠烧柴火。林菊香拉风箱,等铜液熔化,陈合林再上手浇铸成各式小工艺品。林菊香回忆说,那时拉着风箱,经常头一低便睡着了。最忙时,一天休息不到三四个小时。

创业伊始,厂里人手少,陈合林奔波在外开拓市场,作为老板娘的林菊香亲自下车间生产,因此也掌握了冲床、不粘锅喷涂技术。早些年,车间里工作条件有限,经年累月吸入粉尘,林菊香的身体越来越差,不得不回家养病。如今公司员工对她都很尊敬,因为她是陪着陈合林一路苦过来的。她的影响力并没有消失——工厂里几位骨干厂长,都是她当年带出来的徒弟;还有一儿一女,已经成长为爱仕达的新一代领军人。

女儿陈灵巧说,母亲常教她"三十年河东,三十年河西",如果不努力、太张扬,容易作错决策,会带来很大的风险。

"我们家这么多年一直比较低调,相比其他一些孩子讲名牌、要豪车豪宅,我们从来没有,这与母亲的教育相关。"陈灵巧说。

接班人说

世事都在变化,只有把握现在,与时俱进,才能有更好的将来。

(陈灵巧)

陈文君、陈灵巧兄妹俩都出生在温岭西浦村,记事起就生活在厂里。搬到温岭县城后,一家人起初租房子住。一栋3层小楼,一楼是工厂,摆放着冲床器械;二楼是员工宿舍和财务、管理人员办公室;一家四口住在3楼的一个房间里,跟工人们同吃同住。

陈合林夫妇因创业忙,经常将陈灵巧寄养在邻居老婆婆家,直到夜很深了才接女儿回家。上学以后,这种情况依然没有变化。陈灵巧说:"挺羡慕很多同学有父母来接送,我们好像从来没有过,要么在老师家里,要么跟哥哥一起走回家。小时候只知道父母特别忙、要挣钱,很不容易。"

家里没电视,也没玩具,一楼工厂就是两个孩子的游乐园。厂里赶工,晚间还灯火通明，他们穿梭在大大小小的机器、箱包零件之间，看着叔叔阿姨们双手不停地干活。

那时，陈文君有一只会发光的悠悠球，晚上楼道里没有灯，手一晃，悠悠球便发出光芒，照着他和母亲、妹妹踩着水泥楼梯一路上楼去睡觉。

"我们不算含着金汤匙出生，也是跟着父辈一步一步苦过来的，还是要靠自己努力奋斗。"陈灵巧用"严苛"形容自家的家风，"父母虽然很忙，但对我们的文化学习、思想教育、行为教育都很严厉，哥哥和我都要烧饭、洗衣服"。

陈合林出差特别多，难得有空时总带孩子们去菜市场买菜，再由林菊香亲自烧一桌菜，便是家人难得的团聚时光。

▶ 青蓝接力向未来

经历 20 年，跨越大半个地球，陈文君与陈灵巧兄妹在爱仕达重逢。

"跟公司同步走，一步一步走过来，看他们哪一块做得比较成熟，能接得起来就让他们接。"陈合林说。

兄妹相继加入

2004 年，陈文君大学毕业后考虑工作时，爱仕达已经成为颇具盛名的厨具生产企业。他对产品技术兴趣很大，于是进了产品部门，同时给陈合林当助理。这一年，陈灵巧刚上大学，在英国格林威治大学读工商管理专业。专业是她根据自己的性格和兴趣定的，"父亲很少干预"。

也是在这一年，爱仕达的生产版图延伸到上海青浦工业园区，成立了上海爱仕达汽车零部件有限公司，并投资 2 亿元建成占地 200 亩的上海爱仕达汽车零部件工业园。

当时，正是需要打开国际市场的时候，爱仕达每年都派人前往美国芝加哥、德国法兰克福等地参展。陈合林考虑再三，于 2006 年安排陈文君赴美国打市场，"在国际上锻炼"。

与哥哥的路线相反，2008 年，陈灵巧从伦敦大学 MBA 硕士毕业后回到国内。"好好努力学习，将来有可能找工作，也可能回到公司。"这是当时她的打算。在伦敦大学，她读的是国际管理和市场营销专业，她认为这个专业更适合，综合

2004年1月，上海爱仕达汽车零部件有限公司成立，爱仕达作为上海高新技术企业进驻上海青浦工业园区

性比较强，不管自己将来从事哪个产业，都更全面。

过了几个月，正逢上海世博会筹建中国民营企业联合馆，爱仕达也是参展企业之一。陈合林知道女儿对品牌、投资有兴趣，父女又深谈了一次。结果，陈灵巧接手了这个项目。从前期策划、营运到后续的管理、闭馆，陈灵巧全程参与。"能接触到国内和海外的流程机制，这让我更全面，也有机会看到好的企业管理模式、形形色色的企业成长过程，站在一个更高的角度拓宽思路、看得更长远。"

2010年5月，爱仕达经过3年筹备，正式上市敲钟。

同一年，在上海世博会上，由复星集团牵头，联合阿里巴巴、爱仕达、民生银行、万丰奥特等全国15家民营企业代表，每家企业出资3000万元，建成了向世界展示代表中国民营企业成就的中国民企联合馆。爱仕达被授予"世博会中国民企联合馆健康炊具唯一供应商"称号，成功入驻世博园中国民企联合馆。

这年真是多喜临门，同年，陈合林又光荣当选全国劳动模范。

闯市场中悟传承

民营企业常见的传承模式，或起步较高，或从基层做起，陈灵巧像是这两种模式的结合——先接任爱仕达集团有限公司董事长，做了个 2010 年上海世博会上的大项目，然后回归企业，从基层做起。

"我是学管理和销售出身的，所以先进入市场部锻炼。我没有将自己定位成领导者，而是跟市场部同事一起去协调推进。"她还介入线下的直营销售。爱仕达是做直营出身的，销售网点覆盖全国，有几十个办事处。

创始人说
> 跟员工们同吃同住同感受，你才能真正体会到员工的不容易，也感受到从上到下整个业务流程架构。
>
> （陈合林）

"我跑了两年销售。跑区域、办事处甚至仓库，了解我们全国的销售架构，跟全国的业务员、销售经理一起跑外场、出差。"陈灵巧出差时，坐的是经济舱，住的也是经济型酒店。

2011 年，爱仕达在天猫平台上开了旗舰店，但当时没人知道该怎么运营。陈灵巧领军建立起电子商务部，"从人员的招聘、仓库的管理，甚至客服都是我自己一个一个面试的"。由传统营销转为传统与电子商务营销双管齐下的战略，爱仕达成为行业内第一批入驻互联网销售的品牌企业。

2024 年 4 月 10 日，当陈合林与陈文君巡视温岭爱仕达智能工厂时，陈灵巧正坐在上海公司的会议桌前，一整个上午都在处理外销部涉香港的业务。她的办公室设在 22 楼。本来规划时计划将 20 层一间大办公室给她，但她管理的部门大多在 22 层，她便搬到楼上，因为沟通、开会更快捷。

"父亲对工作的激情、努力程度是很影响我的。"与父亲相比，她的"劳模"程度不遑多让。

接班人说
> 什么叫传承？我觉得首先对于公司或对父母做的事情要非常认可、崇拜。如果不热爱，或者不倾注你所有的心血，你对它没有感情，就很难有兴趣持续性地将企业经营好。
>
> （陈灵巧）

陈灵巧说："其实做制造业真的很苦,但是为什么我们还是坚持做品牌、做制造?我觉得就是因为父母给我们留下的印记,以及我们对企业的感情,还有对产业的热情。"

父女两人性格极像,强势、倔强。因此,父女俩面临冲突时,双方都不愿意退步,"燃烧的温度"也特别高。年轻时,她不是很能理解和忍受,但随着年龄增大,近几年,父女俩似乎迎来了"和解",对很多事情的理解和判断趋于相同。

在陈灵巧看来,冲突不是坏事,还能激发出新的火花,怎么解决问题才最为关键,她经常对父亲讲的一句话是"我们俩的目标是一致的"。

"我觉得理解和沟通是解决两代人之间冲突的钥匙,要有同理心,然后相互分享。矛盾冲突的产生往往是因为不理解,如果摊在桌面上坦陈自己考虑的角度和方式,都能沟通清楚,我们会去反思、理解彼此的想法,基本上最后都能找到平衡点。"

钱江机器人

陈合林、陈文君的午饭和晚饭吃得很匆忙,午饭是在食堂西餐厅吃的,为了节省时间开会,晚上所有团队高管都在一楼智慧餐厅匆匆扒了一口。

与父亲的角色不同,陈文君的目光更多聚焦在工厂机器人的应用,他是钱江机器人板块的负责人,所领军的智能制造战略已经是爱仕达科技板块的未来。

爱仕达从事机器人板块始于2016年。"十几年前,工厂里陆续开始用机器人,我们很向往做机器人。"陈合林说。需求推动创新。陈合林有一个习惯,当需求产生时,他的第一个反应是"我们做一个"。无论从五金厂起步时决心打造原材料生产线,还是造不粘锅时联合外援生产出隧道炉、液压机,直到现在,依然如此。陈灵巧觉得父亲"特别努力拼搏,特别有创新思维",父亲对新事物的接受程度和包容性很高,很多想法比她还超前。

机会来得突然。当时浙江钱江摩托股份有限公司(简称钱江摩托公司)同样有大量机器人需求,并在早年引进了一支外地科创团队,埋头搞了8年,但成果不佳。老董事长痛惜研究成果,3次来到陈合林办公室,希望他们能接手。

接手一家正在亏钱甚至还要继续烧钱的公司,几乎所有人都坚决反对,只有陈文君赞成。很长时间里,他都在美国,对自动化生产、机器人在工厂的运用很看重。陈合林是个不折不扣的"强硬派",他做决定经常力排众议,而最后结果

2016年9月27日，爱仕达与钱江摩托公司举行机器人股权合作签约仪式

往往证明这个超前决策的正确性，他果断决定收购钱江摩托公司机器人业务。果然，这个决定对爱仕达起了很大的助力，最先在炊具行业实现了生产自动化。目前这一模式已经在对外输出，帮助台州乃至浙江的中小型企业改造设备。

收购之初，浙江钱江机器人有限公司只有一个小小的车间、十几名员工，虽然有这方面的研究成果，但只生产出了减速器、控制器产品，还没有成型的产品。陈文君带领团队真正形成了一个机器人制造、开发的完整体系。2018年扩产，年销售将近2000台，他通过各种工业会、博览会，将钱江机器人推到了市场上。此时正逢爱仕达智能厂房搬迁重建，便全方位投放了钱江机器人自动化设备，在炊具行业，这样的举动堪称大手笔。

"人形机器人，我虽然对这个东西感兴趣，但可能只是看一看，不太会深入研究，而他们就能钻研下去。"陈灵巧说，"只要看好一件事就会特别'往下落'，研究得特别细，也是浙商精神之一。"

智能进行时

2009年，浙江省委主要领导到爱仕达考察。领导问，爱仕达如何应对金融危机？"老板亲自走访客户，千方百计争取订单，千方百计挖掘内部潜力降低产品成本，千方百计生产适合不同消费群体的产品，从而满足不同人群的需求。"

领导表示说得很好，"还要加一个，千方百计搞创新"。

这些话凝练成为爱仕达在市场竞争中立于不败之地的"四个千方百计"：千方百计提升品牌，千方百计保持市场，千方百计自主创新，千方百计改善管理。

位于温岭东部新区的爱仕达智能工厂，左边三排厂房都属于智能炊具板块，右边一排是机器人板块。中控室相当于大脑。在这里，一块实时更新数据的电子大屏归集了温岭、上海、湖北、嘉善四大生产基地的所有数据。屏幕右侧，湖北、嘉善、东部工厂无人车间的画面正实时呈现，每一台设备在线情况都反映在平台上。

穿过温岭爱仕达新工厂的中控室大门，忽然进入了喧闹的生产车间。墙上有"诚信 务实 合作 创新"8个红字，自动化生产正有序进行着。

2020年5月，当爱仕达搬迁到智能工厂时有员工将近2500人，随着"机器换人"不断进行，现在大约只有1300名员工。

2021年，爱仕达东部工厂成为国家智能制造示范工厂项目；同年年底，被评为浙江省未来工厂，炊具年产能达4000万套，成为世界最大的厨具生产基地之一。至此，爱仕达完成了从传统制造到智能制造的数字化转型升级。

一口锅看起来很简单，但是从原材料变为用户手中产品的过程中，需要进行各种合格性检测。爱仕达的检测中心，是"中国认可国际互认检测"资质的第一个获得者。很多企业都没想到要做这件事情，但是爱仕达想到了。从原材料硬度拉伸到成分分析，还有各种运输、使用场景的真实模拟，测试夜以继日进行。在耐磨极限测试实验室，十几台机器模拟刀叉划动锅子表面，直到报废为止。这款不粘锅的最高纪录是划了150万次才报废，经过了4个多月检测时间。

智能厨具与钱江机器人展厅中，世界各国大牌产品都汇聚在几排小小的展柜里。在控制器上输入一个指令，自动化流水线竟然能生产出来一口锅。"这套系统已经被引入景区了，爆米花现场都有那么多人看，现场做锅怎么不行？"这也是陈合林脑海中不断冒出的创新念头之一，"我一定要做可移动的个性化定制无人工厂"。

2024 年 4 月，首届中国人形机器人生态大会在爱仕达智能谷举行，爱仕达人形机器人研究院正式成立，开启了中国厨房智能领域的崭新探索。

傍晚时分，走了一天的陈合林带队检查智能仓库时，精力依然旺盛。18000多个库位的仓库，纵深 90 多米、宽 50 多米、高 23 米，基本实现了自动化。如果说中控室是爱仕达的大脑，智能仓库更像是心脏，连接着"四通八达的高速公路，将货物输送到 8 家智能工厂"，从原材料到产品包装，都在这里集散。

"自动化仓库的高效率、高水平，证实了爱仕达在这个行业中的领先。"每个人都很兴奋。

这一天，就像打了一仗。直到晚上 11 时，陈合林走出会议室，夜色浓黑，只有眼神放光。

天喜之路 ▶

　　走进位于浙江省缙云县壶镇镇的天喜控股集团有限公司（简称天喜集团）总部，4句话镌刻在大门墙上："快乐产生智慧，智慧创造价值，价值回报社会，社会和谐共处。"

　　天喜集团创始人吕天喜出身"草根"，通过几十年的拼搏，成为著名的企业家。他敢为人先的精神在当地广为流传。

▶ 起步：父子联创

农家少年穿上皮鞋

1952 年，吕天喜出生在千年文化古镇缙云县壶镇镇中兴村一户贫困农家。

父母是老实巴交的农民，加上兄弟姐妹众多，年幼时，吕天喜过着吃不饱、穿不暖的生活。1966 年，中学刚读了一学期，就开始"停课"，16 岁的吕天喜从此再也没有踏入学校。

一次偶然的机会，吕天喜的人生出现转机，得以"脱掉草鞋，穿上皮鞋"。1969 年，缙云县国营食品公司要在中兴村建壶镇食品站。根据当时的政策，食品站分给村里一个职工名额，从临时工干起，干得好的人可以转为正式工。吕天喜聪明好学、为人勤快，村里人都比较看好，一致推荐他到食品站做临时工。

那个年代，穿皮鞋和穿草鞋可以说是"两重天"，吕天喜十分珍惜这次机会。为感谢乡亲的推荐，也为了争取转正，吕天喜拼命干活。食品站职工有工作服，但只在冬天能派上用场，夏天上班干活时，吕天喜和同事都打赤膊、穿短裤，系个围裙就工作，每天全身都被汗水浸湿。

1970 年，食品站派吕天喜去屠宰场和门市部工作。他每天凌晨 1 时就必须起床上班。到早上 5 时，必须把猪肉送到门市部，紧接着就开始卖猪肉。买肉的人早早就排起了长队。切肉、称肉、收钱，一刻都不停歇，一身汗水、一身油渍，就这样一直干到中午十一二时。

在门市部工作非常劳累，一有空闲时间，别的同事在一起不是喝酒就是打牌，但是吕天喜经常拿起一本书，找个安静的角落读书。他深深为自己当年没有继续上学而感到遗憾，所以随时随地都在学知识。

肉，居民天天要吃，门市部就得天天营业。吕天喜只要不生病就去干活，根本没有现在双休的概念。他从不认为没得休息是吃亏，而是以工作为荣。工作太忙，他就将儿子寄放在邻居家，叫人照看，晚上 9 点后开完会才有空去接，一个月给照看的人 5 元。

在门市部里，晚上大都要处理一些琐事，当天卖肉收到的钱，一般要到第二天早上去清点，然后送到银行存起来。值班时，吕天喜用一个抽绳袋装好钱，以防被盗，将袋子放在枕头下，枕着钱睡觉。当时，他的月工资只有 18.5 元，如果随手拿走十几二十元，根本不可能有人知道，也很难算出来，可是吕天喜从来没有动过此念头，更不会多拿一分钱。

因为工作出色，两年后，吕天喜成了正式工，粮食关系转到了国营企业，户口也从农民转为城镇居民。自此，吕天喜真正"穿上了皮鞋"。

走出舒适搏商海

1989年，因吕天喜的能力突出，已经在整个壶镇有较高知名度，中国建设银行缙云分行特意把他调过去，负责壶镇溪西地块的房地产开发。

他对当地情况熟门熟路，有声有色地把这块地的相关工作开展了起来，社会效益和经济效益都十分显著。当时他每月的收入，在银行、在壶镇来说，已经算不错了，生活十分安定。

1992年，改革浪潮再次席卷全国，国家鼓励机关、企事业单位工作人员下海经商、办企业。敢闯敢干、敢为人先是吕天喜的本性，他也想下海搏一搏。

1996年，一次偶然聚会中，他认识了杭州铝制品厂的一个技术员，了解到该厂正在研发压盖式压力锅，一旦研发成功，其安全性能将填补国内空白。当时市场上的压力锅有万分之四的爆炸率，这个厂的技术攻关难题已过了大半，不料因城市扩建被迫关闭，压盖式压力锅的研发也被迫停止。

吕天喜察觉到这是难得的机会。"这是一次挑战，更是一种责任。"他带领弟弟吕天申及一群志同道合的朋友，在没有销售市场、资金不足，且缺技术、无人才、少经验等不利条件下，风风火火地创办起浙江天喜炊具总厂（2011年更名为天喜控股集团有限公司）。

对吕天喜的社会能力，大家都非常认可，但对他创业办厂几乎都不支持。身边的亲戚朋友不敢借钱给他，壶镇的一些银行也不敢贷款给他。只有中国建设银行缙云分行的老领导帮他贷了80万元，作为启动资金。

千钧一发拓市场

创业后，吕天喜一心扑在厂里。他组织人员到原杭州铝制品厂，在现有技术基础上继续研发压盖式压力锅。短短半年时间，天喜牌压盖式不爆压力锅突破了各种技术难题和工艺难关，实现了压力锅生产技术的革命性变革。

经专家鉴定，天喜集团的这款压力锅"结构设计填补国内空白，并处于领先水平",开、合盖安全性均被列入国家规定的免检项目,获得了"消费者信得过产品""浙江省五金名品"等荣誉。但实际上,这种压盖式开合锅盖的压力锅,一开始根本打不开市场。一是价格比其他压力锅要高;二是消费者更习惯用普通的旋合式压力锅;

1996年,天喜集团最早的厂区

三是有的消费者抱有侥幸心理,对很多人来说,"万分之四炸锅率"只是一个听起来恐怖的数字,自己不可能是那不幸的极少数。

市场打不开,厂就办不下去,吕天喜愁坏了。1997年,吕天喜破釜沉舟,拿出剩余的60万元贷款,全部用来在中央电视台投放广告。

"但我们理解错了,实际上应该在产品大量准备好后再推广告,我们先做广告,**两个月内订单很多,结果生产跟不上,完蛋了**。"投入广告后,压力锅无法**按时按量**供应给客户,最后60万元打水漂,压力锅也没卖出去几只。

那一年过年,吕天喜手中只剩2000元,给父亲包了600元红包。他取消了所有亲朋好友的拜年走访,整个春节都把自己关在家里不出门。吕天喜想来想去,又不甘心就这么放弃。1998年10月,迪拜有个展销会,他决定去一趟,再搏最后一把。

在迪拜的半个月,吕天喜说"快饿死了",饮食习惯完全不同。饭桌上,吕天喜看着面前的生菜沙拉、没油没盐的煮鸭蛋愁眉苦脸,让人找点盐都找不到。可喜的是,展销会上,天喜牌压力锅的安全性能受到市场认可,吕天喜也认识了几个朋友,直到现在他们还是企业的客户。

"拿到了第一笔订单,有三十几万元。"时隔多年,吕天喜依然能清晰地记起那时的情景。

随着国外订单越来越多,销售量不断增长。同时,企业管理也要跟上发展速度。吕天喜摸索出一套管理经验,每天再忙,也都会抽时间在办公室看书两小时,读些管理类书籍，做笔记、摘要点，这个习惯一直坚持到现在。

创始人说

> 我们一生要结交两个朋友：一个是运动场，一个是图书馆。到运动场锻炼身体，强健体魄；到图书馆博览群书，让自己不断充电、蓄电、放电。人有两样东西谁也拿不走，一是知识，一是信誉。
>
> （吕天喜）

子承父业闯天下

父亲吕天喜的辛苦，吕挺看在眼里。

1998年，吕挺从杭州大学（今浙江大学）电子工程专业毕业，放弃进公安局的工作机会，回家和父亲一起办企业。

其实，吕天喜更希望儿子进公安局工作，不用像自己那么累。大学最后一个学期，吕挺主动找父亲谈话："我们自己办厂也需要大学生，我还到外面去工作就没有必要了。"

吕挺刚进厂时，厂里只有五六十个工人，一年销售额有五六百万元。"吃住都在厂里，跟工人们一起。那时候没有什么管理层，销售、采购，包括生产，我啥都干。"第一年，他下车间组装产品，将整个工序都摸了个遍，"是个全方位了解的过程，知道哪些是我们产品的卖点"。

随着外贸订单越做越大，吕挺开始跑市场。吕天喜带着他跟轻工类贸易公司接触，同客户企业打交道。

接班人说

> 我的信仰，就是做实体，觉得干企业有意思；同时，也感觉老爸经营很辛苦，想分担。
>
> 父亲教我为人处世，将他在市场早期摸索出来的经验教给我，包括人脉，我再自己去拓展。
>
> （吕挺）

那段时间，吕挺每天谈完客户回来，都会跟父亲说两句，作个复盘。"父亲才是真正的师傅。"

广阔的海外市场销路打开了，天喜集团的销售额每年都增长很快，特别是在 2001 年之后，第一年自营出口额达 80 万美元，到第二年已经接近 600 万美元，2003 年，吕挺升任公司总经理，企业风生水起。

在缙云县，靠近永康市的壶镇因地利之便，大量承接永康五金的"溢出"产业，成为富甲一方的经济强镇。

2002 年，为了更好地控制原材料质量，天喜集团决定利用永康五金城的资源，自行生产铝板，半年后就建成了一个日产量达 15 吨的铝板生产加工基地，形成了铝制相关产品的产业链。

▶ 蝶变：天喜跃迁

天喜立"信"

在建立销售渠道上，天喜集团主打一个"信"字。

2005 年，天喜集团成品仓库发生火灾，准备第二天出口海外的 30 多个集装箱产品，全部毁于一旦。面临重大损失和无法按时交货的双重压力，吕天喜将火灾现场拍摄的镜头发给海外客商，结果客商说："目前你最需要的是资金，我预付你 60 万美元。"第二天便收到了对方汇过来的货款。

在这次灾难中，除了客户的理解和支持，政府和企业界都雪中送炭，帮助天喜集团快速走出了阴影。"灾难，既是一个坎，也是一次机会，如果你迈过去了，就会变成财富。"

这一切，缘于天喜集团与客户的高度互信。

"以诚待人，崇尚信义"是吕天喜父子在开拓国际市场过程中遵循的经营法则，其核心内容是：企业主动向客户让利，共同面对瞬息万变的市场，实现买卖双方互赢，最终换取客户对企业的信任和认同，从而建立长期的合作关系。

一般情况下，出口合同签订后，产品价格不受原材料市场的波动影响发生变化。但天喜集团却不这么做，原材料价格上涨了，按照合同价格发货；原材料价格下滑了，会"违背"原先合同约定，主动让利商家。

天喜创"新"

2010年，压力锅产品销售正旺之时，吕挺力排众议成立家电事业部，着手家电类产品研发与生产。

其实，他早就开始思考天喜集团转型的逻辑了。2008年全球金融危机以后，吕挺危机感更深。他看到，现有的压力锅和炊具生产竞争力会减弱，而未来这个市场的需求在于升级。

最初寻找市场转型时，他们还是用了传统的逻辑思维，做的几款炊具都失败了，团队成员也有挫败感。

"父亲一直支持我的创新，全方位给到财力物力。"吕挺回忆，从2008年开始，这三四年是最痛苦的时期，他知道，要是突破不了，企业就倒下了，坚持下来的话可以得到最大的效益。

"找人才，只有人才才能给我'解渴'。"他远赴广东引来一支10多人的团队，开始研发空气炸锅。

面对这支年轻的新团队，吕天喜的态度很明确，一是尊重，二是支持。"从广东来到我们这么一个山区小镇，生活各方面都不理想。一方面，我们要尊重他们，投入感情，让他们在这里习惯起来，有归属感。另一方面是给他们胆量，创新肯定很难，我们主要是想办法怎么把团队稳住！"

"一旦创新失败了就翻脸是留不住人的。"吕天喜对吕挺说，"要有思想准备，请人家过来合作，不一定能一次成功，也不一定能赚钱，反而可能是'烧钱'。如果轻轻松松就成功，那办企业就很容易了。做企业，要准备承担风险。"

可喜的是，天喜集团在2012年成功研发了家电领域第一代拳头产品——天喜空气炸锅，一经上市，就成为天喜集团最大的增长点和利润点。2013年，公司即实现产值6亿元，产值在原有基础上翻了一番，打响了"天喜创新第一枪"。

经过前期"引进—吸收—再创新—再突破"的反复试验，天喜集团的空气炸锅核心技术已跻身全球前列，全球范围内仅天喜集团和飞利浦公司拥有此专利技术。

如今，天喜集团团队内部还是会讲"培育孵化"的概念，家电事业部就像蝴蝶破茧一样，是精心孵化出来的。已退休的炊具事业部总裁讲过一句话，那时的小家电事业部都靠炊具事业部来养活，"就像娘带着小孩一样"。

天喜集团相继获得国家高新技术企业、浙江省知名商号、浙江省著名商标、浙江出口名牌等荣誉，吕天喜个人也先后被授予丽水市劳动模范、工商联系统最美企业家等多项荣誉称号。

天喜扎"根"

2017年，浙江天喜厨房电器股份有限公司（简称天喜厨电）成立，专注厨房电器的研发设计与生产。吕挺带领团队自主研发了一系列厨电产品，实现了厨房从"明火"到"无火"再到智能控制的转变，让天喜厨电成为全球最完整的空气炸产品群制造商。

在当时全国外贸出口大滑坡的严峻形势下，天喜集团反而出现客户增加、交易量上升的可喜局面，2017年即实现了出口创汇总额1.07亿美元，同比增长42%，占整个缙云县外贸出口总额的16.4%，成为丽水市首家自营出口额破亿美元的生产企业，并连续多年外贸出口总量排名丽水市第一。到2021年，天喜集团的出口总额更是达到了3亿美元。

有了底气之后，天喜集团在科研上投入了更多资源。2017年年底，天喜集团投资5000多万元在广东顺德成立智能厨房电器研发中心，直接从珠江三角洲地区引进中高端专业技术人才，并与中国电子科技集团公司第五十八研究所、浙江工业大学、浙江理工大学等联合共建天喜双创中心。近年来，天喜集团每年的研发投入都超过销售收入的3.5%。

2021年，天喜集团又投入2亿多元建设天喜智慧厨电研究院大楼，打造国家级重点实验室、高端模具研制中心、院士工作站等。

接班人说

> 我们这一带比温州更偏远，地理区域先天存在着竞争的劣势，必须比别人投入更大的努力才能往前走。而在缙云做家电这种产业链很强的行业，相当于在沙漠地带建立我们自己的产业链配套和团队体系，这需要时间的投入。
>
> （吕挺）

吕挺每年主持、参与研发大量产品，对研发新型、智能化产品更是情有独钟。他不仅自己申请各项专利，还带领技术人员积极申请各项知识产权。

截至2023年年底，他带领技术团队已累计申请各项专利1000余项，其中由他申请授权的发明专利11项、实用新型专利121项、外观设计专利279项。他

天喜集团投资建立的天喜智慧厨电研究院

担任主要发明人主持省级重点研发项目、省市县级科技项目以及企业自立项目40余项，实现了多项全国领先的技术突破；以第一起草人主持国家标准、"浙江制造"团体标准、企业标准共9项；由他牵头研发的"多功能高效空气炸制食品机理的研究及应用"项目获中国轻工业联合会科学技术进步奖二等奖，他本人也获得了个人二等奖。

天喜厨电成立后的短短几年，就很快入围了"浙商全国500强"，并获得了多项省级以上重量级荣誉：国家级"绿色工厂"、浙江省"隐形冠军"企业、浙江制造品字标认证企业、浙江省制造业单项冠军省级培育企业、省级双创示范基地等。

天喜智慧厨电研究院也成功升级为"省级重点企业研究院"，实现了缙云县高能级企业研发机构"零的突破"。

接班人说

办企业不能停留在原地，要与时俱进谋发展；不能仅依靠一个产品，要实现配套生存，努力培育发展自主品牌，逐步实现由"天喜制造"向"天喜创造"发展，这也应当是一个企业家的责任。

（吕挺）

未来 10 年，天喜集团的全球工厂布局正在规划，海外工厂、海外公司、海外品牌将是重点发展对象，按照吕天喜提出的"百年天喜"目标一直在发展。

天喜集团就像浙江"地瓜经济"的代表，"藤"可以延伸得更远，拿更多的资源回来反哺根部的力量，但"根"永远在缙云。

▶ 同行：无缝接班

不是失败，是"交学费"

对于真正意义上"放手"的时间，父子二人的记忆略有不同。吕挺感觉是 2004 年或 2005 年，但在吕天喜心中，2003 年任命总经理时，已经放儿子独当一面了。

> **创始人说**
> 要早交班，让接班人有锻炼时间，一路在交、一路在成熟、一路在提高。当我们同期发展，交班便省力得多。
> （吕天喜）

"对事业有感情的人才能接好班。"吕天喜的培养，就像"孟母三迁"，不动声色将儿子带入优秀的同行圈子中，感情在一次次活动、招呼、会面当中渐浓，"对这个平台有感情，他会守住这个平台"。

现在，或许用再诱人的条件，也难以撬动吕挺离开天喜集团，他的"根"已经长在了这里。

> **接班人说**
> 跟父亲一起创业，是一件很快乐的事。他很放心我，一直支持我，我做什么事情他都感觉对。
> （吕挺）

1999 年，刚开始跑市场的吕挺，就在北方被骗了一票。

北方客户订购了 1 万多只压力锅，他跟着车子押送过去。验货时，客户提出来，要国家检测报告。吕挺打电话回来，吕天喜也摸不着头脑，检测报告公司是有的，但客户坚持当面看。吕天喜便让吕挺跑了一趟沈阳国家五金检测中心，没想到，报告拿回来了，客户还是扣着货不给钱。

这时吕挺已经回过味来了，明显有问题！这么大一笔货，如果丢在这儿了，绝不是件小事。他又打电话向老爸请示，这次吕天喜只有一句话："你现在不要急，事情出来了，你要面对它，想办法。做人干什么事情都要交了学费才学了知识，这就等于交学费。"

实际上，千里之外的吕天喜也没办法，当时交通不方便，根本不可能赶过去处理。"你不要问我，自己动动脑筋。"吕天喜说，"将在外，必须授权。"

"刚开始其实有点慌。"吕挺说，听完父亲那句"你自己处理，一切的处理结果都是对的"，他心里反而稳下来了，安排押车的司机守在仓库边上看着货，自己去处理。"最终我把货拿回来了，损失了几万元运费，这是个很大的教训。"

也是那一次后，吕挺改变很大，从初生牛犊不怕虎到逐渐变得严谨，非常重视客户资质调查。人们常以为只有学术界才有专家，但办企业的人，经历过多次失败，成功了也就成了专家。

"让他去实践，我支持，不骂人。我认为，成功的人要经历许多次的失败，这就是在'交学费'。"回到缙云后，复盘这件事，吕天喜依然说："这个不是错误，学费应该交的。就算当作错误，也是为了教育我们不要再犯同样的错误。"

在吕天喜看来，只有这样，下一代才能大胆做事。

创始人说

舞台给了他，就让他去表演，这样他才知道这个舞台什么地方是容易破的，什么地方是好着力的，破了就让他再补回去。

（吕天喜）

以父为荣

"父亲感觉我有能力便直接放手，他是董事长，我是总经理，一直是我管经营，他是看结果的人。"这么多年，吕挺已经习惯了当家作主。

但实际上，"放手"说起来容易做起来难，很多普通父母都放心不下成年孩子的生活，更何况吕天喜交出的是偌大一家企业。"有几次走到他办公室，听到他在开会我就走开了。"吕天喜知道，一旦坐进去，就会打乱吕挺主持会议的思路。

20多年前，吕天喜就立下了一个规矩，饭桌上，只要吕挺接电话，就让他走出去说，"我怕自己听到了忍不住插嘴"。

吕天喜会经常对吕挺说："困难的时候，我们要自己把头抬起来。"有些人遇到困境，非常习惯将头低下去，但他却相反："我跟弟弟、儿子都说，别人没有给你钱也没给你帮助，你为什么觉得矮一头？"吕天喜昂头看天，一次次挫折，他都是这么仰着头闯过来的。

但今天不一样了，他说："我一直说，现在我们成功了要把头低下来，谦虚低调，看到亲戚、长辈一定要打招呼。你也没有给人家利益，有什么权力在别人面前炫耀？"

两代企业家都提到了"地瓜经济"的模式，壮大根系，反哺当地。"父亲有一句话，别人要衣锦还乡，不如我们在这里光宗耀祖。"吕挺说，无论再怎么走出去，"根"还在缙云。天喜集团的企业文化也被人用"草根文化"形容过，吕天喜说，草比树好，因为草的生命力更强。

"我们是土生土长的本地人，要证明我们缙云人能办大企业。"在吕挺看来，缙云人性格当中有敢拼、大气、敢担当的因子。他牵头组建缙云新生代企业家联合会并担任会长，这个联合会旨在加强缙云各企业间的沟通交流与合作，搭建起企业二代接班人共同学习、提升自我修养、扩大社会影响、树立良好形象的有效平台。

接班人说

> 单枪匹马是打不了天下的，整个缙云的二代企业家应齐心协力推动缙云区域经济的发展。我相信，5年、10年后，我们一定会为缙云工业的发展开拓出一片新天地！
>
> （吕挺）

天喜的星辰大海

展望未来，天喜集团坚持以科技创新为主导战略，继续加大对核心零部件和核心技术的研发投入及知识产权保护；同时，与国内知名高校及科研院所深度合作，组建技术专家委员会，从绿色节能环保、智能化产品、健康烹饪、智能化制造等多个方面进行重点研究和开发，打造业内领先的绿色、智能、健康家电创新平台。

实业立企，作为缙云小家电产业的开路者，天喜集团在持续做大做强自身的同时，努力培育打造缙云完整的小家电产业链，以"完链补链"的形式，把小家电产业链重新调整，深度投资，用科技创新撬动生产力提升和品牌培育，让缙云的小家电产业生根发芽继而升级壮大。

市场无疆，天喜集团将立足缙云，放眼全球，秉持"创新、品质、技术、成本"的发展理念，建立覆盖全球的国际营销网络体系，并与国内多家知名品牌合作，形成以缙云为"根"，"藤"遍布全球的"地瓜经济"，地瓜根部越强大，藤就会延伸得越远。

让全球用户悦享智慧健康的厨房生活，吕天喜和吕挺已经将这份事业提到了新的高度。天喜集团用创新赋能新质生产力发展，关山万里，矢志向前。

天喜集团的头顶是云，云里是家乡缙云。

天喜集团的脚下是路，征途是星辰大海，是无比滚烫的梦想。

后记

《浙商创业之路和传承之道》是浙商研究中心成立后编著的第一本关于浙商的专著。浙商研究中心是经浙江省政府批复同意，由浙江省工商业联合会、浙江省发展规划研究院主办的公益性新型智库，于2023年6月8日成立，致力于服务浙江经济、服务浙商发展。

由浙商研究中心主任孙景淼牵头谋划并推动的"浙商代际传承"课题研究，先后赴数十家浙商企业以及杭州萧山、宁波慈溪、温州乐清、绍兴柯桥、金华义乌等浙江民营经济发达的县（市、区），与新老两代企业家深度交流。伴随改革开放而发展起来的第一代创业者大部分已年过花甲，相当比例的已年逾古稀，浙商群体进入了代际传承的高峰期。课题组在调研中深深感受到，越来越多筚路蓝缕的传奇即将成为历史，越来越多的新生力量已勇立潮头。编著和出版《浙商创业之路和传承之道》，就是期望通过记录白手起家的浙商故事、生生不息的浙商事业，传扬浙商的"四千"精神，为广大民营企业可持续发展提供传承交班的参考，为助推民营经济"两个健康"解疑释惑。

"一部浙江改革开放的发展史，很大程度上是一部浙商敢为人先、勇立潮头的创业史。"基于多方因素综合考虑，本书编委会首批遴选了20家代表性企业。这些企业，爱国爱乡，品牌名号沿用不变；初心如磐，坚守实业稳步发展；久久为功，深耕主业基业长青；薪火相传，新生代登台独当一面。它们分别是：传化集团、正泰集团、万事利、中南集团、恒逸集团、老板电器、民生医药、舜宇、方太、永新光学、人民控股集团、桐昆集团、大东吴集团、三花集团、亚厦集团、寿仙谷、双童、恒达新材、爱仕达、天喜集团。感谢他们在调研和书稿编著中给予的大力支持和资料共享。

中国工程院院士、浙江大学教授、国家新一代人工智能战略咨询委员会主任、中国人工智能产业发展联盟理事长、浙商研究中心专家指导委员会主任潘云鹤为本书撰写了序。

财通证券股份有限公司以国企担当弘扬浙商精神，以金融服务赋能实体经济，为本书出版发行提供资助。

浙江省发展规划研究院作为中心主办单位之一，为本书提供必要的研究支持和条件保障。

本书在编写过程中，得到了浙江省委统战部，浙江省工商业联合会，省内有关县（市、区）党委、政府和统战部、工商联，家传编辑部朱子一团队以及红旗出版社等等的大力支持，在此一并表示衷心感谢！

希望本书能够引起社会各界，特别是企业家、专家学者和社会组织的关注，欢迎大家提出宝贵的意见。

本书编委会